本书为国家社科基金 2020 年度一般项目（项目编号：20BXW034）结题成果

国家社会科学基金项目文库

移动传播时代
广播生态化发展战略研究

申启武 等◎著

YIDONG CHUANBO SHIDAI

GUANGBO SHENGTAIHUA

FAZHAN ZHANLÜE YANJIU

暨南大学出版社
JINAN UNIVERSITY PRESS

中国·广州

图书在版编目（CIP）数据

移动传播时代广播生态化发展战略研究 / 申启武等
著. -- 广州：暨南大学出版社，2025.5. -- （国家社
会科学基金项目文库）. -- ISBN 978-7-5668-4169-8

Ⅰ. G229.2

中国国家版本馆 CIP 数据核字第 20252HS110 号

移动传播时代广播生态化发展战略研究
YIDONG CHUANBO SHIDAI GUANGBO SHENGTAIHUA FAZHAN ZHANLÜE
YANJIU

著　者：申启武　等

出 版 人：阳　翼
项目统筹：张丽军
责任编辑：武艳飞　潘舒凡
责任校对：刘舜怡　黄晓佳
责任印制：周一丹　郑玉婷

出版发行：暨南大学出版社（511434）
电　　话：总编室（8620）31105261
　　　　　营销部（8620）37331682　37331689
传　　真：（8620）31105289（办公室）　37331684（营销部）
网　　址：http://www.jnupress.com
排　　版：广州市新晨文化发展有限公司
印　　刷：佛山市浩文彩色印刷有限公司
开　　本：787mm×1092mm　1/16
印　　张：16
字　　数：294 千
版　　次：2025 年 5 月第 1 版
印　　次：2025 年 5 月第 1 次
定　　价：69.80 元

目 录
CONTENTS

绪　论

移动互联网技术的应用与普及带来了舆论生态、媒体格局、传播方式的深刻变革，使得"全程媒体、全息媒体、全员媒体、全效媒体"成为当前乃至未来相当长一段时期最为主要的传播特征。既往的信息传播格局和媒体发展模式被全面颠覆，而广播作为媒体集群中的重要一员，也在"物竞天择，适者生存"的自然法则中经历着一次次考验，在历经数年相对平稳的发展之后，因网络音频的生态入侵，面临全方位挑战。iiMedia Research（艾媒咨询）数据显示，2022 年，中国网络音频平台的相关市场规模为 115.8 亿元，同比增长15.6%。业内预测，到 2026 年，音频平台产生的商业盈利规模将达 206.3 亿元。网络音频围绕"互动娱乐 + 声音社交"双核发展，以体验驱动体量，积极激发音频产品商业化潜力，开拓音频产业的空间上限。[①] 相较而言，2021 年全国制作广播节目时间 812.71 万小时，同比下降 1.01%；播出时间 1589.49万小时，同比增长 0.55%。[②] 当前广播覆盖率虽高达 98.71%，但实际听众规模却降至 4.2 亿；广告市场规模仅 150 亿元左右，并呈继续下探趋势。面对这一困局，广播媒体仍停留在"头痛医头，脚痛医脚"的现实应对上，缺乏以系统、全面、动态、联系为核心理念的生态化把握，进而导致传播、舆论、经营等方面的成效不彰。有鉴于此，考虑到生态学理论及生态化的核心理念与移动传播时代广播融合发展的追求高度契合，在国家媒体融合发展战略背景下，本书主要遵循理论建构、问题剖析、对策研究的基本思路，依循生态学理论和战略理论的学科交叉视角，探寻一条广播生存与发展的可行模式，从学理与实践两个方面助益各方。

---

①　艾媒大文娱产业研究中心 . 2021 年中国在线音频行业发展及用户行为研究报告［EB/OL］.（2021 – 11 – 22）［2025 – 04 – 15］. https：//www. iimedia. cn/c460/82048. html.

②　传媒 ZouJunRong. 2022 年广播行业市场规模及发展前景趋势分析［EB/OL］.（2022 – 04 – 26）［2025 – 04 – 26］. https：//m. chinairn. com/news/20220426/141755382. shtml.

一、研究背景及意义

以千兆光网和5G为代表的"双千兆"网络技术发展，驱动着媒介的更迭与升级。荷兰信息社会学家简·梵·迪克在《网络社会》一书中指出，媒介发展的历史是传播结构的革命史，时空关系在其中发生了根本变化，新近产生的新媒体不仅能在特定时空点上将线上和线下相结合的特点运用到社会环境中，还能在网络环境中体现上述特征，从而产生结构上的新特点。传播技术变革消除时空距离，从根本上改变人类的连接结构、记忆方式和内容再生产，跨越了时空藩篱并对社会产生巨大影响。新兴媒介呈现出的移动性和交互性，以及分众化传播与个性化服务，一方面将技术优势展现得淋漓尽致，另一方面通过用户思维提升综合服务能力，不断扩充其生存空间。广播身处于媒介竞争之中，也应正确认知内外部环境变化，以资源集聚、风险共担、平台共享的理念，积极响应时代需求，捕捉新时期的听觉机遇。

（一）研究背景

我国的人民广播事业源于20世纪30年代红通社的无线电通信报务活动，政治传播的使命从最初就嵌入广播肌理。1940年12月30日开播的延安新华广播，标志着人民广播的正式诞生。80多年来，人民广播坚守着党的喉舌功能，发挥着桥梁纽带作用，无论在战火纷飞的年代，还是在新中国成立后的和平发展时期，人民广播在信息传递、国家方针政策解读、重大主题报道以及先进人物的事迹宣传方面都取得了一系列成果，一度在传媒领域中占据主导性地位。在应对境外电台侵扰的过程中，1986年珠江经济广播电台的成功实践，让"以新闻信息为骨架，以大板块内容主持人节目为肌体"的"珠江模式"火遍大江南北，主持人、大板块、直播化的节目配置为广播注入新的血液，同时从"传者本位"到"受者本位"的转变也为广播生存发展带来了新格局。然而，20世纪90年代初，声画合一的电视成为广大受众的首要选择，这严重地冲击了广播的主导性地位。广播的快捷性、易受性、伴随性、移动性和覆盖面广的优势因"只闻其声，不见其人"的先天性缺陷而逐步被电视消解，广播的市场占有率和盈利份额被严重挤占。随着互联网技术的发展和新兴媒体的抢滩，"广播消亡"的论调不断出现。令人欣喜的是，即使在新媒体时代的今天，广播也凭借自身优势，在困境中不断寻求突破，在融合发展中不断探索转型升级的路径，依然屹立于媒体之林而焕发着勃勃生机。

20 世纪 90 年代末，国内对于媒介融合的讨论逐步兴起，随着数字技术的发展，传播介质得以兼容，进而衍生出各种新媒体，从而引发传媒业态不同层面上的边界消融。在技术变革的推动下，多重力量博弈的媒介景观开始显现。在此情形下，一方面，广播加入媒介融合的大军中进行自我更新，与其他媒体共同形成多媒体矩阵，打造符合时代特征的媒介产品；另一方面，广播随时抵抗着外界的压力，在寻求差异化竞争的格局中巩固自身的领地。CCData 数据显示，2020 年，全国 245 套主要类型广播频率融合传播触达受众规模接近 7.69 亿人，是以往单一传播形态的 4.96 倍。在新媒体端，广播频率官方账号传播矩阵的粉丝规模合计超过 3 亿人，其中 50 套频率的账号粉丝规模超过 100 万人，13 套频率超过 500 万人，4 套频率超过 1000 万人，最高达到 5000 多万人，广播媒体账号粉丝池已初具规模，积累了深厚的流量基础。线下收听、蜻蜓 FM、喜马拉雅三大直播流渠道中，各广播频率累计触达受众规模超过 5.47 亿人，直播流节目依然是广播媒体融合传播的支柱内容。除广播之外，媒介融合衍生出的多种媒介形态，也一并参与到数字化传播的格局中，以最大限度地争取受众、影响受众。[①] 由此可见，竞争对手的强劲一方面分流了广播的受众群体，另一方面也催促着广播在竞争中不断调适自我，以新形态、新业态、新面貌适应新的挑战。

2020 年 2 月新冠疫情的暴发催生了"宅生活"和"云经济"，后疫情时代受众的生活方式和触媒习惯发生了改变。全国各地各级广播媒体整合资源，在新型融合传播链的助推下，出现逆势上扬的局面。广播充分发挥主流媒体的权威性和公信力，发布与疫情动态的相关报道，投入防疫抗疫的战斗之中，为及时发布信息、凝聚全民抗疫决心做出了积极的贡献，在特定传播语境下展现了自身的独特价值，也为广播的融合创新、生态再造提供了难得的时空场景和转型机遇。CCData 数据显示，2020 年，全国广播频率 EMC 融播指数均值为 838.34，同比增长超 100 点，增幅达 13.7%。四大一级指标同比均有提升，其中短视频指数增幅明显，近乎翻倍。全国广播媒体的融合传播不但没有受到新冠疫情的影响，反而借助抗疫宣传报道带动融合传播效果进一步提升。其中，直播流节目依然是广播媒体发展的基石和重要支柱，社交平台和短视频平台是发展重点。经过一年的深度融合发展，全国广播媒体在多平台、多终端、多场景下齐头并进，进一步完善了传播链，形成了健

---

① 乔保平，冼致远，邹细林. 再论媒介融合时代广播电视舆论引导能力的提升［J］. 现代传播（中国传媒大学学报），2014，36（1）：35 - 39.

康正向的良好势头。

众多事实充分表明，传统媒体在新媒体蓬勃发展的夹缝中借势生长、破势成长，不断探索自身与新媒体的多样化融合方式，实现技术变革和产业变革，这是信息时代广播扭转自身被动局面，追赶世界广播发展进程的唯一出路。本书将从生态学理论和战略理论交叉视角出发，创新梳理生态学理论与战略理论的共同特征，建构指导广播生态化发展战略的理论模型，并通过研究国内外比较成功的广播与新媒体融合模式，探寻一条广播生存与发展的可行模式。本书理论与实证研究相结合，分层次提出广播生态化发展战略的总体战略选择、具体战略选择以及各项战略之间的"生态化"协同路径，从而回答"构建什么样的广播生态"和"怎样实现广播的生态化发展战略"问题。

(二) 研究意义

以移动互联网为代表的新兴技术的发展改变了信息发布与沟通渠道的旧有状态，广播作为主流媒体的一员，作为社会的一座"瞭望塔"，也面临创新话语方式、表现形态和传播形态的深刻挑战。提高信息的受众触达率与传播影响力是广播转型发展的必修课。要长期有效地提升广播的媒介竞争力，不仅要关照广播媒体自身的发展，还需要关注广播生态并结合现实的综合因素进行全面的考量。

1. 理论意义

首先，本书对媒介生态进行了系统化阐释。当前，对于媒介生态学的研究更多是依托西方已有理论成果，主要包含对于媒介自身发展情况、市场竞争情况等方面的整体考察。作为媒介生态学理论子理论的广播生态，我国已有的研究注重对传统媒体和新媒体的困境展开策略性分析，但在宏观的阐述下对具体案例的分析稍显不足，致使得出的发展策略不够具有针对性，对于媒体生态的全方位考察缺乏系统性。广播生态理论是理解广播媒体在新媒体环境下行为和影响的重要工具。本书将深入研究广播生态理论的核心原理与分析框架，将生态学理论与战略理论有机融合，以构建一个全面、深入理解广播在整个传播生态系统中角色的框架。

其次，本书探索了移动传播时代广播生态化战略转型的理论分析框架。广播生态理论作为媒介生态学的重要组成部分，具备深刻剖析广播媒体在移动传播环境中行为和影响的重要能力。本书将对广播生态进行系统梳理，深入挖掘其在传播生态系统中的特殊地位，科学地界定广播生态中不同要素的相互作用，为移动传播时代广播媒体的发展提供更为系统和精准的战略指引。在当前新媒体环境下，广播媒体面临全新的挑战，这使得我们需要对广播生态进行系统性认知与阐释。本书将从系统性认知与阐释广播生态的角度出发，对广播媒体的生态结构进行深入研究，揭示广播作为"有机体"在新媒体"生境"中的适应性，以更好地理解其在新媒体时代的生存状态和发展前景。

最后，本书为广播生态化发展提供了跨学科的理论关照视野。在国家媒介融合发展战略的大背景下，新兴技术如5G、物联网、人工智能和云计算等为信息传播提供了广阔的拓展空间，而广播的传统生态环境正在经历颠覆性的变革。在此背景下，考虑到生态学理论及其核心理念与广播战略调整的需求相契合，本书将以生态学和管理学的交叉视角为出发点，对生态学理论和战略理论进行深入剖析，创新性地梳理两者的共同特征，从生态战略理论的原有基础上寻找支点，并在丰富和完善现有理论的同时提升其在广播领域的适应性。本书将深入探讨广播与其环境之间的相互依存、相互影响和协同发展的共生关系，明确广播自身的战略定位。并在理论层面深度分析如何灵活构建战略，以低成本的方式解决新问题，制定符合市场逻辑的资源战略部署，解决传统端存在的结构性问题，以此缓解广播生存竞争的选择压力。

2. 实践意义

首先，本书为移动传播时代广播媒体的转型发展提供了路径建议。在新科技革命和新媒介兴起的背景下，用户的审美需求和内容消费需求水涨船高，广播拥有较大发展潜力，也面临关乎命运的挑战。而且，传统广播并非音频赛道的唯一成员，移动音乐、有声书、语音直播等门类挤占着广播电台的原有市场。转型发展已经成为广播实现并道竞争、弯道超车的唯一途径。而要转型，就需要找到广播本身与生态环境的最佳适配形态，依托移动传播时代技术的先导性、基础性作用，构建强有力的生产与传播平台，推动技术手段与内容、经营等全方位融合，实现交互化、场景化、个性化，迎合用户的信息接受诉求。通过对广播媒体发展历程、资源禀赋、地域文化等多方面的综合分析，揭示其在新媒体环境中的战略抉择和创新实践。

其次，本书对不同层级广播的业务生产机制重构进行了深度探讨。研究主要从理念、技术、内容、经营、管理五个主要方面着手，选取中央广播电视总台央广、上海广播电视台、安徽广播电视台、深圳广播电台等具有代表性的广播媒体，从认知与实践两个层面进行探讨其生态基本情况、对外部环境的把握以及为应对形势变化做出的动态调整。不同组织的资源条件不同、发展历史脉络不同、采取策略不同，在转型重塑竞争优势的实践中形成了不同的模式。以实际案例探索广播转型发展的多元化道路，鼓励四级媒体根据自身情况寻求适合自己的模式加以推进，尽可能地扩充已有资源，培养和扶植专业人才，与用户建立深层社交关系、沉淀用户，获取稳定的媒介影响力与流量收益。

最后，本书为广播媒体经营创收的模式探索提供了案例镜鉴。近年来，以声音为载体的移动音频呈现出蓬勃增长的态势，在政策、技术和资本的多重助推下，行业呈现良好的发展前景。在线音频通过广告创收、知识付费、用户订阅、会员服务、直播带货等多元化模式，构建起音频类媒体的商业格局。而告别了传统"二次售卖"模式的广播，也需要在全新的经济生态下寻求更持久有效的盈利模式。本书通过实证研究，关注不同盈利模式的可行性、优劣势以及适应性，为广播寻求全产业链生态布局道路。广播要想实现盈利创收的升维，就需要将自身嵌入更大的商业生态系统中，实现资源共享、互利共赢。这一生态布局不仅包括广播媒体内部的技术、内容、经营等要素的有机融合，更需要与广告主、创作者、用户等外部要素形成紧密的协同关系。通过深度合作，广播媒体可以在产业链上下游寻找更多的商业机会，与新技术、新产业紧密联系，与电商平台、智能设备制造商进行战略合作。通过整合资源，共同推动广播媒体的技术升级和服务创新，实现更为全面的产业链发展，在媒体融合时代把握新的商机。通过不断优化盈利模式、完善生态布局，广播媒体可以在新的商业格局中取得更为卓越的业绩，为整个产业链注入新的活力。

二、国内外研究现状综述

本部分主要是将广播转型发展的问题放置在媒介生态学的视角下进行考量，研究广播转型发展的原因以及应对的策略方法，围绕这些主题，主要从媒介生态学研究和广播生态研究两个方面对文献进行梳理。

（一）对媒介生态学的研究综述

本部分将重点对于媒介生态学的发展进行梳理和回顾，基于已有文献材料关注其在中西方的发展，并比较发现其中异同，指出现有研究中的不足之处，寻求广播生态理论建构的切入口。

1. 西方媒介生态学研究

媒介生态学的出现和发展基于人们对于现代工业文明的反思。工业革命之后，新技术大量涌现。在技术驱动社会变革发展的同时，也导致了种种问题。20 世纪上半叶的西方，饱受两次世界大战的摧残和环境污染的影响，人们不得不恢复对生命价值的思考及对生态环境的关注。媒介生态学研究源于 20 世纪初的北美。刘易斯·芒福德被视为纽约学派的先驱，他的研究也为纽约学派奠定了基础。他在《技术与文明》（1934）一书中谈及技术进步和社会发展之间密不可分的关系，在《历史上的城市》（1961）中他将信息传播看作无形的城市，通过容器（container）技术的观点①将生命与技术相互联系，也将生态研究中的具体观点引入媒介研究中。媒介生态学的另一位先驱是多伦多学派的哈罗德·伊尼斯，他在《传播的偏向》中对古埃及文明到罗马帝国再到后世资本主义的整个发展过程进行讨论，探讨媒介的属性，认为媒介促成的结果与媒介固有的偏向有关，并提出媒介在时间和空间上对社会组织产生决定性的影响。他认为，权力中心要想确保社会的稳定，就要保持媒介的时间偏倚和空间偏倚的平衡，使之能够取长补短、互动互助。②

在这之后，媒介生态学的研究开始明晰和具体，也逐渐出现分支，一支是以马歇尔·麦克卢汉为代表的加拿大多伦多学派，另一支则是以尼尔·波兹曼为代表的美国纽约学派。加拿大学者麦克卢汉于 1968 年在全国英语教师委员会年会上提出了媒介生态学的概念，并首次使用了"media ecology"这一术语。③ 他将"media ecology"明确定义为"研究媒介作为环境的学科"，使用"环境"一词来描述这一研究的核心内容。这一定义强调了媒介在其所处环境中的作用和影响，突出了媒介与其周围环境的互动关系。④ 在他的著作《谷登堡星汉璀璨：印刷文明的诞生》中，他首次使用了文化生态学（cultural ecology）的概念，强调这一学科建立在人类感觉系统之上，认为在感知比率方面技术扩张对感觉系统具有显著影响。随后，在他的代表作《理解媒介：论人的延伸》中，他进一步运用"生态"这一概念阐述了媒介对环境、符号和社会的影响，并从媒介感知环境、媒介符号环境以及媒介社会环境的角度探讨了它们之间的相互关系。他认为媒介的改变可以打破人类感官的均衡，突出某些感官感受，造成时空的改变，建构新的环境，进而影响社会的发展。麦克卢汉划

---

① 刘易斯·芒福德认为，语言文字是一种容器技术，媒介（报刊、广播、影视等）是可以存储知识和思想的容器，他的媒介生态观呈现出对于生命的关注。

② 孙滔. 西方媒介生态理论的构建、创新与困境［J］. 中国广播电视学刊，2011（6）：29 – 30.

③ STRATE L. A media ecology review［J］. Communication research trends，2004，23（2）：1 – 48.

④ 胡翼青，李璟. 媒介生态学的进路：概念辨析、价值重估与范式重构［J］. 新闻大学，2022（9）：1 – 13，117.

分冷媒介和热媒介的依据也是人体的温度。① 麦克卢汉关心的是完整有机体（organism as a whole）与环境如何友好相处，并认为人这一物种，以具有使用符号进行传播之独特能力为特征，这种能力赋予我们时限性（time-binding）能力。作为生命体，当我们提取（abstract）信息，信息为我们提供的必定是一个不完全的、选择性的概要，即环境的图谱。② 这些生态学思想深刻地塑造了媒介生态学的理论基础。以波兹曼为代表的美国纽约学派，倾向于以人本主义的视角来审视和理解世界。美国纽约学派的研究重点在于公民的信息获取实践、公共参与实践以及公民自身。在这一研究方向下，任何对公民健康状况有害的行为都将受到谴责。③ 波兹曼于 1968 年的演讲中公开阐释了"媒介生态"这一术语，他在与友人的通信中提到，媒介生态学这个术语的发明者是麦克卢汉。也是在麦克卢汉的建议下，他将"媒介生态学研究"最早作为一门博士和硕士学位课程进行教授。④ 波兹曼将媒介生态学定义为"把媒介作为环境的研究"，其含义在于，媒介生态学将传播媒介本身视为一种环境结构，即由一套专门的代码和语法系统组建的符号环境。人们掌握媒介，也就意味着适应了媒介本身这一符号环境。从微观层面理解，当我们"使用"媒介，从媒介的内在符号世界中思考、感知、谈论或表现身边世界时，我们就处于传播媒介符号结构之中。在他的《教学是一种保存性行为》《童年的消逝》《娱乐至死》这三部著作中详细论述了新媒体可能对人的思考和行为方式造成的影响，他认为专制的技术垄断文明，也导致了人与自然的对立。他提出媒介可能改变甚至是破坏我们的社会环境。他的研究主要集中于媒介与社会的互动研究、时空域的媒介研究、媒介变革影响研究等。

到 20 世纪 80 年代，电视的风头正盛，美国学者约书亚·梅罗维茨在其著作《消失的地域》中对于电视这一电子媒介的传播进行了深入具体的探讨：电视的声音和画面是不受空间限制的符码，可以将普通经验世界的生活和文化直观地呈现给大千受众，打破了纸质媒介带来的阶级区隔。他将媒介视为信息系统，并提出"媒介情境论"，认为媒介会对社会环境产生影响，可以创造新

---

① 邵培仁，廖卫民. 思想·理论·趋势：对北美媒介生态学研究的一种历史考察 [J]. 浙江大学学报（人文社会科学版），2008（3）：180–190.

② 斯特拉特. 麦克卢汉与媒介生态学 [M]. 胡菊兰，译. 郑州：河南大学出版社，2016：66.

③ 王继周，曾晨. 媒介生态学的边界、研究取径与思想资源：对谈英国媒介理论家马修·福勒 [J]. 新闻记者，2023（9）：90–96.

④ SCOLARI C A. Media ecology：exploring the metaphor to expand the theory [J]. Communication theory，2012，22（2）：204–225.

的场景，激发受众新的行为。①

保罗·莱文森专注于媒介进化论（media evolution），在他的博士论文《人类历程回顾：一种媒介进化理论》（1979）中，可以窥见达尔文进化论的影子，他认为进化是一种组织调节和媒介的自发补救（media-remedial），他的核心观点是"人为了生存而选择最适合需求的东西"，媒介技术的演变也是在适应动态变化的环境。除以上主流的媒介生态学研究之外，媒介依赖论（Media Dependency Theory）在美国大众传播社会学家桑德·鲍尔－洛基奇和梅尔文·德福勒的发展下不断延伸到生态学层面，关注到媒介系统和社会结构的关系，并强调大众传播过程中的媒介依赖和互动。大卫·阿什德在著作《传播生态学：控制的文化范式》中认为传播生态（ecology of communication）是以媒介为控制中心的系统，其对现代社会和对人的思想观念都产生了超出大众传播范畴的深刻影响。

伦敦大学教授马修·福勒专注媒介研究，出版著作《凄凉的快乐：生态美学与不可能》《邪恶媒介》《大象与城堡》《媒介生态学：艺术与技术文化中的物质能量》等。他认为媒介生态研究探究特定实体、信息、音乐风格、模因等在媒介系统中的流通和迁移情况。他认为媒介生态的含义在于揭示媒介如何在各种相关因素的作用下产生，生态问题研究的关键在于确定阈值。具体而言，就是确定生态系统中各生物体栖息地维持稳定所需的阈值，或者某一元素在生态系统中循环流转所需的阈值。这个问题对于研究知识形式的适用情境与范围也具有参考价值。② 与波兹曼等学者将媒介生态视为一种环境保护主义的取向不同，福勒从美学和政治敏锐性的角度进行考量。他基于尼采的"权力意志"理论，提出了"媒介权力意志"的概念，并同时借鉴了加塔利、德勒兹等人的哲学思想，丰富了对媒介生态学的理论资源。

总体而言，西方的媒介生态思想展现出独特的气质。福勒形容其为"疯狂、荒谬、沉闷、聚焦和认知的刺激"③。这种特质驱动了一系列富有开拓性的思想实验，深度扩展了对媒介生态问题的认识。

2. 我国媒介生态学研究

从某种意义上来说，国内对于媒介生态学的研究"是原发的，而不是引

① 梅罗维茨. 消失的地域：电子媒介对社会行为的影响［M］. 肖志军，译. 北京：清华大学出版社，2002：56.

② 王继周，曾晨. 媒介生态学的边界、研究取径与思想资源：对谈英国媒介理论家马修·福勒［J］. 新闻记者，2023（9）：90－96.

③ FULLER M, OLGA G. Bleak joys: aesthetics of ecology and impossibility［M］. Minneapolis: University of Minnesota Press, 2019.

进的"①。1996 年，尹鸿教授发表论文《电视媒介：被忽略的生态环境——谈文化媒介生态意识》，其中首次提到"媒介生态"一词，他认为应该关注媒介对于人的作用方式和过程，以维护良性平衡的媒介环境，并提醒我们注意电视媒介作为一种生态环境对于政治、经济、文化和教育的重要作用。②浙江大学邵培仁教授对媒介生态学的研究在国内引起了较大反响。2001 年邵培仁教授在《新闻界》和《新闻大学》分别发表《传播生态规律与媒介生存策略》③《论媒介生态的五大观念》④ 两篇论文，将生态学中的名词如"生态位、食物链、生态循环、生物钟"等引入传播学领域，对大众媒体进行考察，总结媒介的生态规律与观念，并提出了媒介生态学研究的基本原则，国内学界称之为中国媒介生态研究的开山之人。他指出，建立"人—媒介—社会系统"的和谐关系对于迎接市场经济的挑战、化解媒介生态危机、建立可持续发展的媒介经济都具有重要意义。复旦大学童兵教授运用媒介生态学的观点分析"入世"一年中国传媒市场的变化。清华大学崔保国教授发表论文《理解媒介生态——媒介生态学教学与研究的展开》，将媒介生动地比作鱼，并提出媒介生态系统的"六界"之说，分别是：媒介符号系统、媒介资源系统、媒介管理与规范系统、信息处理媒介系统、信息传输媒介系统、信息接收和储存媒介系统，六界之间也存在着相互的转变与融合。⑤ 他着重考察了媒介生态的起源与发展，认为我们要把媒介看作是有生命的、始终处在运动状态的事物，并且要将媒介放在一个大生态系统中去考察和研究，保护媒介生态。⑥ 武汉大学单波教授梳理西方媒介生态理论发展，并认为西方社会生态体系开辟了结构和互动关系中媒介的视野，但也因其科技话语过多而掩盖了社会政治经济因素。2008 年，邵培仁教授发表《媒介生态城堡的构想与建设》一文，基于扬诺斯

---

① 崔保国. 理解媒介生态：媒介生态学教学与研究的展开 [C] //复旦大学信息与传播研究中心，复旦大学新闻学院，中国新闻教育学会传播学研究分会，国际中华传播学会. 全球信息化时代的华人传播研究：力量汇聚与学术创新：2003 中国传播学论坛暨 CAC/CCA 中华传播学术研讨会论文集（上册），2004：263 - 272.

② 尹鸿. 电视媒介：被忽略的生态环境：谈文化媒介生态意识 [J]. 电视研究，1996 (5)：38 - 39.

③ 邵培仁. 传播生态规律与媒介生存策略 [J]. 新闻界，2001 (5)：26 - 27，29.

④ 邵培仁. 论媒介生态的五大观念 [J]. 新闻大学，2001 (4)：20 - 22，45.

⑤ 崔保国. 理解媒介生态：媒介生态学教学与研究的展开 [C] //复旦大学信息与传播研究中心，复旦大学新闻学院，中国新闻教育学会传播学研究分会，国际中华传播学会. 全球信息化时代的华人传播研究：力量汇聚与学术创新：2003 中国传播学论坛暨 CAC/CCA 中华传播学术研讨会论文集（上册），2004：263 - 272.

⑥ 崔保国. 媒介是条鱼：理解媒介生态学 [EB/OL]. [2025 - 04 - 25]. http：//media. people. com. cn/GB/22100/48805/48806/3433631. html#.

基的媒介生态城堡结构，首创媒介生态城堡建筑（media ecological city）的结构设想。该构想以系统观、整体观、平衡观和循环观为考量，以"优化—适应—健康"为基本目标，包括自然地理层、社会功能层、媒介功能层、生态意识层。

国内对于媒介生态学研究的主要著作有暨南大学支庭荣教授的专著《大众传播生态学》。著作的主体部分从四个层面进行讨论，分别是大众传播生态学的知识基础、大众传播技术与组织生态、大众传播内容与形式生态、大众传播交往与行动生态。2007 年，上海交通大学张国良教授出版专著《社会转型与媒介生态实证研究》，通过定量分析与定性分析、理论探讨与实证研究讨论传统媒介和新兴媒介的生态，重点探讨突发事件的传播、媒介公信力、受众需求与满足等，并对 2001—2005 年的传播学研究做出回顾。2008 年，邵培仁教授出版《媒介生态学：媒介作为绿色生态的研究》一书，书中界定了我国媒介生态学的研究范畴，并较为全面、系统地论述了媒介生态学的理论方法和研究内容，为我国媒介生态学的研究和发展奠定了基础。2009 年，卢文浩在著作《中国传媒业的系统竞争研究：一个媒介生态学的视角》中，以生态观、系统论的宏大视野、缜密逻辑对我国传媒业的生态竞争格局进行了精准描摹。此外，还有一些学者将报纸、广播、电视等传统媒体放在媒介生态的视阈中进行专题式研究与思考：如潘力、杨保林的《困境与出路：新媒介生态下的中国交通广播》、陈亚旭的《媒介生态与地域性传播：中国地市报生存发展态势研究》、侯海涛的《中国电视新闻媒介生态研究：转型期的媒介守望》① 等。他们在媒介生态的视阈中对我国媒体的良性发展进行了有益的思考，提出了创新的观点，亦非常值得参详，笔者在此不再一一赘述。

3. 中西方媒介生态理论的梳理与比较研究

单波和王冰梳理了西方媒介生态理论的发展，认为该理论将人类、社会、媒介进行系统性考察，具有方法论上的意义，同时开辟了在结构和互动中考察媒介生态的视野。但是，西方媒介生态理论也面临因思想根源中存在矛盾而导致理论阐释力弱，甚至导致理论阐释的悖论的问题。② 还有学者通过对历史的梳理和具体事件的分析，比较了中西方媒介理论的差异。譬如，黄昆仑将媒介生态划分为价值取向、媒介性质定位、调控机制、文化心理四个维度，将中西

① 张国良. 社会转型与媒介生态实证研究［M］.2 版. 上海：上海交通大学出版社，2012.
② 单波，王冰. 西方媒介生态理论的发展及其理论价值与问题［J］. 新闻与传播研究，2006（3）：2 – 13，93.

方媒体对于"9·11"事件的新闻报道进行了比较分析,认为中国媒体一方面要注意媒介生态保护,防止文化帝国主义的入侵,另一方面也要海纳百川,积极关注他国媒体,进行取长补短。① 杨婷婷梳理了中西方媒介理论兴起和发展的重要人物和相关概念,比较了中西方研究视角的差异,认为西方的研究是将媒介视为环境来研究媒介技术形式对文化产生的影响,而中国的研究是将各种媒介置于研究的核心,将与媒介生存的各方面影响因素进行考察,来找寻媒介生存和发展的最佳途径。②

(二) 对广播生态的研究综述

本部分主要通过梳理中西方关于广播生态研究的成果,发现其中关注点的异同,并着力从研究体系和研究内容上发掘主要研究面相和存在的空缺,为后续研究提供参考。

1. 西方广播生态研究

作为"广播生态"母概念的"媒介生态",经麦克卢汉、波兹曼等人聚焦阐释之后,已发展成一套极为丰富、完整的媒介分析框架。但是,由于广播在媒体集群中的整体性式微,关于广播生态特别是移动传播时代广播生态的研究却乏善可陈。笔者通过谷歌学术,重点搜集了国外主流学术期刊中100余篇相关成果,发现其主要集中在三个层面。

(1) 宏观层面:基于"新""旧"媒体的西方主流学术话语框架。

已有研究集中探讨"新""旧"媒体之间的关系及"旧"媒体的发展趋势,而今,"新""旧"仍然是描述和理解媒体变革的有力方式,而且这一方式指导当今的认知与各种技术的互动。③ 有学术声音强调,研究媒体变革需要认识到"新媒体"与"旧媒体"的相对性,对媒体变革的探究必须将媒体的新旧建构置于生活世界的背景下。修辞、日常经验、情感以及媒体世代等方面都影响着媒体意识形态,从而影响媒体用户如何定义新旧媒体。④ 学者 Li Weijia 在根据 CGSS (中国综合社会调查) 研究中国媒体的使用队列时抛出了"新媒体能否取代旧媒体"的问题,并从 CGSS 的汇总数据分析媒

---

① 黄昆仑. 从"9·11"事件灾难新闻报道看中美媒介生态的差异 [J]. 现代传播, 2002 (1): 56-58.

② 杨婷婷. 论中西媒介生态学研究的差异 [J]. 新闻界, 2005 (3): 79-80.

③ LESAGE F, NATALE S. Rethinking the distinctions between old and new media: introduction [J]. Convergence, 2019, 25 (4): 575-589.

④ MENKE M, SCHWARZENEGGER C. On the relativity of old and new media: a lifeworld perspective [J]. Convergence, 2019, 25 (4): 657-672.

体使用频率是否存在代际差异。研究结果表明"报纸一代"（1969 年之前）、"广播一代"（1970—1979 年）、"电视一代"（1980—1989 年）年轻时所采用的特定的媒体使用模式会贯穿一生，而互联网一代（出生于 1990 年之后）宁愿将自己限制在信息茧房中，也不愿通过旧渠道收集新信息，因此他得出新媒体不会取代旧媒体的结论。[①] 学者保罗·马加达关注到复古媒介实践这一趋向，他指出，旧媒介被年青一代和小众媒体重新采用以表达怀旧情结，他认为这是逆媒介现象。巴拉特·迪曼博士则以批判的眼光关注新媒体的关键问题和挑战。新媒体使人们能够获得实时的、交互式的、多媒体的内容，这与印刷品、广播和电视等传统媒体不同，但也带来了隐私和安全、错误信息和假新闻、成瘾和过度使用、两极分化和回声室等问题。[②] 学者西蒙·纳塔莱关于"新""旧"媒体的关系本质研究，打破了常规的静态化媒体生态观察视角，认为"新媒体"与"旧媒体"概念并不是媒体属性的表征，而是感知和想象它们的要素，修辞、日常经验和情感都是定义"新""旧"关键的背景。[③]

（2）中观层面：直接探讨广播的战略转型。

国外学者对于广播的战略转型问题进行了多角度的探讨。有学者直接探讨媒介融合进程中的广播转型之路，通过对于尼日利亚 36 个政治分区之一的埃多州的广播实践进行混合研究考察，讨论广播内容发行渠道的影响。[④] 有研究者指出广播战略转型进程中的法治建设的进展，通过图书馆研究法对于印度尼西亚的《广播法》进行分析，讨论广播转型进程中的所有权问题，认为在媒介融合进程中，不同平台媒体公司的所有权合并尤为关键。[⑤] 有研究者通过对爱尔兰地方电台 Kerry Beat 以及公共服务电台 RTE 2fm 两个典型案例的分析，指出广播转型的必要性，并认为广播电台的发展要以坚持公共服务职责和坚持报道本地内容两大策略，应对经济衰退和新媒体涌入带来的双重威胁。同时要建立核心优势，拥抱变革并利用数字和社交媒体提供的潜力，与听众积极互

① LI WEIJIA. Does new media substitute old media？ A cohort analysis of media use in China ［J］. Journal of cultural and religious studies，2020，8（9）：525 – 537.
② DHIMAN D B. Key issues and new challenges in new media technology in 2023：a critical review ［J］. Journal of media & management，2023，5（1）：1 – 4.
③ NATALE S. There are no old media ［J］. Journal of communication，2016，66（4）：585 – 603.
④ EMWINROMWANKHOE O. Media convergence and broadcasting practice in Nigeria：three broadcast stations in focus ［J］. Covenant journal of communication，2020，7（1）.
⑤ AKALILI，AWANIS. The relevance of broadcasting regulation in the era of media convergence ［J］. Journal of social studies（JSS），2020，16（2）：183 – 196.

动，一方面能了解听众的社会文化政治兴趣，另一方面形成在线社区并开展业务。① 有研究者以芬兰广播公司为例，提出移动互联网时代广播的"战略更新"问题，并详细剖析其中的"向心力"和"离心力"，着力关注广播公司战略变革过程中组织认知和动态能力的情境依赖性②；也有研究者以美国"洋葱广播"新闻播客这一案例出发，探讨传统广播与网络广播在线下资源整合和线上播出联动方面的战略性问题。③

（3）微观层面：着力探讨移动互联时代广播转型的具体策略。

研究者们基于个案分析关注到广播转型的背景，结合具体案例讨论了广播转型的影响因素、过程机理与践行方法。例如 Ningrum 等学者关注融合文化对于私营广播电台的生存状态的影响，认识到要转型就要意识到组织结构、信息覆盖、新闻叙事三个层面的变化，需将数字媒体的使用行为同受众自身的广播使用特征相结合，通过整合新闻工作流程、应用多技能新闻和资源共享、搭建互动平台以扩大受众范围，争取更大的生存空间。④ Achmad 等研究者关注戈隆塔罗省的广播数字化节目政策，通过观察、访谈和文件收集后发现，政府等行为者之间的联盟对于节目政策的成功实施具有显著的效果。⑤ 面对媒体的商业竞争，以服务为主导的逻辑和技术创新的角度是广播转型的必由之径。⑥ 有研究者认为要通过广播行业向创意产业的转型提升自身竞争力，以适应性变革回应新技术的涌入，借助社交媒体为广播产业提供支持。⑦ 有研究者则看到，私营广播电台认识到要将数字媒体的使用行为与受众个人的广播特征相结合，在文化融合的大潮中主动适应，通过整合新闻工作流程、应用多技能新闻和资源共享、使用各种技术工具等方式创建与受

①　MCMAHON D. In tune with the listener: how local radio in ireland has maintained audience attention and loyalty ［J］. Online journal of communication and media technologies, 2021, 11（3）: e202112.

②　MAIJANEN P, JANTUNEN A. Centripetal and centrifugal forces of strategic renewal: the case of the finnish broadcasting company ［J］. International journal on media management, 2014, 16（3 - 4）: 139 - 159.

③　MARX N. Radio voices, digital downloads: bridging old and new media in the onion radio news podcast ［J］. Comedy studies, 2015, 6（2）: 107 - 117.

④　NINGRUM A F, ADIPRASETIO J. Broadcast journalism of private radio in Cirebon, Indonesia, in the convergence era ［J］. Asian journal of media and communication, 2021, 5（1）: 19 - 35.

⑤　MEDIANSYAH A R, YUNUS M, SUSANTI G. Coalition in the implementation of broadcasting digitalization policy in Gorontalo Province ［J］. Russian law journal, 2023, 11（12S）: 733 - 737.

⑥　HIRSCHMEIER S, TILLY R, BEULE V. Digital transformation of radio broadcasting: an exploratory analysis of challenges and solutions for new digital radio services ［C］//Proceedings of the 52nd Hawaii international conference on system sciences, 2019: 5017 - 5026.

⑦　ARIEF M. Process of transformation dissemination radio broadcast content ［J］//Journal of physics: conference series, 2019, 1375（1）: 012031.

众的互动，扩大受众范围。①

2. 国内广播生态研究

相比较而言，国内不管是对媒介生态还是对广播生态的研究都较为丰富，围绕移动传播时代广播生态研究的文献数量也相当可观，按照从理论到实践、从宏观到微观的逻辑路径，包括以下几个面向：

（1）广播基础理论研究：作为环境的广播生态。

数字媒体改变了广播原有的生态环境，重塑了广播的时间逻辑和空间观念，让广播的生产主体转向民众和精英的竞合、生产内容趋于专业和小众，而收听的离散也呼唤着新主体的生成②。广播在这一时代仍然扮演着独特的角色，作为唯一解放眼球的媒体、凸显声音文化魅力的载体，以及具有独特传播功能的媒体，其独特价值和使命仍然存在。③要适应移动互联网的发展所带来的传播内容的丰富性和媒介消费的便捷性，广播就需要回归广播媒体功能④。从 1940 年始，广播经历了政治生态位下的零星经营、有限市场生态位下的探索性经营、市场化改革生态位下的全面经营、文化产业生态位下的深化经营和融媒体生态位下的创新经营五个阶段的变化，在技术赋能的媒介融合环境下，广播经营生态位将迎来新空间⑤。随着"云听"等音频新媒体的崛起，传统广播和移动音频关注到 5G、VR、大数据等为核心技术驱动，其研究在各自的体系基础上共同朝着以车联网、物联网为支撑的智能音频汇聚迈进。⑥

（2）广播生态环境研究：现状与趋势考察。

物联网、人工智能、云计算和数字通信技术的迅猛发展，带给广播一场迅猛、彻底的技术革命，广播在这深刻裂变和重组的格局中积极调整传播方式和产品形态，积极探索广播的融媒化发展方向。在广电体制变化、媒体深度融合的市场环境下，新广播市场呈现出全媒体运营、集中管理和分散经营的市场特

①　NINGRUM A F, ADIPRASETIO J. Broadcast journalism of private radio in Cirebon, Indonesia, in the convergence era［J］. Asian journal of media and communication, 2021, 5（1）：19 – 35.

②　张军红. 媒介融合背景下广播电视新闻采编特点与工作策略探析［J］. 新闻传播，2022（16）：107 – 108.

③　安治民，袁侃. 解构与重构：移动传播时代广播生态与社会生态的再链接［J］. 传媒观察，2023（S1）：77 – 80.

④　安治民，申启武. 移动传播时代广播内容生态体系构建［J］. 青年记者，2022（17）：68 – 70.

⑤　刘涛，卜彦芳. 传媒生态位变迁视角下的中国广播 80 年经营历程［J］. 中国广播电视学刊，2020（10）：93 – 97.

⑥　赖黎捷，颜春龙. 媒体融合与智能新生态：广播研究的当下格局与学术责任［J］. 中国广播电视学刊，2023（8）：33 – 37.

征。① 新时期的广播媒体在凝聚社会共识方面展现出沉浸式传播的特点，在社区和社群服务中彰显了贴近生活的优势，在多场景跨区域传播中呈现了智慧广播的趋势。② 在媒介融合所构建的全新媒介生态系统中，传统的广播媒体正嬗变为新型的听觉媒体，通过跨渠道声音传递叠加信息需求，提供复合型声音服务。③ 以播客为代表的听觉媒介，通过嵌入式生存与社交化发展，在推动传统广播转型、重新构建音频传播现代性以及创新内容生产等方面，凭借其渗透力、覆盖力与黏合力展现出不可低估的能量，为声音传播带来了新的信息和新的格局。④ 而车联网对于广播生态的影响日益增大，汽车的移动性满足了人类生存发展的需求，这种跨越地理距离的实践，离不开的就是在车内这一兼具移动性和私人性的环境。车载广播继续发力，带来了交互方式的质变和广告形态的多样化。⑤ 特别是依托"声音经济"，打造移动付费"音频生态圈"，扩充广播的盈利空间，也将成为传统广播转型的新方向。⑥

（3）广播生态化发展的战略研究。

我国学者对于广播生态化发展的战略研究已有多个层面的讨论。一是要主动融入并服务国家重大发展战略，深入学习并贯彻习近平总书记关于文化产业和数字经济的重要论述精神，并积极推动广播电视产业发展的相关内容纳入国家规划和政策文件。⑦ 二是要维护自身的媒介特性，要在"广播为体，新媒为用"和"新媒为体，广播为用"的双重框架下，通过资源整合、内容优化和科学管理经营好传统广播，积极推进新媒体广播建设。⑧ 三是要筑牢新主流基石，扩充广播对外传播阵地。通过对于内容生产的优化整合、平台的多渠道延伸及双向互动建构价值观念⑨，打造融通中外的新表述，由"国家主体"下沉

① 黄学平. 移动互联时代广播收听场景的嬗变 ［J］. 传媒，2018（2）：15-19.

② 孟伟，张帅，李乐辰. 2022 年广播媒体发展综述 ［J］. 中国广播电视学刊，2023（3）：24-28.

③ 田园. 听觉生态位的超越：从广播媒体到听觉媒体 ［J］. 当代传播，2018（3）：60-62，78.

④ 高贵武，王彪. 从广播到播客：声音媒体的嵌入式生存与社交化发展 ［J］. 新闻与写作，2022（7）：98-104.

⑤ 张根清. 云听的声音新媒体布局 ［J］. 传媒，2022（4）：11-12.

⑥ 栾轶玫，周万安. 传统广播转型新方向：移动付费"音频生态圈" ［J］. 新闻与写作，2018（10）：44-47.

⑦ 余爱群. 全面融入国家发展战略统筹推动广播电视和网络视听产业发展开新局 ［J］. 中国广播电视学刊，2022（3）：19-22.

⑧ 申启武. 坚守与突围：广播媒体融合发展的战略选择 ［J］. 现代传播（中国传媒大学学报），2017，39（5）：6-11.

⑨ 周笑. 新主流基石上对外传播的战略要件研究：中央广播电视总台战略实践的观察与思考 ［J］. 电视研究，2020（9）：16-19.

到"地方主体"，形成多层次立体化海外布局。① 四是必须将"服务受众""用户思维"作为思考的关键和核心，以"四全媒体"为逻辑起点，积极做好民生服务，打造新型网络平台②，通过资源整合、内容优化和科学管理来"强身健体"、转型升级，进而塑造崭新的媒介形象。也有部分研究聚焦于广播生态化发展的具体战略路径，如借助云技术、5G 通信技术、大数据和人工智能技术等实现"一县一频"向"一车一频"和"一人一频"的高品质定制化互动广播的转向；③ 发挥广播的社交属性，用声音构建消费生态的"共情声景"和"共时性对话场域"；④ 提升商业价值，拓展广播附加值，以"平台＋产业"的融合方式实现战略转型。⑤

综合而言，我国对于广播生态的研究伴随媒介生态学的广泛兴起而兴起，但如广播本身是依托技术形态的电子媒介一样，对于广播的研究更多停留在现象层面，针对现状谈发展、针对问题谈治理、针对技术谈融合。这些研究在很大程度上解释了广播的发展规律和文化现象，但若要深入理解广播生态的内部运行肌理、移动传播时代广播融合的具体情况等，需要深入挖掘广播业态，基于现实问题对广播规律进行探讨。具体而言，当前对于广播生态的研究还存在不足。首先，对于生态学理论的运用仍停留在概念层面，缺乏深入、系统的把握。事实上，作为一种系统性、关联性、动态化的分析和转型思维，生态理念对于全面把握广播的生态影响因子，内部结构及内部与外部、内部要素之间的结构关系，进而提出合理有效的整体应对之策，具有极其重要的作用。其次，对于广播生态实证研究匮乏。大多学者凭借自身对广播行业的观察进行研究，在思辨层面把握广播现状。虽然现有研究大量关注广播的问题与治理，但这种研究思路主要从功能主义路径出发，以现象观察反推治理，停留在纸上谈兵的阶段，缺乏实证考察，以及对问题成因的深层解释。最后，在移动传播时代这一广播的转型期，对于广播内在的组织结构和平台的制度化策略思考不够深入。

① 李岚. 新形势下广播电视构建对外话语体系的战略路径［J］. 现代传播（中国传媒大学学报），2022，44（8）：58－66.
② 杨永茂."新闻＋"战略在全媒体传播生态塑造中的实践与探索：以成都市广播电视台融媒体"神鸟知讯"为例［J］. 中国广播电视学刊，2022（2）：132－134.
③ 牛嵩峰，王承永，谢少华，等. 新型5G智慧广播技术体系设计与应用［J］. 广播与电视技术，2020，47（7）：26－34.
④ 颜春龙，高新哲. 全媒体时代的"广播"新定义［J］. 现代视听，2023（7）：5－9.
⑤ 赵轶."互联网＋"语境下广播媒介的"平台化发展"战略：以"在城市"系列广播APP为例［J］. 传媒，2018（21）：59－60.

三、研究框架与思路方法

在我国"媒介融合"的战略布局和习近平总书记提出的"打造一批形态多样、手段先进、具有竞争力的新型主流媒体"的媒介融合战略思想指导下，广播也在积极转型，为融合发展的现代传播体系贡献力量。在本部分将联系已有研究与业界动态，依次阐述本书的研究对象、研究框架、研究思路与方法、篇章结构与创新。

（一）研究对象

本书的研究对象是移动传播时代广播的生态化发展战略。由于广播行业的生态化发展战略是在广播媒体生态化发展的基础上制定的，在广播"四级办"的运营体制中，有必要对不同层级广播媒体（中央、省、市、县）的生态化发展问题予以关照。同时，新媒体尤其是网络音频的发展及其对广播生态格局的影响也是本书关注的问题。因此，本书拟解决的主要议题界定为：

三个层面的理论议题：①生态的内部结构、运行肌理与规律；②战略与生态的内在一致性及战略管理理论所蕴含的生态思想；③生态学理论、战略理论与广播理论相结合所形成的广播生态理论的基本框架，特别是何谓广播生态化的问题。

四个层面的实践议题：①移动传播时代的具体内涵、基本特征、演进脉络与现实表现；②移动传播时代广播的生态环境；③移动传播时代广播融合发展的状况；④移动传播时代广播生态化发展的理想图景。

（二）研究框架

为深入广播生态的内部运行肌理，站在理论的高度深入挖掘广播业态，本书围绕广播生态学研究的基本理论、移动传播技术主导下的广播生态环境系统透视、移动传播时代广播媒体发展的实证考察、移动传播时代广播生态化发展的战略选择四个层面搭建框架，揭示广播生态对于业态发展的影响机制，结合移动传播时代广播融合的具体情况，基于现实发现丰富理论内涵，开辟广播生态独到的研究角度，为解决现实问题作出切实贡献。

1. 理论研究：广播生态学研究的基本理论

本部分从生态学理论出发，将生态学理论与战略理论相结合，着重研究三个方面内容，最终建构起系统化的广播生态分析理论框架。具体涵盖：①生态的科学界定，主要是从生态所包含的"有机体"与"生境"两个维度展开，进而形成有关生态的全面认知，打破将"生态"单纯地理解为"环境"的传统看法；在此基础上，从生态学理论的"系统性""联系性"特别是"食物链""食物网"等思维着眼，对"生态化""生态化发展"等概念进行科学界定。②战略理论，主要研究战略的基本过程（分析、实施和控制），并将其与生态学理论相结合，特别是借鉴其中的战略分析原理和方法，作为广播生态分析的认识论与方法论基础。③结合广播听觉传播、移动伴随收听等特质，提出广播生态的基本界定、特征、基本原理与分析框架（生境分析、有机体分析与生态改良策略）。

2. 生境研究：移动传播技术主导下的广播生态环境系统透视

生境是指物种或物种群体赖以生存的生态环境。本部分立足生态位理论，坚持系统观、层次观的生态学认识论原则，按照"技术变迁"引致"传播形态变迁"，进而引致"受众变迁"，递而引致"广播变迁"的生态变化逻辑，着重探讨：①宏观生境。主要分析技术、经济、受众和政策本身，以及各因子特别是作为主导因子的移动互联网技术对广播生态的影响（同时清晰界定移动传播时代的科学内涵、本质特征）和各因子相互间的影响。②中观生境。从大传媒生态、音频生态和广播行业生态三个不同维度出发，分析广播产品的替代性、潜在竞争者的进入能力、购买者的讨价还价能力、行业内竞争者之间的竞争能力。重点探讨在移动传播时代广播与大传媒、音频的"生态位重叠"，音频对广播的"生态入侵"以及在此环境下广播的"生态位迁移"等问题。③微观生境。抓住广播"四级办"的运营特点，主要从不同层级广播媒体所处的经济、文化、地域等环境维度，探讨不同层级广播的营养多寡、能量大小。

3. 本体研究：移动传播时代广播媒体发展的实证考察

综合目前关于移动传播技术下广播媒体发展的理论研究与实践方向，主要包括理念、技术、内容、经营、管理五个主要方面。本部分根据广播发展的新动态，选取中央广播电视总台央广、上海广播电视台、安徽广播电视台、深圳广播电台等代表性的广播媒体，结合深度访谈所得的实证材料与最新数据，从认知与实践两个层面进行探讨广播媒体发展的新趋向和新态势，及在转型过程中广播是如何对外部环境进行把握以及如何应对形势变化做出动态调整。不同组织的资源条件不同，发展历史脉络不同，采取策略不同，在转型重塑竞争优势的实践中形成了不同的模式。本体研究部分将进行实证考察，探索广播转型发展的多元化道路，鼓励四级媒体根据自身情况寻求适合自己的模式加以推进，尽可能地扩充已有资源，创新节目制作和编排方式，提升用户黏性和节目吸引力。

4. 对策研究：移动传播时代广播生态化发展的战略选择

本部分作为研究的核心，包括六个方面内容：①总体战略与价值选择。广播的生态化发展战略应是广播本身与生态环境的最佳适配，这有赖于广播对自身的移动伴随服务价值的理性诉求，既坚守又创新。②技术手段与平台构建。技术对于移动传播时代广播生态化发展战略具有先导性、基础性作用，构建强有力的生产与传播平台，推动技术手段与内容、经营等全方位融合，是广播发展的关键所在。③内容战略与交互化、场景化、个性化。移动传播时代，广播的内容生产应适应各类移动化、伴随性的场景化传播特征，最大限度地实现与受众的紧密结合。④经营思路与用户理念。当前，传统"二次售卖"媒介变现规律已被打破，垂直化、多元化成为广播适应新经济生态的必然选择，如此才能将作为媒介的广播与作为用户的受众、作为客户的广告主更加紧密地结合起来。⑤品牌营销与全媒体传播。在媒体集群不断丰富的今天，作为以声音为唯一传播符号的广播，需要增强品牌识别度，可以借助文字、图片、视频等全媒化符号手段，更好地开展受众互动、品牌营销。⑥生态圈层与内外循环。广播的生态化发展战略不仅要构造上述全新的五大生态圈，而且要配置相应的生态化发展战略机制，将各生态圈予以全面贯通，以生态化的手段，真正实现内部各要素之间、内部与外部生境之间的能量良性循环。另外，不同层级的广播媒体由于所处生境和资源禀赋不同，生态化发展战略选择的路径有所不同，本书将特别探讨国家大力推进的县级融媒体中心建设中广播元素的构建之道；同时关注国家层面广播生态化发展的保障政策。

（三）研究思路与方法

本书将以马克思主义文艺观为统领，遵循理论建构、问题剖析、对策研究的基本思路，融汇传播学、社会科学、管理学的基本方法，具体采取文本分析法、一般环境模型分析法、波特五力模型分析法、VRIO 框架分析法、SWOT分析法、深度访谈法进行展开，从而勾勒出广播生态化发展战略的基本图景（见图 0 – 1）。

理论基础	主要内容	研究方法	问题剖析
	绪论	文本分析法	研究背景　研究意义 研究综述　研究对象 研究框架　研究方法 篇章结构　创新之处
	第一章 广播生态战略 理论的建构	文本分析法	生态学理论考察 战略理论剖析 生态学理论与战略理论的耦合
生态学理论	第二章 生境分析——移动传播 时代广播生态环境的多 维审视	一般环境模型分析法 波特五力模型分析法 VRIO框架分析法 SWOT分析法	宏观生境　中观生境 微观生境　生境综合透视
战略理论	第三章 战略选择——移动传播 时代广播生态化发展的 整体布局	深度访谈法 文本分析法	广播生态与社会生态的再链接 广播融合型总体战略构想 广播内容生态体系构建研究 广播新型经营生态体系构建 广播职能战略转型
生态战略理论	第四章 战略实施——移动传播 时代广播生态化发展的 系统重组	深度访谈法 文本分析法	创新型广播组织结构的设想 开放型广播组织文化的打造 广播生态化发展的战略调适
广播生态战略理论	第五章 移动传播时代广播媒体 生态化发展的实证考察	深度访谈法 文本分析法	内容主导:中央广播电视总台央广 平台主导:上海广播电视台 技术主导:安徽广播电视台 管理主导:深圳广播电视台 区县广播转型模式 国外广播生态化发展实证考察
	第六章 移动传播时代广播 生态化发展的趋势展望	深度访谈法 文本分析法	传播智能化　使用场景化 用户个性化　经营多元化

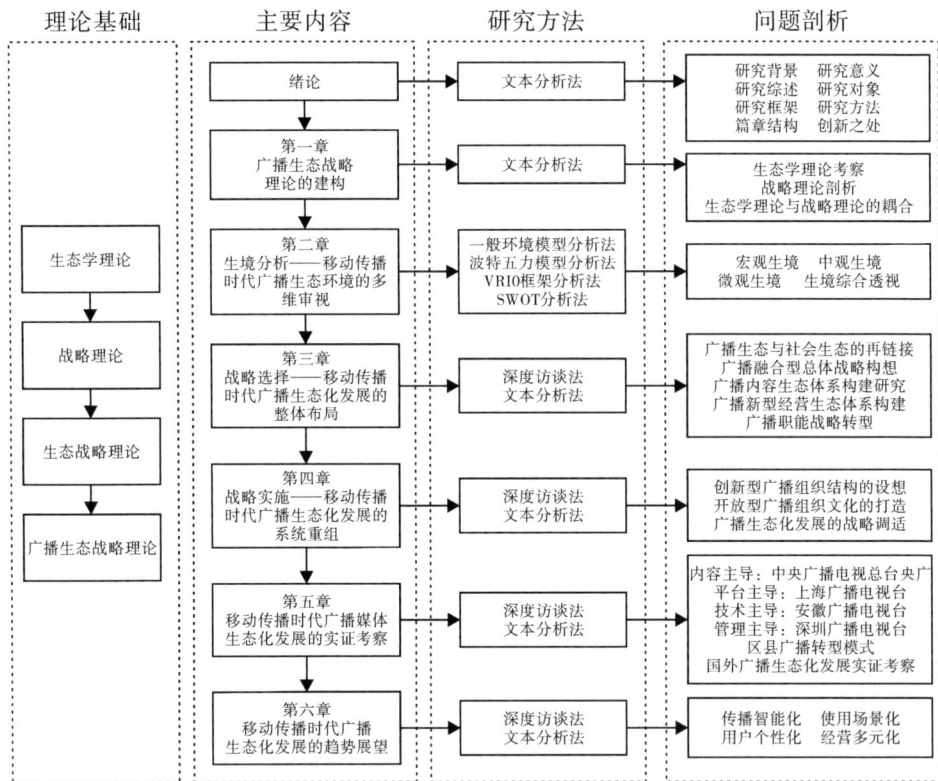

图 0-1　本书研究思路与方法框架

（四）篇章结构与创新

1. 篇章结构

本书共分七个部分，具体内容如下：绪论提出本书的现实缘起，从广播生存和发展的现状引出研究中的生态视角，在关于媒介生态、战略和广播生态的文献综述中细化研究问题，明确从主体出发研究，并对本书的理论研究、生境研究、本体研究、对策研究、生态圈层与内外循环进行探讨。第一章主要考察生态学理论和战略理论的已有体系，并从中寻找弥合点，建立广播生态战略理论。第二章从宏观生境、中观生境、微观生境、生境综合透视考察广播环境的资源占据情况和环境。广播生态是在一定的社会环境中广播与外界的政治、经济、文化、技术之间的关系，与内部内容、受众、广告、资源等之间的关系，以及广播与广播、广播与其他媒介、广播与整个社会之间的关系，这些关系并不是独立的，而是相互影响、相互关联而达到的一种相互平衡的、和谐的结构状态。同时广播兼具主流媒体与文化产业的双重性质，其中前者是根本属性，但广播作为第三产业也必须参与到市场竞争中，建立商业盈利方式和拓展产业经营模式。本章通过分析 PEST 模型、波特五力模型、价值链理论与 SWOT 理论框架分析广播生境，考察内外部力量对广播发展的形塑。第三章从移动传播时代广播生态与社会生态的再链接，移动传播时代广播的融合型总体战略构想、内容生态体系构建研究、新型经营生态体系构建、职能战略转型四个方面阐述移动传播时代广播生态化发展的整体布局及战略选择。第四章主要从组织结构、组织文化、战略调适方面讨论移动传播时代广播生态化发展的战略实施。我国广播业从诞生至今经历着从"纯事业型"到"事业单位、企业管理型"，最终向"产业型"方向发展的过程，组织结构和组织文化也随之不断调整和变化，为应对新一轮数字革命的纵深发展，广播电台从对内生性资源的占据和对外部动态环境的整合入手，分析如何将广播电台的核心能力有效地转化成竞争优势，以达到可持续发展。第五章探讨移动传播时代广播媒体发展的实证考察，关注内容主导型转型的中央广播电视总台央广、平台主导型转型的上海广播电视台、技术主导型转型的安徽广播电视台、管理主导型转型的深圳广播电台、融媒体中心推进进程中的区县广播转型模式，并通过对国外媒体转型发展的多维考察给我国广播发展带来启示。第六章从传播智能化、使用场景化、用户个性化、经营多元化四个维度入手，明晰移动传播时代广播生态化发展的方向。

2. 创新之处

（1）学术思想创新：在广播战略研究领域，首次将生态学理论与战略理论有机结合起来，并以这种理论结合的成果应用于移动传播时代广播的生态化发展研究，有利于更加准确到位地把握其现象和本质。

（2）学术观点创新：将生态观与战略观紧密结合起来，以一以贯之的生态思维，既系统分析广播生态状况，又建立广播内部生态要素、广播与生境之间的和谐关系。

（3）研究方法创新：打破当前广播战略研究总结式的研究套路，将战略理论中的一般环境模型分析法、波特五力模型分析法、VRIO 框架分析法、SWOT 分析法、深度访谈法、文本分析法等结合起来，既掌握尽可能全面的第一手资料，又推动分析的系统性和科学性发展。

第一章 广播生态战略理论的建构

在国家媒介融合发展战略背景下，5G、物联网、人工智能、云计算等新兴技术为信息传播拓展了广阔的空间，新兴媒介的发展呈现出蓬勃之态，万物皆媒的趋势愈发凸显，与此同时，广播媒体原有的生态环境正在发生着颠覆式的改变。在日益复杂的媒体生态环境中，广播媒体要解决业务收缩、存量和盈利下滑等自身发展局限，有必要从战略的高度纵览全局、巧妙调适，以新姿态应对业态之变。基于上述背景，本章旨在从生态学和管理学理论的交叉点上发掘新思路，以生态战略理论为发展基点，在运用该理论解释广播媒体生态发展问题的过程中，提升其在广播领域的适配性，进而从生态战略理论的视角完成对广播媒体发展的理论化构建与探索。据此，着重从生态学理论考察、战略理论剖析、生态学理论与战略理论的耦合三个方面展开研究，在深入探讨广播与所处环境之间相互依存、相互影响、协同发展的共生关系中，明晰广播自身的战略定位，从理论层面剖析如何巧妙地进行战略性建构，以化解生存竞争压力。

第一节 生态学理论考察

生态学理论视角具有鲜明的多学科交叉融合、系统性和整体性的特点，它将生物与环境视为相互联系和影响的整体系统，从宏观到微观、长期到短期等多元维度对生物多样性、能量流动、物质循环等生态过程进行全方位、多层次的研究，旨在揭示生态环境演替规律、生物适应机制以及人类活动对生态系统的影响。生态学研究不仅关注生物种群、群落以及生态系统的内在结构和功能特性，而且更深层次地探索这些要素在时间和空间尺度上的动态变化过程。这种视角强调从生物与非生物环境的相互作用出发，理解生态系统内部各组成部分之间的复杂关系及其对系统稳定性和适应性的影响。此外，生态学研究视角还重视人类活动对生态环境的影响，通过分析社会经济因素与自然生态过程的交织作用，探讨可持续发展的路径和策略，以实现人与自然和谐共生的目标。因此，在解决现实世界的生态环境问题时，生态学理论常常通过整合生物学、地理学、气候学、社会科学等多个领域的理论工具和实证手段，形成具有前瞻性和实用性的生态学解决方案。

一、生态学理论的特征及核心概念

自德国生物学家海克尔（Ernst Haeckel）于 1866 年首次提出"生态学"概念以来，关于环境的讨论就未曾停止。海克尔认为，要以联系的观点看待动物与有机及无机环境之间相互关系的科学，特别是动物与其他生物之间的有益和有害关系。他的研究范围包括个体、种群、群落、生态系统以及生物圈等层次。①

从生态学理论的特点来看，其强调从系统性和整体性的视角，以动态演变的眼光关注生态系统的变化规律。生态学理论得以建立的认识论基础在于，生态学认为生物与环境是一个相互联系的整体，因而生态学相关研究不仅关注单个物种，更注重物种间的相互作用、群落结构和生态系统功能的整合。即在遵循着整体性原则的研究中，生态系统被视为一个不可分割的整体，其中的物种、环境要素及生态过程紧密关联，互相制约且相互依赖，共同决定了生态系统的性质和运行规律。此外，生态学研究还十分注重对生态系统的动态性与演替过程进行考察，描述生态系统随时间变化的过程，包括物种适应、种群动态、群落演替以及生态系统的发展和恢复等动态变化规律；以及揭示生态系统内存在复杂的反馈机制和非线性的因果关系，即一个物种的变化可能会对其他物种产生间接或直接的影响，导致整个系统的复杂响应。

与此同时，从生态学理论的尺度与阐释维度来看，其涵盖从微观（如个体水平）到宏观（如全球生物地球化学循环）的不同空间尺度上的生态过程，因此，生态学的理论阐释维度不仅包括从宏观视角分析不同物种之间的空间关系、资源需求、物种多样性等，还包含从互动的视角分析不同物种之间的协调与平衡、循环演替，以及从结构性视角分析生态系统之中物种生存的食物链、流通路径与相互关系等，因而具有广阔的理论发展空间和周密的理论框架优

---

① POSTMAN N. The humanism of media ecology [C] //STERNBERG J, LIPTON M. Proceedings of the media ecology association, 2000: 10 - 16.

势。作为一门研究生物与环境之间相互关系的学科，生态学的理论体系丰富多样，涉及从微观个体到宏观全球的各种生态过程和现象，在理论的开放性方面，其核心理论概念例如生态位、物种多样性等还可以与其他领域的理论发展产生融合互动，为理论构建提供重要的基础。

其中，基于整体宏观视角所提出的一个重要概念就是生态位理论（Niche Theory），这一概念强调每个物种在生态系统中都有其特定的生活空间和功能角色，包括对资源的需求、利用方式以及与其他物种间的互动关系。生态位不仅指物理空间上的位置，还包括时间维度、营养需求和生理适应等多方面的内容，该理论所包含的生态位重叠与竞争排斥原理、生态位宽度与多样性等概念构成了生态位理论分析的核心，在具体的理论应用中，生态位理论不仅有助于我们理解物种在生态系统中的行为和地位，还为预测物种分布、响应环境变化及评估生物多样性的维持机制提供了重要的理论框架。在物种多样性原理中，生物多样性是生态系统稳定性和持续性的重要保障，它涉及物种多样性、基因多样性和生态系统多样性等多个层次，解释了多样性的维持机制及其对于生态系统功能和服务的重要性。此外，景观生态学相关理论则关注较大地理尺度上生态系统的格局与过程，包括空间分异性理论、生物多样性分布规律、景观异质性与异质共生理论等，为区域生态环境保护与可持续管理提供理论指导。

在以互动视角为基础的理论建构中，生态学中的生态演替理论（Succession Theory）描述了生态系统随时间推移经历的一系列有序变化，从初生阶段逐渐发展至相对稳定的顶极群落状态，这一过程中会受到物种竞争、自然干扰、环境变化等因素的影响。此外，协调与平衡原理强调在生态系统中，各个组成部分之间通过反馈调节实现动态平衡，这种平衡是生态系统自我调节能力的表现，也是其对外界扰动具有恢复力的基础。在群落演替过程中，优势种理论（Dominance Theory）认为，某些物种由于竞争优势或适应性较强，能够占据主导地位并对群落结构产生显著影响，进而决定着群落的功能和动态特征。

在微观结构性的生态学理论视角中，食物链与食物网理论（Food Chain and Food Web Theory）的提出形象地展示了生态系统中的能量流动和物质循环路径，即通过捕食者与被捕食者的层级结构构建起生态系统内的营养级联系。食物网揭示了物种间复杂的相互依存关系，任何一个物种的变化都可能影响到整个网络的稳定性。与此同时，生态系统的自组织与复杂性理论则揭示出，生态系统是由众多非线性相互作用的组分构成，能够在没有中央调控的情况下自发形成复杂的结构和行为模式，具有一定的抵抗外部冲击和自我修复的能力。

以上生态学理论共同构成了现代生态学的核心框架，并在生态保护、自然资源管理、气候变化应对等领域发挥着至关重要的作用，为现实中理解和维护生态系统健康提供了科学依据和实践策略。

二、生态学理论在媒介研究中的适用性考察

一方面，生态学理论自身的发展依赖于跨学科融合，另一方面，其系统性、动态化、追求应用导向等理论特质也决定了生态学理论能够实现跨学科理论建构。具体在传媒研究领域，生态学理论一方面可以为理解和分析媒介提供一个系统性和整体性的视角，另一方面，在运用生态学理论进行媒介学研究过程中，无论是在研究视角、分析思路还是在研究对象、研究方法等方面，生态学理论中所包含的核心原理和概念都可以为广播媒体的生存发展研究提供具有创新性的理论参考和分析框架。

首先，生态学理论在媒介研究中的适用性考察以二者之间的相似性为基础。对于广播媒体而言，其所处的相互竞争、演替、发展的媒体发展环境实则同样构成了一套完整的媒介生态系统，其基础构造单元包括传媒系统、社会体系、人群及其之间的相互关联与交互影响。其中，个体与媒介之间的互动过程构建了受众生态环境的框架，受众生态环境主要体现为受众对广播传媒的忠诚度与信赖感，受众生态环境的优劣取决于广播传媒在受众中的地位和影响。而传媒系统与社会结构间的动态耦合关系则塑造了媒介制度和政策环境，其中媒介制度和政策环境主要体现为政府相关职能部门对广播传媒的监管状况，政府监管的科学性与合理化是营造广播理想的媒介制度与政策环境的前提。此外，不同媒介机构间的竞争互动共同构成了媒体行业的生态环境，这种竞争既包括市场份额、品牌影响力等经济领域的角逐，也涵盖技术创新、内容创新等软实力的竞争，从而推动了媒介行业整体格局的动态调整与优化升级。同时，媒介行业与经济领域的交织作用则催生并定义了媒介广告资源环境的存在与发展态势。比如，媒介可以通过其独特的传播力和影响力吸引各类企业投放广告资源，形成经济利益的流动与交换。此外，广告市场的繁荣与否以及企业广告投入的方向和力度，亦会对媒介的内容生产和运营策略产生深远影响。

其次，在生态系统特性上，广播媒体所处的媒介生态系统同样存在复杂性与多样性的特点，它蕴含着传媒、受众、经济和社会等复合性生态内容，强调系统整体的生态化。在当今广播"窄播"化与频率专业化的传播格局中，广播行业的生态环境不仅体现为广播与电视、报纸以及网络等异质传媒的竞争关系，而且体现为广播传媒行业内部专业频率之间的竞争关系。因此，考察广播

传媒行业生态环境的状况既要看广播传媒与异质传媒竞争时的能力表现，又要看专业频率之间的竞争是否有序合理。与此同时，广告资源环境则体现为广播传媒在广告市场中所占有的份额，广告份额大意味着广告资源环境好，广告份额少则表明广告资源环境差。在广播生态链的作用下，广播传媒系统内部的频率资源、技术设备、人力资源、节目形态以及广告收益等诸多要素和系统外部的信息资源、受众支持以及传媒制度、公共政策等各个要素之间存在着传媒特有的能量流动定律，这些要素在传者和受众之间乃至这两者与经济、社会之间形成动态循环，使得广播传媒的生态系统始终处于"平衡—失衡—平衡"的状态。一旦任何一个要素产生变化，将会打破生态系统的整体平衡，并直接影响广播传媒的生存和发展。因此，广播媒体要实现可持续发展的战略目标，必须满足传媒、受众、经济和社会共同演进、协调发展的生态要求，保持其生态系统的整体平衡。

此外，广播媒体除了从自身内部寻找发展出路之外，还可以充分利用生态学的分析方法和理论观念，对自身的生存定位和发展路径进行探索。比如通过系统性分析视角，将媒介置于更广阔的社会、经济、政治和技术环境之中进行系统性和整体性考察，这一视角有助于揭示媒介与外部环境的相互作用关系和共生机制，以及这些因素如何共同塑造媒介的发展形态、内容生产与传播模式。借用生态学研究中的动态平衡观念关注生态系统的动态平衡和演替过程，分析媒介组织如何适应不断变化的市场条件和社会需求，在竞争与合作中寻找并保持其"生态位"。与此同时，生态学中的多样性与复杂性理解视角同样与媒介生态系统研究具有较强的契合性，可以为广播发展提供理论启发。媒介生态系统内部存在多元主体和多维度的关系网络，生态学视角能够更好地解析媒介种类的多样性、结构复杂性及其对整个传播领域稳定性的影响。此外，生态系统中的能量流动理论则能够进一步帮助研究者构建媒介生态环境中能量流分布的框架，理解信息流、资金流、人才流等资源在媒介生态中的分布、流动和循环使用，从而评估媒介间的依存关系与竞争策略。通过借鉴生态学的可持续发展理念，媒介生态研究可以探讨媒体产业的可持续发展模式，包括如何实现资源高效利用、减少负面影响，并在快速变化的技术环境下保持自身的生命力和竞争力。

最后，在理论发展层面，媒介理论在与生态学理论进行跨学科融合的同时，还可以借鉴生态学理论融合开放的发展路径。从生态学角度出发研究媒介，不仅丰富了媒介研究的理论体系，也为媒介政策制定、媒介经营战略及未来发展方向规划提供了更为立体和长远的考量基础。另外，生态学研究还为媒介研究提供了一个跨学科的研究框架，使得社会学、经济学、信息技术等多个领域的研究成果得以整合应用，并全面而深入地剖析媒介现象及其背后的深层次动力机制。

第二节　战略理论剖析

战略理论为互联网时代的广播媒体提供了规范性的参考，它是在广播媒体充分理解和洞察内外部环境的基础上，对未来发展路径和实施方式的预见性选择与权衡。本节旨在深入探讨战略理论的起源、基本内涵及其演变历程，并对现有的战略理论研究成果进行全面回顾，在理论维度上发掘战略理论对于广播媒体研究的切入点及创新突破点。

一、战略理论的缘起与发展

"战略"原本是军事上的术语，指对全局的系统化认知和指导，后被延伸到管理领域，最早见于巴纳德的论述，他在解释组织决策分析时引用了"战略因素"一词来表达：如果我们考察在特定时间存在的任何一个体系、一组条件或者情况的集合体，就会发现其中包含着一些要素、部件或者因素，它们共同构成了整个体系（或系统）的全部条件或者所有情况。[1] 这是关于战略的朴素说明，虽然巴纳德没有具体阐释所谓的"因素"究竟是什么，但战略之于组织的作用已经毋庸置疑。

当然，尽管巴纳德早在 1938 年就提出了战略的概念，但直到 1962 年美国学者钱德勒《战略与结构：美国工商企业成长的若干篇章》一书的出版才标志着战略理论框架建构的开端。正如钱德勒在书中的解释：1850 年以前，美国几乎没有一家企业需要全职管理人员或一个清晰界定的管理组织的服务。而进入 19 世纪 80 年代，随着企业逐渐发展壮大，复杂庞大的组织架构所引起的新问题急需解决之道，系统的战略管理应运而生。[2] 随后 1965 年美国学者安索夫的《公司战略》、安东尼的《经营管理系统的基础》等著作把企业战略理论

---

① 巴纳德. 管理金典：经理的职能：中英双语·经典版 [M]. 杜子建，译. 北京：北京理工大学出版社，2014.

② 钱德勒. 战略与结构：美国工商企业成长的若干篇章 [M]. 北京天则经济研究所，北京江南天慧经济研究公司，译. 昆明：云南人民出版社，2002.

研究向前推进了一大步。

关于"战略"概念的讨论，有学者采用列举的方法对战略进行概念界定，明茨伯格认为，战略本身就应该有多种定义，他总结了作为计划、模式、定位、展望和策略的战略①，并将以上五种定义与历史上的战略管理学派进行比较，指出不同的定义不过是偏重有所不同。也有学者从广义和狭义两个维度对战略进行考察，前者包括组织的目标以及为此目标而制订的计划和行为，后者将目的与行为分开并着眼于具体的策略和手段上。②

战略理论大致可以分为古典阶段和竞争阶段，其中，古典阶段以钱德勒、安索夫、安德鲁斯等学者为代表，作为拓荒者，他们首次建立起战略理论框架，并对其后的学派发展起到了不可忽视的启发作用。竞争阶段主要以波特提出的竞争理论为开端，以波特、哈默尔和普拉哈拉德、沃纳菲尔特等学者的研究为主，并相应划分出三个学派，即行业结构学派、核心能力学派和战略资源学派。竞争理论观点的提出对于战略理论的发展推进具有里程碑式的意义，并深刻影响和指导着现代战略理论的发展构成。如一些学者在对战略下定义时会明确指出战略就是"利用各种资源以获得竞争优势的策划和实施行为"③，"为求得长期生存和不断发展，为创造和保持竞争优势，对企业发展目标、达到目标的途径和手段的总体谋划，这就是企业战略"④。

总体而言，战略理论是一门探讨在不同领域（如军事、商业、政治等）中如何制订和实施长期计划以达成目标的学问。有学者认为，战略理论的本质和关键因素是如何将自身内部的资源与外部环境相契合。⑤战略研究是高层次决策过程，包括对环境的分析、目标设定、资源配置、行动计划的设计以及对未来不确定性的应对策略等。在现代语境下，战略理论不仅仅局限于战争或冲突的领域，它更多地被应用于企业的管理实践、国家的发展规划以及非营利组织的成长策略之中。战略理论在具体的实践运用中逐渐发展出了资源基础观、动态能力理论、SWOT 分析框架、波特五力模型等战略管理核心理论，助力组织机构在面对复杂环境和激烈竞争时，通过合理分析、资源配置、能力培养和创新活动等方式实现长期成功。

---

① 明茨伯格，阿尔斯特兰德，兰佩尔 . 战略历程［M］. 原书第 2 版 . 魏江，译 . 北京：机械工业出版社，2020.

② 贺金社 . 战略管理［M］. 郑州：河南科学技术出版社，2005.

③ 和金生 . 战略管理［M］. 天津：天津大学出版社，2012.

④ 周培玉 . 企业战略策划［M］. 北京：中国经济出版社，2008.

⑤ 赵蔚 . 万科房地产公司差异化发展战略研究［D］. 长春：吉林大学，2020.

二、战略理论在媒介研究中的适用性考察

战略理论在探索媒体生存发展问题的研究中具有高度的理论适配性与可行性，其原因在于作为一种高层次的计划或一系列规划决策，战略旨在实现一个组织、企业、国家或个人在特定时期内的长期目标，其核心在于从全局和长远角度考虑问题，做出前瞻性布局，并指导具体的行动计划。尤其是在以营利为重要目的的广播媒体中，商业战略理论的应用有助于媒体机构在制定战略时，充分考虑到市场定位、产品差异化、竞争态势、市场份额增长、成本领先等影响因素，具体涉及对环境的分析、目标设定、资源分配，以及采取何种行动路径来达到预设目标等方面，以确保自身在竞争激烈的市场环境中取得并保持竞争优势。

其中，在环境分析中，战略理论首先强调对内外部环境的全面分析。在互联网时代，广播媒体面临技术进步、受众习惯变化、市场竞争加剧等多重挑战和机遇。通过 PEST 模型和波特五力模型等工具，可以深入理解行业结构和竞争态势，为广播媒体找准自身定位提供依据。在资源与能力评估环节，资源基础观指出组织的核心竞争力是其战略发展的关键。广播媒体可以运用这一理论审视自身的独特资源（如品牌影响力、内容制作能力、人才储备等），并据此构建和发展不可复制的竞争优势。在确保媒体自身的独特性和优势地位过程中，广播媒体还可以借助差异化与聚焦战略理论为自身的竞争发展提供参考。具体操作比如广播媒体可以通过内容创新、服务升级、平台融合等方式实现产品和服务的差异化，或者选择特定市场细分领域进行深度聚焦，提升市场份额和用户黏性。与此同时，战略理论中对于组织机构的动态适应与创新能力的强调在媒介发展战略的制定中同样不可或缺。面对新媒体冲击，广播媒体需要具备动态调整能力和持续创新能力，如开发移动广播业务、数字化转型、拓展社交媒体矩阵等，这些都是基于战略理论中关于应对环境变化和培育组织动态能力的要求。

此外，对于媒体机构内部的组织运转与规则制定，战略理论同样给出了成熟可靠的借鉴思路和运行框架。比如，战略理论中要求组织既要有长远的战略愿景，也要有明确的实施路径和短期行动计划。长期规划与短期行动结合是战略管理中至关重要的原则，它意味着组织在设计和执行战略时，既要关注未来的发展蓝图和理想状态（即长远的战略愿景），也要将其细化为明确、可操作的实施路径和短期行动计划。这一结合确保了组织能够在把握宏观发展方向的

同时，以具体可行的步骤去逐步接近目标。一方面，对于广播媒体而言，在快速变化的新媒体环境下，战略理论的应用尤为关键，可以帮助其制定出适应时代变革、紧跟技术发展步伐、满足受众多元化需求的发展策略，并将这些策略拆解为一系列具体的项目和活动，从而有效推动组织转型和升级。另一方面，绩效评估与控制同样是战略管理不可或缺的一环。有效的战略实施不仅需要明确的目标设定，更需建立一套科学严谨的监控与反馈机制。通过定期对广播媒体战略实施效果进行评估，可以清晰地了解到各项战略举措的实际成效情况。基于评估结果，组织能够及时调整战略部署、优化资源配置，甚至在必要时重新审视和修订战略方向，以保证战略目标得以高效且有针对性地达成。这种持续改进的过程不仅有利于确保战略的动态适应性，也强化了组织在复杂竞争环境中的应变能力和创新能力。

因此，无论是从战略定位、资源整合、市场竞争策略还是从组织变革与创新能力培养的角度，战略理论都能够为广播媒体在新时代下的生存与发展提供强有力的理论指导和路径支持。

第三节 生态学理论与战略理论的耦合

生态学理论和战略理论虽然起源于不同的学科领域，但在具体的战略管理实践中却可以相互融合、互补，并且在指导企业如何有效适应环境变化、构建和维持竞争优势以及实现可持续发展等，展现了相似的核心思想与实践路径。从理论耦合的可能性上看，战略理论与生态学理论的重要相似点在于，二者都注重对环境的研究，强调主体与环境的互动，提倡具备高度的灵活性、创新性和前瞻性，旨在帮助企业更好地适应环境变迁，构建与维护竞争优势，并最终实现企业的可持续发展。虽然当前的战略概念偏重环境与竞争，明茨伯格也指出，战略与组织、环境都有关系，思考战略的一个基本前提就是组织与环境的不可分割性。由此，战略理论与生态学理论建立起了基本的链接。

一、生态学理论与战略理论的关键耦合点

在生态学理论与战略理论的分析应用中，二者都偏向于从微观至宏观的环境考察，关注被分析对象的环境适应性问题，在生态学理论的分析应用中，环境适应性问题同样重要，特别是在商业生态系统视角下的生态学理论，借鉴了

自然生态系统的原理，强调企业需要像生物种群一样去理解和适应其所处的商业生态环境，包括与合作伙伴、竞争对手、供应商、客户之间的相互作用和关系动态。就战略理论而言，其要求必须通过诸如 PEST 模型和波特五力模型等工具来深入理解并适应分析对象所处的外部环境，主要包括对市场趋势、客户需求、竞争格局、政策法规等因素的持续监测与应对，从而制定出符合当前及未来环境变化的战略。

在评估对象的发展状态时，生态学理论和战略理论都强调采用动态平衡的视角予以考察。其中生态学理论中的动态平衡指的是企业在生态系统中与其他参与者的关系不断调整，通过合作与竞争达到一种相对稳定的互动状态。比如，在一个行业中，企业需要通过技术创新、市场份额争夺等方式影响到整个行业的结构，并在过程中找到自身的稳定位置。战略管理中的动态平衡理念具体体现在企业不断调整自身在市场中的定位、优化资源配置、更新产品和服务以保持竞争力的过程。例如，企业需要根据市场反馈适时调整战略方向或采取防御、进攻、多元化等不同战略姿态。总体而言，战略理论更多是从企业自身发展出发，根据市场反馈展开适时调整，而生态学理论则是从行业整体健康稳定发展的视角出发，对生态体系中的个体进行要求和调整，注重对竞合关系的平衡与维护。因此，虽然二者在对动态平衡概念的表述中存在一定的差异，但思想内核基本一致，都强调通过动态平衡的视角进行自身调节。

与此同时，系统观也是生态学理论与战略理论在分析问题时选择的主要视角之一。尤其是在分析商业竞争中，生态学理论倡导把商业世界视为一个由众多相互关联、相互依赖的组织构成的复杂系统，每个成员都对整个系统的健康和发展产生影响。企业在这个系统中的行为和决策会引发一系列的连锁反应，因此，要从全局角度审视自身策略及其对生态系统的影响。战略理论则是采用系统论视角将企业视为一个开放系统，不断地与外界进行信息交流、资源流动和能量交换，这一视角要求企业在制定和执行战略时要充分考虑内外部因素的相互影响。

此外，无论是在生态学理论还是在战略理论中都注重对多样性与多元化的发展与考察。比如生态学理论中强调生态系统内物种多样性的价值，认为多样性和协同进化是生态系统稳定性的重要来源。类比到商业环境中，企业间通过多元化的业态、产品或服务创新，共同构建一个繁荣且具有韧性的商业生态系统。在战略理论中，企业实行多元化战略是为了分散风险、开拓新的增长点和提升竞争力。多元化可以表现为产品线、市场地域或业务领域的扩展。因此，两种理论都主张发展个体要具备进化与学习能力，即生态学理论中的进化观点体现在企业不断通过市场竞争和合作实践，筛选出更适应环境变化的商业模式、技术和管理方法，实现企业进化的"适者生存"。战略理论则强调，企业应具备学习型组织的特征，通过持续地学习、积累经验、创新技术和知识来不断提升自身的核心竞争力，适应快速变化的市场环境。

在持续进化与发展过程中，生态学理论与战略理论还同时强调了资源利用与竞争互动的重要性。生态学理论认为，企业之间围绕有限资源的竞争互动类似于生态系统中物种对生存资源的竞争。成功的商业组织不仅要在竞争中胜出，还要学会与伙伴共享资源，实现共生共赢，共同促进整个生态系统的健康发展。在战略理论中，企业围绕关键资源如市场份额、核心技术、品牌影响力等展开激烈的竞争，同时通过联盟、并购等方式获取和整合资源，以获得竞争优势。

二、广播生态战略理论的建构

综合上述对生态学理论与战略理论的分析，以及对二者耦合点的总结梳理，广播媒体可以在结合自身发展情况的基础上，借鉴生态战略理论分析的视角，实现自身的生态战略理论构建。具体可以从媒体生态环境分析、战略布局以及战略实施路径等层面对生态战略理论进行移植重建。

（一）广播媒体生态环境分析维度

在对媒体生态环境的分析中，广播媒体可以充分借鉴生态战略理论中的系统性、动态性分析思路，利用 PEST 模型、价值链理论、波特五力模型、SWOT 理论框架等分析工具，从而系统地考量自身的内外部环境、资源整合能力，进而探索出能够适应不断变化的生态环境的战略决策。

从可供借鉴的系统性视角来看，它强调组织与自身所在生态系统之间的相互作用与协同进化。对于广播媒体而言，这包括理解它在媒介生态系统中的角色定位，如何与其他媒体形式（如电视、互联网、社交媒体等）共生共存，以及如何通过创新内容生产、技术融合和平台合作来增强自身生态位。在具体的分析过程中，PEST 分别代表对政治、经济、社会、技术环境的分析，比如在考察政治法律环境中，要考虑政府对传媒行业的法规政策、版权保护、内容审查制度等因素的影响；经济环境则主要分析经济周期、消费者购买力、广告市场走势对广播媒体商业模式的影响。与此同时，社会文化环境是指研究受众价值观念的变化、消费习惯的变迁以及社会对信息传播需求的新趋势。技术环境则可以对 App、5G、AI 等媒介技术进行综合评估，并分析其对传统广播模式的挑战与机遇。

此外，波特五力模型和 SWOT 分析模型同样可以为广播媒体分析自身及其所处的媒介环境提供一个成熟稳健的分析框架。比如在波特五力模型中，对行业竞争者的分析可以了解到广播行业内各竞争对手的实力对比和竞争格局；对潜在竞争者进入能力的分析有利于探讨行业壁垒及新出现的潜在竞争者带来的威胁和压力；对替代品的替代能力的分析有助于考虑到新媒体形态如网络电台、视频网站、音频播客等替代产品的发展对广播媒体市场份额的影响；对供应商议价能力的分析可以用于研究内容制作成本、版权获取难度以及硬件设备提供商的影响；对购买者议价能力分析则有助于把握广告商、赞助商和听众对广播节目的需求变化。

在生态战略理论中，价值链分析同样能够用于对广播从内容创意构思到节目制作、节目播出、市场营销、分销渠道等环节进行全面分析，以优化广播媒体的价值链流程，寻找降低成本、提升服务质量、创造独特竞争优势的机会点。SWOT 分析更是已经普遍出现在对广播媒体优势、劣势、机会、威胁的分析之中。

（二）广播媒体战略布局阶段

在广播媒体战略构建布局阶段，生态战略理论可以为广播媒体的生态位选择、差异化经营战略、价值网布局、生态体系构建与创新激活体制机制等方面提供理论参考。从而有助于媒体机构在不断演变的媒介环境下找准自身角色，有效整合内外部资源，促进产业链条延伸和业态创新，最终实现持续竞争优势和长远发展。

生态位理论为广播媒体指明了生态位选择的重要意义，广播媒体明确自身在媒介生态系统中的独特生态位，即找准其市场定位和核心竞争力。这不仅要求广播保持内容生产的专业性、服务特定听众群体或地域市场，还要求广播媒体提供不可替代的功能或价值等。因此，差异化策略思想对于广播媒体的品牌化打造和市场独特性发展而言则显得至关重要，根据生态战略理论，广播媒体应寻求与竞争对手的差异化，以在高度竞争的媒介环境中占据优势地位。这可以通过创新内容形式、提升服务质量、优化用户体验、开发特色频道或节目等方式实现。比如，发展原创音频 IP、利用 AI 技术个性化推荐内容，或者构建线上线下相结合的互动体验。

与此同时，广播持续稳定开展市场运营的基础还离不开价值网络的构建，即通过与其他媒体、供应商、合作伙伴、用户以及第三方服务之间的协同合作来构建一个广泛的价值网络。比如广播媒体可以与互联网平台、移动运营商、智能硬件制造商等多方面伙伴建立紧密联系，共同打造融合共生的业务模式，将传统广播服务扩展到数字音频、车载媒体、智能家居等多种应用场景，进而在硬核自身能力和稳定价值网支持中，完成基于自身核心能力的媒体生态体系构建。同时，还可以利用生态战略理论的体系化分析思维，启发广播媒体通过整合内容生产者、传播渠道、受众社群、广告客户等资源，形成一个自适应、自演化、可持续发展的生态系统。

就媒体组织机构内部而言，创新激活体制机制要求广播媒体改革和创新原有的组织架构和运营机制，以适应新的媒介生态环境，具体包括推动"策、采、编、审、发"流程的数字化改造，实施灵活的项目制团队运作模式，建立健全鼓励创新和快速响应市场需求的激励机制，以及培养具备跨界能力和新媒体思维的人才队伍。

（三）广播媒体战略实施路径

在战略实施层面，广播媒体可以在生态战略理论的指导下，从组织结构、资源配置到企业文化层面进行深度改革，从而更好地应对媒介环境变迁带来的挑战，并寻求新的发展机遇。比如对于系统重组与平台化建设，广播媒体可以依据生态战略理论的系统性原则，将其业务流程和组织架构进行全面重组，转变为更灵活、开放且具有协同效应的平台模式。在组织架构创新方面，设计扁平化、模块化的组织架构，以适应快速变化的媒体生态环境。比如建立跨部门、跨职能的工作小组或项目团队，促进不同专业领域人才的融合与协作。

为保障资源的流通与共享，广播媒体需要主动打破内部壁垒，以开放的姿态积极推动"媒体融合"，破除传统广播与其他新媒体部门之间的信息和资源流通壁垒。比如通过技术手段整合各类媒体资源，打造统一的内容生产与分发平台，确保各媒体形态之间无缝对接，共同服务于整体战略目标，从而构建全面的资源共享机制。在组织文化方面，广播媒体要塑造一种鼓励创新、包容失败、积极合作的开放型组织文化，倡导内外部交流与合作，吸引多元化合作伙伴共建生态系统，即对外加强与产业链上下游企业及社群的合作，对内培养员工的跨界思维和创新能力，提高组织整体的灵活性和适应力。与此同时，还要与其他行业参与者形成共生共荣的整体性生态，通过举办活动、提供增值服务、搭建互动平台等方式，拓展广播媒体的社会影响力和经济价值，形成多方共赢的良性循环。

第二章　生境分析——移动传播时代广播生态环境的多维审视

党的二十大报告提出，要"加强全媒体传播体系建设，塑造主流舆论新格局"。[①] 对于传统媒体而言，在经历了与新媒体相加、相融，进而纵深融合后，如何通过媒介融合达到更高层次的多样化，如何在保证媒介产品多元化和高质量的基础上，实现更强的传播力、引导力、影响力和公信力，以及如何在将内容生产集合起来的同时，产生良性循环和规模效益等成为业界和学界普遍关注的话题。

CCData 数据显示，2021 年年底，在全国 333 套广播频率中，以广播频率名称入驻微博、微信、今日头条、抖音、快手等新媒体平台并通过认证的官方账号共 1183 个，综合覆盖率为 71.1%，覆盖率同比降低 5.1 个百分点。[②] 可以看到，传统广播正在积极融入新媒体建设，传播矩阵布局逐渐稳定，流量基础正在夯实。任何事物的发生发展都不能剥离具体的社会环境进行考量。同样，广播的融媒发展趋势、现行的传播格局、面临的制约与瓶颈都不是凭空产生的，要发掘现象背后的实质，就需要关注其发展的环境。本章将着重关注移动传播时代广播生态环境，通过 PEST 模型、波特五力模型、价值链理论与 SWOT 理论框架分别对广播的宏观生境、中观生境、微观生境、整体广播生境进行透视和分析，考察内外部力量对广播发展的形塑，为广播生境的跨学科综合研究提供基础。

---

① 曾祥敏，崔林，赵希婧. 系统推进全媒体传播体系建设［EB/OL］.（2022 – 12 – 23）［2023 – 07 – 12］. http://theory. people. com. cn/GB/n1/2022/1223/c40531 – 32592321. html.

② 颜春龙，申启武. 传媒蓝皮书：中国音频传媒发展研究报告（2022）［M］. 北京：社会科学文献出版社，2022：35.

第一节 宏观生境——基于 PEST 模型的分析

广播行业的健康有序发展一方面来自传播技术提供的基础设施支持，以及日益增长的用户市场需求，另一方面更离不开有利的政策与经济环境所营造出的良好发展氛围。作为规模巨大的复杂系统，广播生态系统由于存在着多种扰动因素，使其成长过程中的状态呈现较强的不确定性。因此，需要使用 PEST 分析法对环境因素进行定性研究，从政治环境因素、经济环境因素、社会环境因素和技术环境因素等宏观层面上系统把握广播生态环境的变化，从而提高广播组织对外部环境的适应性，实现广播市场的增量发展。

一、广播发展的政治环境

党的十九大以来，我国媒介融合事业高质量发展逐步开启，音频传媒事业及音频传媒研究正式进入崭新阶段。2017 年，语音直播、智能语音等新型声音传播形态崛起，泛音频平台大量涌现。彼时，反观传统广播，则面临平台化转型阵痛后的智能化升级、声音赛道的激烈竞争与空间挤压等挑战。一方面，随着社会的发展和科技的进步，用户对媒体内容和服务的需求变得更加多样化和个性化。广播媒体需要根据用户的需求和兴趣，提供多样化的内容和服务，满足用户的个性化需求。另一方面，广播媒体需要适应多媒体融合趋势，充分运用数字化技术、人工智能、大数据算法等技术建设完整的内容生态系统，实现内容的多渠道传播和多平台呈现。变局之下，音频媒体如何有效开展供给侧改革、如何在泛平台混战中争夺生态位等一系列围绕向内提升、向外借力的研究探索纷纷展开，力图为声音媒介的生态稳定和可持续发展提供思路。"十四五"时期，广播媒体进入深度融合阶段，建设全媒体传播体系成为广播媒体融合发展的进一步要求。面对新技术和新业态的双重挤压，广播媒体的深度融合发展道阻且长。

广播媒体的发展需要健康的政治环境作为支撑，传媒政策是广播媒体得以平稳发展的基础，也是维护传媒市场健康运行的重要保障。如今，互联网视听传媒已成为人们获取信息的重要媒介来源。作为影响人们认知、行为甚至是思考方式的重要因素，互联网中的内容信息质量自然成为国家监管与治理的重点。传媒政策是政府为了管理和引导传媒行业发展而制定的法规、规章和指导性文件。它对广播媒体的发展方向、内容规范、市场准入、竞争机制等方面具有重要的影响。中共十八大以后，中央在不断加强对传统主流媒体的管理监督的同时，还成立了中华人民共和国国家互联网信息办公室，对网络非法传播行为进行严厉打击，"微信十条"的发布对以微信为代表的新媒体加强了管理。中央宣传部也专门下发文件要求推动媒体融合发展。2015 年 8 月，《三网融合推广方案》由国务院办公厅正式印发，方案决定加快在全国范围内全面推进三网融合工作，目的是推动信息网络基础设施互联互通和资源共享融合。新时代以来，党中央基于互联网内容建设与环境治理出台了一系列重大方针政策，为网络视听的高质量发展把舵定航。

2015 年 11 月，党中央提出推进供给侧结构性改革举措。最初是应用于经济发展领域，是在中国经济新常态背景下提出的改革新思路，旨在从供给、生产端入手，从经济源头上进行彻底、颠覆式的改革。① 而对媒介的供给侧改革实质是解决媒介与人、媒介与媒介之间发展不平衡的关系问题。2017 年，广播媒体的供给侧改革研究形成高潮。彼时，新媒体广播发展势头强劲，传统广播面临融媒体转型的巨大压力与挑战。在新媒体的巨大冲击下，传统广播的广告资源、听众规模等均不容乐观，完成内部升级和数字化转型迫在眉睫。

在媒介生态竞争中，各级广播媒体因规模和实力的不同而在传播力、传播范围等方面具有较为明显的差异。供给侧改革解决的就是由于供给不当而造成的无效供给，改革就是要将无效供给变成有效供给。以城市广播为例，由于受到区域覆盖的局限，存在频率资源相对过剩、节目同质化严重、创新度低、开机率不足等问题，用户对文化产品不断增长的多层次精神需求难以被满足，广告搭载量普遍存在断崖式下滑，严重影响到城市台的生存与发展。

2018 年 8 月，习近平总书记在全国宣传思想工作会议上强调："扎实抓好县级融媒体中心建设，更好引导群众、服务群众。"2020 年年底，县级融媒体中心建设基本完成全覆盖。作为国家媒体融合整体战略的一部分，县级融媒体中心建设标志着我国以行政力量主导的自上而下的媒介融合行动进入第二阶段②，其建设逻辑不只在于搭建从中央到省市再到区县的纵向链条式空间坐标，它还有一个时间坐标，即从历史的角度来看，它存在于国家"基层社会

---

① 王灿，申启武. 探索广播产业发展新路径：以供给侧改革来推动 [J]. 声屏世界，2016 (5)：5 - 7.

② 朱春阳. 县级融媒体中心建设：经验坐标、发展机遇与路径创新 [J]. 新闻界，2018 (9)：21 - 27.

治理"的实践命题。①

从整体战略部署上，党的十九届六中全会把"过不了互联网这一关就过不了长期执政这一关""健全互联网领导和管理体制，坚持依法管网治网，营造清朗的网络空间"等重大论断写进《中共中央关于党的百年奋斗重大成就和历史经验的决议》，高度重视互联网内容建设和网络空间治理。

此外，党中央先后印发《国务院未成年人保护工作领导小组关于加强未成年人保护工作的意见》《关于新时代加强和改进思想政治工作的意见》《中国儿童发展纲要（2021—2030 年）》《关于加强网络文明建设的意见》《国务院办公厅关于全面加强新时代语言文字工作的意见》等一系列文件，在加强网络文明建设、改进网上思想政治工作、强化未成年人网络保护、建设健康文明的网络语言环境等方面对网络视听行业提出了新任务和新要求。

在法律保障方面，网络视听法治体系加快完善。《中华人民共和国民法典》《中华人民共和国未成年人保护法》《中华人民共和国著作权法》《中华人民共和国数据安全法》《中华人民共和国个人信息保护法》等多部涉及网络视听的法律相继生效，在版权保护、未成年人网络保护、数据安全管理、用户个人信息保护等方面制定规则。网络视听监管范围从内容逐步延伸至公共服务、数据安全等更多领域，基本形成了内容管理、数据治理、平台治理、人员管事等一整套相互衔接、相互配套的法规体系，为网络视听高质量发展和高效能治理提供了法律保障。

与此同时，网络视听制度体系建设也更加成熟。国家将通过固定、移动等终端，以单向、交互等形式向社会公众传播视频、音频等视听节目及将其相关活动纳入广播电视活动中，进一步明确了网络视听节目的广播电视属性。加快制定网络直播、自媒体、知识社区问答等新媒体业态的规范管理办法，不断推动中央政策、法律法规与行业治理相结合，用法制手段推进网络视听治理体系与治理能力现代化。

2021 年，网络视听治理规则已逐步涵盖视听传播的全领域、各环节，网络视听统筹安全与发展的法律框架体系渐趋完备。国家加快对网络视听传播的体系化、整体化治理部署，对网络视听内容建设与管理也更加垂直精准，为网络传媒生态的秩序化、健康化发展提供了系统完备的制度保障，基本实现了网络视听治理规则和网络生态的全面重构。

---

① 石力月. 基层社会治理创新：县级融媒体中心建设的问题意识与逻辑起点 [J]. 现代视听，2020（12）：5 – 10.

2023 年 8 月，全国广播电视和网络视听工作年中推进会召开，会议提出，2023 年下半年广播电视和网络视听工作要坚持以习近平新时代中国特色社会主义思想为指导，全面贯彻落实党的二十大精神，深入贯彻落实习近平总书记关于宣传思想文化工作的重要论述和关于广电工作的重要指示批示精神，深刻领悟"两个确立"的决定性意义，增强"四个意识"，坚定"四个自信"，做到"两个维护"，围绕在新的起点上继续推动文化繁荣、建设文化强国、建设中华民族现代文明，更好承担新时代新的文化使命，把握工作定位，明确工作方向，突出工作重点，坚定信心、团结一致、改革创新、攻坚克难，努力开创新时代广电发展新局面。要把握工作定位，深刻把握传播党的声音和服务人民群众的重大使命，深刻把握广播电视和网络视听"两大业务"，深刻把握意识形态、公共服务、技术产业"三大属性"，深刻把握提供广电业务的广播电视网、IPTV（交互式网络电视）、OTT（互联网电视）和互联网"四个层次"，体系化研究推进广播电视和网络视听工作。要明确工作方向，巩固提升传统广播电视，开拓创新推进媒体融合，整合聚合形成发展合力。

二、广播发展的经济环境

新冠疫情的暴发在给社会经济发展带来影响的同时，也为各行各业带来了改革创新的巨大动力和时代契机。在这一期间，文化传媒领域涌现出了不少新兴业态，无论是线上文化产业还是公共文化服务，都展现出新的发展空间与机遇。据国家统计局发布的 2022 年上半年全国规模以上文化及相关产业调查数据显示，在对全国 6.8 万家规模以上文化及相关产业企业调查中，企业实现营业收入 56052 亿元，按可比口径计算，比上年同期增长 0.3%。其中，文化新业态特征较为明显的 16 个行业小类实现营业收入 19990 亿元，比上年同期增长 2.9%，高于全部规模以上文化及相关产业企业 2.6%。从行业类别看，新闻信息服务营业收入 6635 亿元，比上年同期增长 2.2%；内容创作生产营业收入 12380 亿元，增长 5.0%；创意设计服务营业收入 8827 亿元，下降 3.5%；文化传播渠道营业收入 6189 亿元，下降 2.9%；文化投资运营营业收入 221 亿元，下降 2.4%；文化娱乐休闲服务营业收入 437 亿元，下降 28.3%；文化辅助生产和中介服务营业收入 7627 亿元，与上年同期持平；文化装备生产营业收入 3198 亿元，增长 4.3%；文化消费终端生产营业收入 10538 亿元，下降 0.3%。从产业类别上看，文化制造业营业收入 20708 亿元，比上年同期增长 2.6%；文化批发和零售业营业收入 9152 亿元，下降 1.1%；文化服务业营业

收入 26192 亿元，下降 1.0%。2022 年上半年，文化核心领域实现营业收入
34689 亿元，比上年同期增长 0.1%；文化相关领域实现营业收入 21363 亿元，
增长 0.5%。其中，东部地区实现营业收入 42422 亿元，比上年同期下降
0.9%；中部地区实现营业收入 8289 亿元，增长 8.0%；西部地区实现营业收
入 4892 亿元，下降 1.1%；东北地区实现营业收入 449 亿元，下降 6.6%。①
相比于 2021 年，2022 年全国规模以上文化及相关产业企业营业收入增长有所
放缓，数字化转型的布局已然开始走向纵深阶段，这对于传统媒体抑或是数字
化新媒体而言，都将面临开拓创新、探索转型新路径的阶段。在这样的文化语
境下，中国广播产业的发展既应该顺势而为，又需要有所突破。无论是疫情所
迫还是科技革新和产业转型叠加，广播产业智慧化与数字化都是其开拓格局和
创新发展的内涵所在。这种转变涉及多领域、多层次、多主体，需要产业发
展、产品生产和组织运营的协同，最大限度地释放出智慧化转型的生命力与
价值。②

　　2020 年以来，全球持续的新冠疫情形势加速了"宅经济"产业布局，也
进一步培养了用户的线上媒介使用习惯。2021 年，音频行业整体实现快速发
展，在政策、经济、社会需求以及专业技术的合力推动下，中国网络音频产业
形成以有声书、播客和音频直播为代表的音频服务类型，与此同时音频行业的
多元化内容布局已经基本完成。目前，中国网络音频产业规模已达到 123 亿
元，仍处于快速发展阶段。从音频领域的产业链结构来看，在内容生产环节，
有声书、播客、音频直播等内容提供方呈现出不同特征，并已形成明确的差异
化发展格局；在音频传播环节，综合音频平台间的竞争持续加剧，此外来自音
乐、阅读、在线课程等其他领域的平台也纷纷入局，形成了一批专注于音频品
类的平台；在硬件技术环节，智能硬件及线下场景提供商也纷纷与音频企业开
展合作，持续深化车联网、IOT 智能家居布局。

　　声音经济逐渐展现出一定的市场潜力，声音内容的呈现模式与互动方式愈
发多样。除了知识付费平台的语音类节目外，娱乐性质的语音直播、语音聊天
室和语音电台快速崛起，并成功引入付费打赏商业模式，成为音频平台的核心
收入来源之一。从综合音频平台的竞争格局来看，头部语音直播平台依然是荔
枝、喜马拉雅和蜻蜓 FM。虽然受到一些新兴综合音频平台的影响，头部网络

①　国家统计局.2022 年上半年全国规模以上文化及相关产业企业营业收入增长 0.3%〔EB/OL〕.
（2022 - 07 - 30）〔2023 - 07 - 14〕. http：//www. stats. gov. cn/xxgk/sjfb/zxfb2020/202207/t20220730_
1886904. html.

②　林正.2021 年中国广播产业经营的转型发展〔J〕.中国广播，2021（12）：20 - 24.

音频平台的市场占有率呈现出些许变化，但是前三家仍然占据了 58% 的市场份额（见图 2 – 1）。从历年增长速率来看，音频直播企业在未来仍然具备保持20% ~30% 增长速率的发展势头，并且市场集中度也可能得到进一步的提升。①

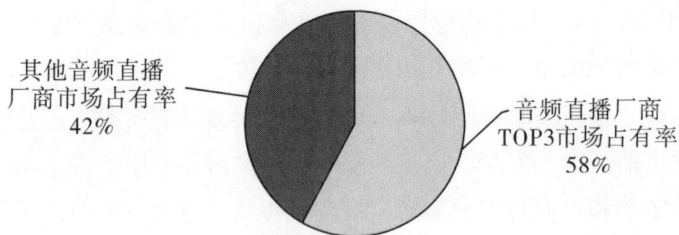

其他音频直播
厂商市场占有率
42%

音频直播厂商
TOP3市场占有率
58%

图 2 – 1　2020 年音频直播企业市场集中度

根据艾瑞咨询的数据，2021 年音频直播市场规模达 43.3 亿元，整体发展呈平稳上升态势。相比于视频直播，语音直播更强调社交属性和陪伴属性。作为一种基础低耗的传播形态，声音相较于视频具备更强的融合力与适配力，具有较强的社交性、伴随性和情感性特征，因此，借助多元化工具，拓展音频直播的发展空间将是音频平台长期探索的方向。目前，语音直播已基本完成向语音交友、语音游戏、语音课程等领域的多元分化，未来也将持续围绕其社交属性开拓出更多的发展可能。

对于产品变现问题的探索关乎音频媒体的生存与未来。如今，音频媒体的盈利模式在新旧媒体间、线上线下间流动切换，始终处于融通变化之中。从市场现状看，广播电台与网络音频平台的变现形式目前主要有广告、知识付费、直播电商和粉丝打赏等，其中广告收益依然占据重要比重。

然而，单纯的广告收益早已无法满足媒体发展需要，且在很大程度上对用户体验形成了干扰。因此，音频媒体要在一定程度上摈弃广告这种传统的商业模式，转而去寻找新的变现路径。在未来，对用户体验和参与的深层开发是音频产品的重要变现方式。以用户体验为核心构建体验场景与体验价值链，能够有效降低用户抵触心理，实现产品服务的有效触达以及商业盈利与用户体验的双赢。②

在追求效率的碎片化传播时代，音频行业兴起了短音频传播。短音频依托

① 艾瑞咨询. 2021 年中国网络音频产业研究报告［EB/OL］.（2022 – 07 – 30）［2023 – 07 – 14］. http://www.199it.com/archives/1368074.html.

② 朱建红. 广播音频产品的认知陷阱、现实困难与破局路径［J］. 中国广播，2021（5）：39 – 42.

传统广播的声音特性，进行有声化再创作，是广播内容与多媒体平台融合并行的新型变现模式。近年来，国民版权意识不断增强，用户为优质内容付费、享受增值服务的习惯也正逐步养成，这也为那些个性化、有针对性的短音频内容服务提供了良好的发展空间。相应地，当短音频成为互联网的流量高地，通过持续输出优质内容来获取用户与流量，将可能形成粉丝经济、IP 流量等新的变现模式。①

在新媒体音频领域，网络语音直播也是声音变现的重要形式。作为视频直播的长尾市场，语音直播单一的声音传播介质使主播更注重声音的质量、内容和情绪价值，具有较强的社交和陪伴属性。其盈利模式与视频直播类似，主要依靠粉丝经济、直播电商等路径。近年来，传统媒体纷纷借鉴直播电商模式，将传统的受众影响优势、新闻专业优势、语言表达优势与互联网思维的商业化模式进行了有机结合，谋求商业转型。此外，广电媒体还纷纷尝试把主持人打造成网红，以实现从传统媒体向新媒体平台的粉丝导流，从而建立全新的运营生态。②

在对音频媒体盈利模式和变现思维的讨论中，融合创新依然是探索音频媒体变现的重要议题。就目前的理论和实践来看，在新旧媒体相互借鉴的过程中，不能仅关注形式的叠加与融合，更重要的是，基于自身的媒介优势，从思维上完成融合与借鉴。在这种方法论指导下的变现路径探索不仅有利于取长补短，还有利于音频媒体发掘出更适用于自身的全新盈利模式。目前，互联网思维作为新媒体运营发展的主要思维，已经被传统媒体逐渐吸收并成功运用于全新变现模式的布局之中。由此可见，融合创新是音频媒体求新求变的重要路径，但最有效的变现方式一定延伸于其自身所具备的媒介优势和基于互联网思维的商业探索。

三、广播发展的社会环境

在信息爆炸时代，信息的传播速度、数量与质量的提升已经成为人们适应现代社会生活的迫切需求。就声音传播本身而言，虽然依旧存在传播形式较为单一的问题，但是其伴随性、可移动性等特征却能够很好地适配于当下处于高速运转的效率社会。音频媒介使用的低耗性使人们可以在传递信息的同时，不影响其他活动，能够保证人们的注意力和信息接收能力得到最大限度的利用。

① 黄学平. 短音频：移动互联广播的下一个风口［J］. 中国广播，2018（9）：51 – 54.
② 任静. 大众媒体主持人的网红转型之路［J］. 中国广播，2020（9）：32 – 34.

因此，音频媒体在用户市场中最大的竞争力也恰恰是其独有的媒介特性。

音频传播与文字传播相比具有更高的传播效率，与视频传播相比则拥有更为便捷的实时互动性，是实现高效信息传播与建立情感联结的理想传播形式。如今，音频媒体被广泛赋予了社交功能，尤其是语音直播，现已成为音频传媒领域具备娱乐、社交等多元垂直化传播功能的重要代表。

在充满竞争与焦虑的社会生活中，人们对于解压放松、情感交流的强烈需求日益显现，对音频信息质量的要求也进一步提高。在日益多元的语音直播间中，用户不仅可以直播交流、唱歌，还能够开展玩游戏、助眠等诸多活动。不断健全和完善的直播间功能通过建立轻松、友好的对话场域，可以有效缓解用户孤独、焦虑等负面情绪，以满足用户的多方位需求。

作为一种具有强社交属性的音频传播形式，一方面，语音直播具有音频媒体所特有的伴随性强、易建立情感联结等优势，能够适应用户的社会情感需要；另一方面，语音直播通过持续与专业垂直领域结合与分化，有利于进一步满足用户日益多元的媒介使用需求。

面对直播、短视频等视觉媒介的挤压，音频媒体领域陆续出现场景化、智能化和可视化转型趋势。对于音频媒体的场景化、智能化实践路径，有研究指出，场景化关注的是用户体验和心理需求，技术场景化标志着技术开发者不仅要关注技术本身，还要关注技术使用场景和氛围[1]，广播音频的智能化发展特征主要体现在互动性参与和沉浸式体验两方面。[2] 物联网时代，广播应当顺应并融入这一环境，聚焦用户的沉浸式体验，通过智能穿戴、人机交互、车联网等技术参与媒介生态的改造，把握媒介发展的趋势，掌握主动权。其中，广播云媒体平台的打造是关键一环。[3] 在未来，场景化、交互化、智慧化将成为广播创新发展的可能性选择[4]，这一过程中，广播一方面需要增强服务意识，以受众需求为内容生产导向，主动培育新的节目收听场景，提升功能的适配度；[5] 另一方面，必须立足现状，明确定位，结合自身发展优劣势与当前所面临的机遇，找准未来应重点把握的战略方向，有针对性地采取措施深入融合发展。[6]

① 吴卫华. 物联网背景下广播媒体的价值转型 [J]. 中国广播，2021 (4)：12 - 16.
② 丁慕涵，江健. 新场景与新关系：新媒体环境下的中国广播 [J]. 中国广播，2021 (1)：19 - 23.
③ 吴卫华. 物联网背景下广播媒体的价值转型 [J]. 中国广播，2021 (4)：12 - 16.
④ 梁刚建，许可. 聚焦场景化、交互化与智慧化：未来广播创新的可能性选择 [J]. 中国广播，2021 (1)：16 - 19.
⑤ 艾红红，薛春燕. 融合大潮中广播的场景转移与功能适配 [J]. 中国广播，2021 (4)：23 - 27.
⑥ 郝茹茜. 车联网场景下传统广播的融合发展路径 [J]. 传媒，2021 (6)：56 - 57，59.

一些学者对音频媒体的可视化问题展开了讨论，认为可视化是当前音频媒体实现全面融合，摆脱单一表现形式束缚的有效措施。但需要明确的是，"可视化广播"并不是放弃音频转做视频，而是在充分发挥广播伴随性优势的同时，积极利用现代互联网和通信技术，创造广播可听、可看、可用、可玩的更多可能性。

媒介融合、技术搭载的持续深入，推动了音频媒体场景化、智能化和可视化转向日益明显。在此过程中，音频媒体要紧跟新技术和新媒体的发展步伐，明确优势、汇聚资源、积极谋求合作，以开放融合的姿态实现社会影响和市场收益的最大化。对于音频媒体研究而言，面对音频媒体场景化、智能化和可视化的急速转向，学术研究要时刻为媒介实践把握好融合与转向的程度，时刻准备为技术的狂飙突进踩刹车。

四、广播发展的技术环境

技术发展推动了传统音频媒体在传播载体、内容形态等方面发生较大改变，也对受众的媒介选择倾向、内容接收习惯等产生了重要影响。面对直播、短视频等视觉媒介的挤压，音频媒体领域陆续出现场景化、智能化和可视化转型趋势。从媒介生态视角分析，物联网的出现在一定程度上挤占了媒介生态位，媒介环境也随之发生了一系列的变化。此时，以广播为代表的音频媒体一方面面临媒介功能的价值转型，另一方面也会产生场景危机，媒介发展空间受到挤压。[①] 不过，物联网在迅猛发展的同时，也为广播等音频媒体的价值再发掘带来了契机。当广播不再只是 FM，而是变成更广义场景需求下的 Radio、Broadcast、Podcast，广播传播的场景和渠道在不断拓宽，声音载体开始被重塑，新内容也在被重新定义。[②] 如今，在物联网和人工智能技术的加持下，语音识别、语音合成等智能语音技术的发展不仅有利于推动声音输入的便捷性和通用性，同时还为产出形态一致的音频行业创造了机遇。[③]

随着与 5G、大数据、人工智能等技术的持续融合推进，音频媒体拥有了更为广阔的发展空间。尤其是近两年来，国内不断加大对技术研发的投入与关注，为我国技术发展的先进性与成熟性奠定了良好的基础。2021 年年初，美

① 吴卫华. 物联网背景下广播媒体的价值转型 [J]. 中国广播，2021（4）：12 – 16.
② 李立伟，欧阳莹. 新音频需求下的广播场景可能：基于物联网视角的广播价值再发现 [J]. 中国广播，2021（5）：35 – 38.
③ 申启武，李颖彦. 融合思维下音频媒体的智能化转向 [J]. 传媒，2019（10）：24 – 28.

国一款主打音频社交的应用软件 Clubhouse 爆火，媒体评价其为"音频社交领域的下一个 Twitter"。而其中让 Clubhouse 实现音频实时交互效果的技术提供商就是来自中国的企业——声网，这充分体现了我国的声音传播技术在世界范围内已拥有较高的发展水平与认可度。

目前，国内音频媒体产业在与科学技术的紧密合作及持续融合中持续向好发展。其中，5G 技术的发展与普及极大地满足了语音直播业务对于网速的高质量要求，不仅能够有效解决播放中的卡顿问题，还能够尽可能地降低流量消耗，让用户拥有更加优质的听觉体验。与此同时，音频媒体还将大数据技术与 5G 技术进行融合应用，逐步形成了"5G + 大数据"的运行架构。通过 5G 技术的高宽带、低延时等特性，音频平台完成了海量数据信息的快速流动。结合大数据信息采集、处理及存储，平台形成了良性的循环模式，全面提升了平台的运营服务质量，进而实现产业的进一步拓展。此外，随着音频媒体与人工智能、IOT 技术的持续深入融合，音频媒体的传播形态和传播场景也实现了进一步开拓。从广播到智能语音机器人，从主攻车载、睡前场景到全场景合力覆盖，声音传播正不断挖掘和探索更广泛、更深入的潜在发展空间。

与此同时，可视化也是当前音频媒体实现全面融合、摆脱单一表现形式束缚的有效措施。如今，广播可视化已步入可视化产品及产业多样化发展的 4.0 时代。① 技术进步、广播发展的求新求变以及媒体融合的大潮共同推动了广播从纯声音走向音画并举之路。② 广播节目可视化作为可视化手段中的一种，其意义不仅在于提升广播运营商的品牌形象，更重要的是它创造了一种全新的广播节目形态和可视化节目形态。③ 该举措不仅能帮助听众更加直观形象地接触和了解广播节目的内容，有效提升了节目信息量，避免了音频形式难以留下深刻记忆点的弊端，还为媒体与受众之间更高效的双向互动提供了平台，降低了广播节目传播中的不确定性，有利于受众与广播电台及节目嘉宾的沟通与交流，提升"身临其境"的参与感。④ 然而，面对广播视觉化转向的热潮，也需要冷思考。以交通广播为例，由于其特殊的使用场景和媒介定位，可视化极易带来不良后果，例如交通事故增多等问题。因此，音频媒体的视觉化也可以通过营造声音蒙太奇，让听众在收听的过程中透过丰富的声音内容产生画

① 王成梧，李佳，郭骊. 融媒体时代广播的可视化发展路径探析 [J]. 传媒, 2019 (11)：40 - 42.
② 吕岸. 融媒体时代宁波广播的音画之路 [J]. 中国广播, 2019 (5)：76 - 79.
③ 王珺. 新媒体冲击下广播节目的可视化探究 [J]. 声屏世界, 2018 (12)：42 - 44.
④ 张明涵，路彭铖，严乐. 浅谈融媒体环境下广播可视化节目的发展 [J]. 采写编, 2021 (6)：111 - 112.

面感。①

兼具先进性和包容性的专业技术为音频媒体提供了广阔的融合与探索空间，随着音频媒体与新兴技术的加速融合布局，音频媒体也必将具备更好地满足用户需求甚至是创造用户需求的媒介实力。

第二节　中观生境——基于波特五力模型的解读

迈克尔·波特是美国哈佛大学商学院著名教授，是当今最有影响的管理学家、商业学家之一，被誉为"竞争战略之父"。他先后获得过许多奖项，如大卫·威尔斯经济学奖、亚当·斯密奖、麦肯锡奖等，同时拥有瑞典、荷兰、法国等国大学的八个名誉博士学位。作为国际商学领域最受推崇的大师之一，波特著述丰富，其中，《竞争战略》《竞争优势》《国家竞争优势》三部曲影响广泛。

五力模型是波特于20世纪80年代在《竞争战略》一书中提出的用于分析企业结构的竞争战略能力的模型，从而有效地为企业提供有价值的竞争战略数据。他认为行业中存在着决定竞争规模和程度的五种力量，这五种力量综合影响着产业的吸引力以及现有企业的竞争战略决策②，决定了企业结构之间的竞争活动，形成企业间的竞争交互作用。这五种力量分别代表着同行业内现有竞争者的竞争能力、潜在竞争者进入的能力、替代品的替代能力、供应商的议价能力、购买者的议价能力。五种竞争力互相作用、相互渗透，最终反映出一个产业的基本竞争态势（见图2-2）。任何产业，无论是国内的或国际的，无论是生产产品的或提供服务的，其竞争规律都将体现在这五种竞争的作用力上。③ 波特的五力模型可以用来分析一个企业的核心竞争能力，旨在为企业提供一套规范合理的市场分析框架，主要用于对行业整体的发展进行分析，帮助企业了解市场未来的走向和趋势。一个企业内部的核心竞争状态取决于五力模型中的五种作用力，而这些作用力共同决定着该企业的核心竞争价值。在激烈的市场竞争中，一个企业能否合理有效地应用核心竞争要素，决定着其是否可

---

① 刘婷，孙愈中. 对交通广播可视化热的冷思考 [J]. 传媒，2019（24）：41-42.
② 罗欣，王佳丽. 波特五力模型在企业中的应用：以爱奇艺为例 [J]. 现代商业，2020（13）：33-34.
③ 卢柳如. 基于波特五力模型的网络视频平台盈利模式分析 [J]. 科技传播，2020，12（7）：118-119.

以展现出更加强大的生存能力和持续发展能力，并占有市场份额。在这一点上，广播媒体与企业的目的是相同的——在竞争中保持其存在价值和地位，发挥其巨大的潜能。因此，将波特五力模型运用于广播媒体领域的中观行业分析，同样具有强关联和高参考性，并且能够帮助广播媒体明确自身在行业竞争中的地位，预测自身在传播市场中未来的位置，进而制定实施合适的竞争战略，提升媒体竞争力，获得更长久的发展。

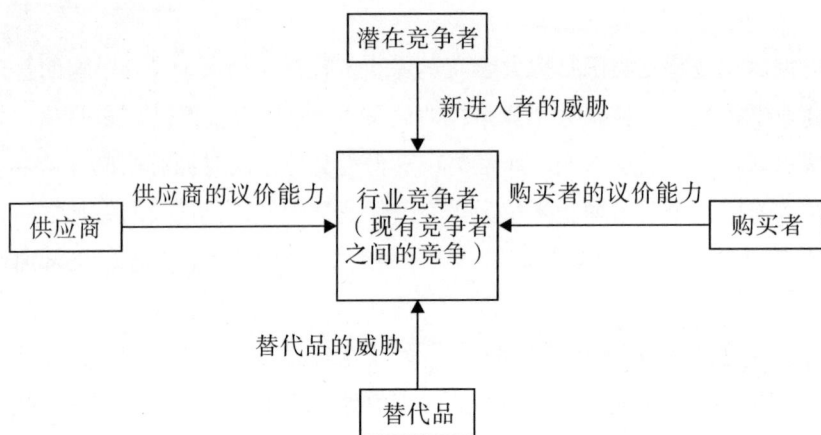

图 2-2　波特五力模型

然而，广播媒体属于非营利性机构，区别于企业形态和经营模式，因此，在广播媒体中应用五力模型也区别于企业中对五力模型的应用。其一是广播不能以营利为主要目的，而是要为人们提供自由平等的信息获取环境和喜闻乐见的信息内容，发挥其社会监督、社会舆论引导等效用；其二是我国广播电台属于国家经营体制，其基础运营经费享受国家财政拨款，但制播分离政策又要求广播媒体积极开展经营活动，从行政管理转变为企业集团运作。因此，我们需要在考虑到以上两点的同时，借助五力模型有效地研究广播媒体的行业竞争优势，探讨广播媒体面临的外在环境压力和内部结构改变的趋势，做到取其精华、去其糟粕，从借鉴商业化经营模式中，寻找到属于广播自身独有的核心战略机制。

基于波特的五力模型，结合广播媒体的固有社会性、公益性等特性，研究现有广播媒体之间的激烈竞争活动，把握同行业竞争者之间相互影响、相互作用、相互渗透的程度；分析当下媒介环境中新竞争者的进入威胁；考虑供应商提供信息资源、内容生产方面的实际能力；分析用户的议价能力；考虑广播被社会资本竞争者、媒介形态、新兴业态等其他内容传播媒介替代的种种可能。

一、同行业内现有竞争者的竞争能力

行业内现有竞争者的竞争行为来自威胁感知，或者是因为他们看到了现有行业环境有待改善的地方。一个企业开始进行竞争行为，必定会导致该行业内其他企业进行对抗。这种对抗行为会作用或反作用于该行业整体环境，导致产业情况相对改善，或是更加恶性的竞争。在这一过程中，参与竞争的主体必须利用好这一竞争态势，增强媒体自身的竞争能力。

随着互联网、智能手机的发展，新兴媒体用户群体日益壮大，传统广播领域遭受了降维打击，并且直接影响到广播节目的产出数量与生产质量。对于广播媒体而言，不仅面临不同频率间的竞争，还需要应对网络音频媒体的资源争夺，媒介竞争环境已经呈现出竞争对手众多，地区间、频率间实力差距较大的状态。据 2020 年广播融合传播力数据显示，进入融合传播力百强的广播频率以新闻综合类广播（27%）、交通广播（25%）和音乐广播（18%）为主，三者综合占比 70%。相较于 2019 年，交通广播和新闻综合类广播融合传播力略有下降，音乐广播略有上升。前十名的广播频率中，有 6 个交通广播频率，仍然占据了大多数。从地域上来看，除中央级的 11 个广播频率外，河南有 8 个广播频率进入百强榜，居所有省市首位，相较于 2019 年增加 4 个频率，增幅也最大。与此同时，在与新媒体融合传播的过程中，一些广播电台及广播频率开通了自建客户端，入驻音频客户端、微信公众号、抖音账号等，与新媒体共存。其中，自建客户端成为广播覆盖用户最多的渠道，并且呈现出交通广播收听率普遍较高、广播网站新闻报道原创率显著提升、广播频率自建客户端下载量明显少于广播电台客户端的发展特点。[①]

二、潜在竞争者进入的能力

随着综合性平台的建立，不同传播形式之间的媒介壁垒被日益打破，越来越多的新媒体平台开始纳入音频类传播作为平台体系化发展的一部分。如今，除了喜马拉雅、蜻蜓 FM、荔枝等专业深耕音频领域的移动应用平台之外，短

---

① 人民网研究院. 2020 广播融合传播指数报告［EB/OL］.（2021 - 04 - 27）［2023 - 07 - 12］. http://yjy.people.com.cn/n1/2021/0426/c244560 - 32088658.html.

视频平台、直播平台、音乐类平台都纷纷将音频功能、音频类内容进行了不同程度的移植，成为丰富平台内容、加强平台社交属性的组成部分。从技术难度上讲，网络媒体平台将传统广播的传播技术、传播模式完成线上转化并不难实现。

如今，声音内容的线上呈现模式和互动方式愈发多样，除了知识付费平台的音频类节目外，音频行业已呈现出协同发展、多元并进的全场景声音社交态势。此类音频同样具有广播媒体伴随性、亲和性、互动性等传播特点，并且在媒介使用的便利性方面新媒体平台往往更具有吸引力。凭借较高的沟通效率、较低的使用成本和个人操作占用率，音频内容一方面在新媒体平台中展现出强大的社交优势，另一方面也为用户带来了更加丰富的娱乐体验。

据艾媒咨询数据显示，中国在线音频用户规模一直保持连年增长态势，到2022年，在线音频用户规模达到6.9亿人。从声音技能社交市场规模的发展趋势来看，声音市场的用户量增长速度逐渐放缓，但一直处于较为平稳的增长状态（见图2-3），这也标志着声音市场已经基本完成市场扩张和用户争夺阶段，开始步入平台发展的成熟与稳定期。音频产业虽然在庞大的传媒市场中仍属于小众领域，但是在政治、经济、技术及社会需求的共同推动下，声音经济依旧展现出巨大的市场发展潜力。如今，以语音直播、网络听书、知识付费等为主要业务模式的网络音频行业已逐步渗透到各个年龄层的用户。随着语音直播、播客电台等声音传播形式的快速崛起，付费打赏这一商业模式也将逐渐成为音频平台的核心收入来源之一。

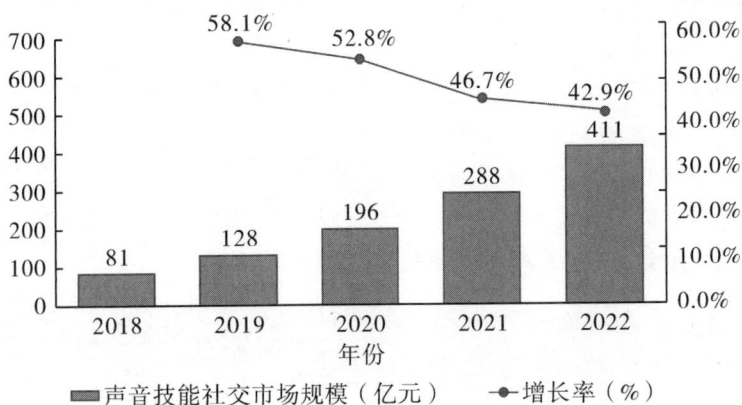

图2-3 2018—2022年中国声音技能社交市场规模

三、替代品的替代能力

替代品是指由其他行业提供的能够替代原有产品（或服务）满足消费者需求的产品（或服务）。替代品的存在限制着行业的回报率，使得企业难以提高产品（或服务）的定价，即使有盈利，盈利的空间也有限。广播作为兼具政治属性、商业属性和文化属性的主流媒体，所提供的产品和服务主要有：一是提供有权威性的、专业的信息来源；二是起到监测、引导舆论的作用；三是为听众提供文艺欣赏、社交互动等文化娱乐活动，满足大众文化消费的需求。因此，广播媒体的替代品不仅包括同样能够提供权威信息来源的性质相同的其他主流媒体，还包括能够满足大众日常文化娱乐需求的新媒体平台。其中，作为替代品的主流媒体主要是同样具有声音传播形式的电视，但随着网络新媒体平台的崛起，电视自身的传播影响力也受到了巨大的市场冲击，因此其对于广播的威胁已大不如前。但广播由于具有鲜明的区域性特征和伴随性优势，反而比电视拥有更加稳定的听众和市场。因此，广播媒体目前面临的可替代性威胁主要来自以网络音频、短视频等为代表的互联网音视频平台。

在新媒体环境下，多样化的传播媒介占据了用户大量的时间和精力，不仅能够为用户提供权威的新闻来源，还让受众可以从多个角度表达和反馈自己的观点。人们能够通过各种应用平台观看视频、了解新闻，这对于传统广播电台的新闻传播主体地位无疑是一种冲击。虽然在发展过程中，广播媒体也纷纷建立自己的网络平台尝试与新媒体进行融合，但在用户基础、运营能力等方面依然难以与喜马拉雅、蜻蜓 FM、荔枝等头部网络音频平台抗衡。且广播自建平台的用户群体往往是由线下广播听众转移至线上而来，用户规模很难实现进一步扩展，与此同时，互联网中还充斥着各种各样能够实现即时音视频互动和多元化娱乐社交的平台，例如短视频平台、网络直播平台等，不仅能够在功能方面替代广播媒体，还可以适应用户的多种媒介消费需求，在吸引用户方面具有更强的优势，从而不可避免地对传统媒体及其自建平台的市场扩张产生巨大压力。此外，在车载广播的使用方面，随着打车接单平台以及路况播报平台用户的日益增加，听众对交通广播的收听时间受到了严重挤占，甚至造成广播听众进一步流失，因此，打车类 App、地图类 App 的兴起也是替代传统广播的重要因素。

在网络新媒体日益多元化、普及化、便捷化的发展过程中，传统广播一方面面临积极跟进市场传播形式的技术、人才与资金压力，另一方面还承担着随时被替代的风险。从总体上看，新媒体平台中丰富的功能设置对于传统广播已经产生了强大的替代性威胁。不过，在特定场景和情况下，广播依然发挥着不可替代的作用。比如在遭遇战争、灾难等极端情况下，日常生活中的网络通信方式往往处于瘫痪状态，此时广播便可利用其无线电波传输技术，在第一时间将党和人民的声音传递到灾区，在通报险情、救援情况等方面发挥着至关重要的作用。

四、供应商的议价能力

广电全媒体的供应商主要是版权内容提供商和网络服务提供商。在版权内容方面，广播内容的提供者主要分为电台主播及其他内部人员，还包括节目嘉宾、版权内容等。不同供应者与广播媒体的利益关系、所属关系等之间存在差异性，导致其议价能力的强弱也有所不同。

首先是与平台拥有最紧密关系的电台主播，他们属于广播媒体系统中的一部分，对传播内容和传播效果直接负责，电台的兴衰与其直接相关，因此相比于节目嘉宾、合作机构等这类灵活性和流动性较高的供应商而言，电台主播拥有相对较强的忠诚度和相对较弱的议价能力。然而，随着网络平台对传统媒体市场的不断挤占，广播的市场效益受到了较大的冲击，在这一情形之下，大量专业人才开始流向新媒体传播领域。面对人才流失，一些广播媒体不得不通过可观的收入留住和吸引人才，在博弈过程中，专业广播人才的议价能力在媒介发展的变动中逐步提升。

对于节目嘉宾、合作机构等外部供应商而言，他们具有相比于广播内部人士更高的媒介选择自主权和内容供给自由度。除了广播媒体之外，节目嘉宾与合作机构还有报纸、电视、互联网等其他丰富的媒介替代品可供对比选择。与此同时，节目嘉宾、合作机构等外部加入者通常自带流量或掌握资本，在参与广播节目制作过程中往往处于被媒体服务的一方，他们通常只注重自身或利益相关方的曝光度和宣传力度，而无需对广播节目本身的质量和效果直接负责，并且拥有选择加入、中止或放弃与电台合作的自主性，因而，其天然地具备较强的议价能力。

此外，版权内容的议价能力取决于传输渠道的影响力，除央视外，分散的市场格局导致我国各广电机构在版权内容的议价方面处于劣势。对于优质内容，多家广电媒体争相购买，版权内容的价格节节攀升。广电全媒体会导致传播渠道再次增多，高质量的版权内容将更加稀缺，广电全媒体对版权内容的议价能力将会持续走弱。

在网络服务方面，各地广电网络属于区域性的垄断经营，外地电视台在信号落地方面几乎没有议价能力。然而在多元的媒介环境中，广播媒体尚缺乏一定的独创性和稀缺性，面对新媒体带来的冲击，广播媒体一直处于被动地位，相对地，与其相关的电台主播、节目嘉宾、合作机构等由于拥有更加丰富的选择对象，而拥有了不断提升议价空间的能力。

五、购买者的议价能力

购买者的议价能力主要体现在购买者在进行消费时能否要求企业提供更合理的价格、更优质的作品、更多的服务。这种能力的强弱受到多方面的影响，如购买者对产品信息的了解程度、转换成本、产品的稀缺性等。在广播媒体领域，其主要购买者就是听众和广告商，二者在广播传媒市场中的议价能力主要体现为，听众和广告商是否具有倒逼广播提供更优质内容和服务的能力。这一点在当前广播积极融合新媒体、跟进用户市场需求等具体行动中已经不言而喻。在多元市场选择中，广播听众在完成自身向用户身份转变的同时，也推动了广播行业的积极转型，促使广播不断为争取市场份额、维系听众留存而努力。互联网创造出的双向互动传播方式，不仅让用户可以获得更丰富、更个性化的信息，而且让广告商投放广告也有了更多的选择，能够实现精准的营销，提升广告营销的效率。由此看来，无论听众还是广告商的议价能力都已得到大幅提升。

在购买者议价能力的考量中，独创性和稀缺性是凸显媒介价值的重要体现，也是弱化其议价能力的有力武器。在传媒资源稀缺的年代，广播作为主流媒体为公众提供了共同的文化元素，是人们日常生活中信息获取的重要来源。当时的广播对自身内容选题、播出方式、播出时间等具有高度的自主性和掌控力，听众对于当时正处于媒介领先地位的广播而言几乎不具备议价的能力。而随着电视、网络媒体的出现，可供听众进行参照对比和选择的对象越来越丰富，广播这种以单一声音输出的媒体开始面临功能形式单一、社交互动具有滞后性等方面的指摘，在与声画一体的多媒体平台的竞争中，广播的优势并不显著。

总体而言，广播在为听众提供差异化、多元化媒体作品的具体实践中，面临听众议价能力急剧提升的压力。但听众议价能力的高低在不同的应用场景中具有一定的相对性。比如在战争、灾难等极端情境下，或是对于将广播视为时代记忆和媒介情怀的听众而言，广播依然具备强大的不可替代性，此时，听众的媒介选择受到一定的局限或呈现出较强的稳定性，听众对广播媒体的议价能力也会随之减弱。

第三节　微观生境——基于价值链理论的观照

价值链理论中，"价值链（Value Chain）"一词最早由波特提出，将企业创造价值的各种作业活动形容成一个链条，例如研发、设计、生产、销售和人力资源、技术设备、生产环境等，这些活动共同构成价值链。波特认为，每一个企业都是进行设计、生产、销售、发送和对其产品起辅助作用的种种活动的集合体。这些活动可以用一个价值链来表明。企业的价值创造是通过一系列活动构成的，这些活动可分为基本活动和辅助活动两类。其中将核心创造价值的活动称为基本活动，具体包含企业产品制造过程中的投入性活动、生产性活动、产出性活动、市场与销售活动和服务活动；将辅助基本活动的活动概括为辅助活动，包含基础设施与支持、人力资源与文化管理、技术的发展、采购等（见图2-4）。价值链理论系统由供应商、企业、渠道和消费者共同构成，是进行企业竞争优势分析的重要工具。

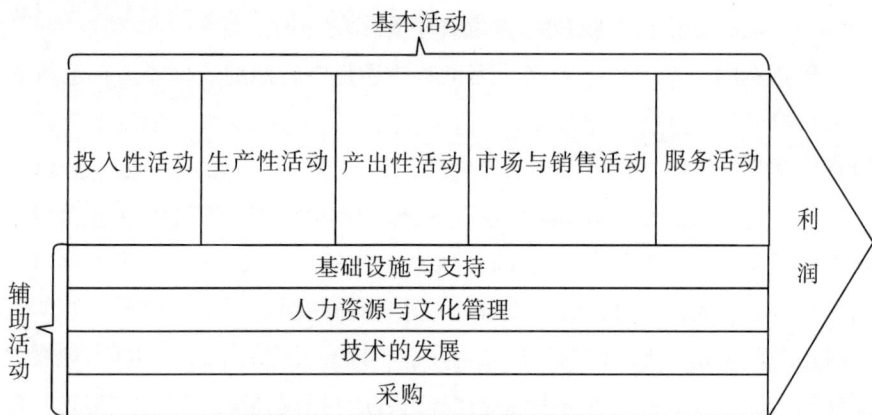

图2-4　企业价值链基本模型

对于广播产业而言，价值链同样是一个环节互联的组合方阵，各级广播媒体高度分工又密切合作，进行价值链接。在广播产业价值链中，存在着若干个相关企业，每个企业都服务于某种特定需求，直接进行广播内容产品生产或为广播内容产品的价值增值提供服务。它们相互依存，共同创造价值，并获得相应的利益。广播产业价值链上各个环节的活动都直接影响着整个产业的价值创造活动，而每个环节又包含着众多从事价值创造活动的企业。在传媒经济增长的过程中，广播内容产品的创意、技术、营销等各个环节紧紧联系在一起，形成了一个"上游开发、中游扩展、下游延伸"的产业价值链条，对相关的企业和产业产生带动效应。如今，我国广播产业经营已经从围绕内容生产将相关的上中下游环节搭建起来的"单点式"，向线上线下联动、打造品牌 IP 等多元化资源整合方向进发。

一、广播产业内部价值链分析

广播产业内部价值链是指在广播媒体内部，从内容制作、内容传播到触达受众的一系列环节和流程。它们共同构成了广播媒体的核心业务流程，每个环节都承担着特定的功能，创造特定的价值。广播产业内部价值链包括生产、内部后勤、市场营销、销售服务等环节。这些内部价值链环节相互依存、相互关联，形成了广播媒体的完整业务流程。每个环节的高效运作和优化都对整个广播价值链的顺畅运转和价值创造起着关键作用。广播媒体需要不断优化内部价值链，提高工作效率、内容质量和用户体验，以适应快速变化的媒体环境和满足受众多样化需求。

广播产业内部价值链的生产，即内容创作和制作环节，它是广播产业的核心。它包括新闻采编、节目策划、内容创作和制作等活动。在这个环节中，广播机构依靠记者、编辑、制片人等专业人才，通过采访、脚本编写、音频制作等过程，创造高质量的广播内容。成功的内容制作需要精心的节目策划和创意。广播机构首先需要明确目标受众，通过市场调研了解目标受众的收听需求和收听兴趣，以此制定具有吸引力的节目主题和内容方向。其次，内容采集和编辑是内容制作中不可或缺的环节。广播机构需要派遣专业的采编团队进行采访、报道和素材收集工作，再对采集到的内容进行编辑和整理，确保其准确性和质量。同时，在数字化网络高速普及的当下，广播机构可以利用互联网和社交媒体获取多样化的信息资源，以丰富节目内容。脚本编写和剧本创作是针对广播节目类型的重要活动之一。无论是广播剧、访谈节目还是音乐节目，精心编写的脚本和剧本都能为节目赋予故事性和吸引力。再次，音频制作和后期制作也是内容制作层面的关键环节。广播机构投资专业的音频设备和技术，以确保广播节目的声音质量和效果。音频制作包括录音、音效设计、音频剪辑和混音等环节，需要技术专家的参与，以提供令听众愉悦的听觉体验。最后，质量控制和审核是确保内容制作符合标准的重要步骤。广播机构内部往往会建立严格的质量控制机制，对节目内容、音频质量和版权进行审核和检查。只有确保内容合规和质量的前提下，广播机构才能提供可靠和优质的广播节目。

在广播产业内部价值链中，内部后勤环节扮演着关键的角色，它负责支持广播机构的日常运营和流程顺畅。内部后勤环节包括多个方面，如设备管理、物资采购、人力资源管理和行政支持等。首先，设备管理是内部后勤环节中的重要组成部分，内部后勤团队负责设备的购买、安装、维护和更新。他们需要确保设备的正常运行，及时进行维修和替换，并跟踪技术发展，以保持广播机构在设备技术方面的正常运作。其次，物资采购是内部后勤环节中的关键任务之一。广播机构需要采购各种物资，如办公用品、电脑设备、摄影器材、音频设备等。内部后勤团队负责与供应商进行谈判、签订采购合同，并确保其及时交付所需物资。他们还需要进行库存管理，以确保物资的充足性和合理使用。再次，广播机构需要拥有一支高效的员工团队，内部后勤团队负责招聘、培训和绩效管理等人力资源管理方面的工作。他们需要与各部门合作，了解人力需求，并确保员工的合理配置和发展。此外，内部后勤团队还负责薪酬福利的管理，确保员工的薪资和福利符合公司规定和法律法规。最后，行政支持也是内部后勤团队的重要职责。内部后勤团队提供行政支持，包括文件管理、会议组织、差旅安排、办公空间管理等。他们负责文件和资料的组织和保管，协调会议的安排和记录，处理员工的差旅需求，并管理办公空间的分配和维护。这些行政支持活动帮助广播机构的各个部门高效运作，提高整体工作效率。因此，内部后勤环节的顺畅运作对广播机构的成功至关重要。它确保了设备的正常运行和更新，提供了必要的物资支持，管理了员工的招聘和发展，提供了行政支持和协调。这使得广播机构能够专注于内容制作和传播，提供优质的广播节目和服务。

广播产业内部价值链的市场营销环节对于广播机构的商业成功也是至关重要的。在这个环节中，广播机构需要通过有效的市场营销活动来提高自身的知名度、吸引力和收入。首先，市场营销活动可以帮助广播机构准确定位目标受众。通过市场调研和数据分析，广播机构可以了解目标受众的特征、偏好和需求。这有助于它们开发和提供符合目标受众兴趣的广播节目内容，从而增加受众的黏性和忠诚度。例如，针对不同年龄、性别、地域、兴趣爱好等特征的受众群体，广播机构可以推出针对性的节目，满足他们的需求。其次，市场营销活动可以增加广播机构的品牌认知度和形象。通过投放广告、开展促销活动、参与社交媒体互动等手段，广播机构可以向潜在受众展示自己的独特价值和优势。这有助于提高广播机构在市场上的竞争力，并吸引更多广告客户和合作伙伴的关注。例如，广播机构可以通过赞助活动、公共关系活动或与其他媒体合作来增加曝光度，提升品牌认知度。再次，市场营销活动对于广播机构的广告销售非常重要。广播机构需要建立强大的销售团队，与广告客户合作，确保广告资源的有效利用和广告收入的最大化。通过市场营销活动，广播机构可以向广告客户展示自身的受众覆盖率、受众特征和广告效果等优势，吸引更多的广告投放。例如，广播机构可以进行市场推广活动，提供定制化的广告解决方案，满足广告客户的需求，并通过数据分析和报告来评估广告投放的效果。最后，在市场营销环节中，数字化和社交媒体的应用也变得越来越重要。广播机构可以通过建立和维护自己的网站、移动应用和社交媒体账号，与受众进行互动和沟通。这有助于扩大广播机构的触达范围，并提供更多的互动和参与机会。通过社交媒体平台，广播机构可以与受众分享节目预告、互动话题和节目亮点，增加受众的参与度和忠诚度。

广播产业内部价值链中的销售服务环节在广播机构的商业成功中起着重要作用。销售服务的目标是与广告客户建立合作关系，推动广告销售并增加收入。这个环节涉及销售团队的组建和管理，以及与广告客户的沟通和合作。首先，建立强大的销售团队是销售服务环节的核心，因此广播机构需要招聘和培养具有销售技巧和市场洞察力的专业人员。销售团队负责与广告客户进行沟通、了解其需求和目标，并提供定制化的广告解决方案。团队成员需要具备良好的沟通和谈判能力，能够有效地与客户协商合作，并达成双方满意的交易。其次，销售团队需要与广告客户建立良好的合作关系，包括与广告代理商、品牌公司和其他广告客户进行有效的沟通和合作。广播机构的销售团队需要了解客户的需求和目标，提供相关的媒体方案，并为其量身定制广告投放计划。通过与广告客户建立紧密的合作关系，广播机构可以获得更多的广告投放机会、增加收入。销售服务环节还包括与广告客户的谈判和合同签订，广播机构的销售团队需要与客户讨论广告投放的细节，如广告时段、频次、定位和预算等。销售团队需要协商并达成双方满意的广告合同，确保广告投放符合客户的期望，并为广播机构带来稳定的收入流。此外，销售服务环节还涉及广告投放的管理和监测。销售团队需要与客户分享投放数据，并根据反馈提供进一步的优化建议，以确保广告投放的成功和客户满意度。最后，广播机构的销售服务环节需要与其他内部环节密切合作，特别是与内容制作团队合作。销售团队需要与内容制作团队紧密合作，了解广播机构的节目内容和定位，以确保广告与节目内容的风格和定位相协调，进而提供更好的广告效果和受众体验。销售服务环节对于广播机构的商业增长和持续发展具有重要意义。广播机构通过建立强大的销售团队、与广告客户建立良好的合作关系、进行谈判和签订合同、管理和监测广告投放，并与内容制作团队紧密合作，推动广告销售并增加收入。

二、广播产业外部价值链分析

广播产业的外部价值链是指广播机构与外部合作伙伴之间相互依赖、相互依存的关系，广播机构如何与外部进行合作沟通以提供广播节目和服务，并创造商业价值。具体来说，广播产业的外部价值链涉及与内容供应商、广告客户、分销渠道和受众等外部合作伙伴之间的关系。外部价值链的有效管理和合作对于广播机构的商业成功和可持续发展至关重要。

首先，内容供应商是广播产业外部价值链中的关键环节。广播机构需要与外部内容供应商合作，获取优质的节目内容，包括音乐、新闻、娱乐节目等。内容供应商可以是独立制作公司、音乐唱片公司、新闻机构等。其次，广告客户包括品牌公司、广告代理商等，是广播外部价值链中的重要环节之一。广播机构通过与广告客户建立合作关系，提供广告投放的机会，从而获得广告收入。广播机构需要了解广告客户的需求和目标，提供相关的广告解决方案，确定广告投放的细节和预算等具体细节。广告代理商作为广告客户和广播机构之间的中介，负责协调广告投放和管理广告资源。广播机构与广告代理商合作，帮助广告客户选择适合的广告媒体和时段，并进行广告创意和制作。再次，分销渠道也是广播产业外部价值链中的另一个重要环节。分销渠道可以包括广播网络、电视台、电台、互联网平台等，广播机构与分销渠道搭建合作通道，将广播节目传播到受众群体中，二者之间的合作关系决定了广播节目的覆盖范围和传播效果。最后，广播机构的商业成功在很大程度上取决于吸引和保持听众的关注和支持。因此，广播机构需要全面了解听众的需求和兴趣，提供符合他们口味和喜好的节目内容。通过与听众之间的互动和反馈，广播机构可以不断改进和优化节目内容，提高听众体验，并增加收视率和听众群体黏性。

除此之外，广播机构与外部品牌商、技术设备供应商、版权管理机构、教育机构、政府监管机构之间的合作也具有重要意义。首先，广播机构与外部品牌商之间的关系对于品牌推广和市场营销至关重要。广播机构可以与品牌商合作进行广告赞助、赛事赞助、活动合作推广、品牌整合营销等，以增加收入和提高品牌知名度。其次，广播机构需要与技术设备供应商建立合作关系，以获取先进的广播设备和技术支持。设备供应商可以提供广播转播设备、音频设备、视频设备、编码解码器、服务器等，以帮助广播机构提供高质量的广播节目。再次，广播机构还需要与音乐版权机构、电影制片厂、电视制作公司等版权持有者和版权管理机构进行合作，确保广播机构能够合法使用和传播受版权保护的内容。同时，广播机构需要与研究机构和教育机构合作，进行行业研究和人才培养活动。与研究机构的合作可以帮助广播机构了解行业发展趋势、进行市场调研和创新，而与教育机构的合作可以培养出合格的广播专业人才。最后，广播产业受到政府监管机构的严格监管和规范，因此广播机构需要与相关政府部门和监管机构保持良好沟通，包括申请广播许可证、遵守广告监管规定、参与行业自律组织等。

三、价值链分析对于广播微观生境的重要意义

分析广播产业价值链对于了解广播产业微观生境具有重要意义。一方面，广播机构通过详细的内外部价值链因素考察以确定市场定位以及制定差异化策略，把握行业趋势和挑战，支持数据驱动的决策制定，促进品质和创新提升，鼓励跨界合作和多样化发展。另一方面，价值链分析可以帮助广播机构洞悉数字化融合转型的趋势和重要性，理解受众互动和参与的趋势，推动内容创新和多样化发展，以帮助广播机构在融合转型中取得成功并实现可持续发展。具体来看，价值链分析将对广播机构带来五个方面的意义：

第一，有助于广播机构明确市场定位和构建差异化策略。通过广播产业内部、外部价值链的分析，综合确定目标受众、内容特色、技术创新、社交媒体等，实现互动性、地方化和本土化等，通过在这些方面寻求独特性和创新性，广播机构确立自身在整个价值链中的定位和角色，进而构建自身在市场中的差异化竞争策略。

第二，有助于广播机构把握行业趋势和行业挑战。通过考察分析广播产业中的各个环节，例如数字化转型、内容多样化、媒体融合等，有助于把握广播行业的发展方向和变革趋势。广播机构可以了解当前的行业趋势和面临的挑战，及时调整自身的战略方向，应对市场的变化和竞争的挑战。

第三，有助于广播机构进行数据分析。广播产业价值链分析也涉及行业内部和行业外部数据的收集和分析。通过收集和分析广播产业中包括受众收听率、广告投放效果、市场份额在内的关键数据，有助于广播机构获得客观的信息以支持决策制定和优化业务运营。

第四，有助于提升广播节目品质、实现内容创新。广播产业价值链分析还

可以促进节目品质和制作模式的提升和创新。通过了解广播产业中不断更新的节目标准和创新实践，有助于广播机构不断改进和提升自身的节目内容、技术水平和服务质量，以保证广播节目保持自身竞争力和吸引力。

第五，有助于广播机构进行跨界合作和多样化发展。广播产业价值链分析有助于鼓励广播行业跨界合作和多样化发展。通过对比广播产业外部的合作机会、借鉴内外多元化业务模式，有助于广播机构积极探索与其他行业的合作，共同创造更大的价值。同时，多样化发展策略可以帮助广播机构降低行业风险，拓展新的市场和受众群体。

第四节　生境综合透视——基于 SWOT 理论框架的视角

SWOT 分析法，又名态势分析法，是由美国旧金山大学国际管理和行为科学教授海因茨·韦里克提出的，最初用于企业战略制定、竞争对手分析等。SWOT 分别指代 Strength（优势）、Weakness（劣势）、Opportunity（机遇）、Threat（威胁）。态势分析即在调查分析时综合考量组织内部（S、W）与外部环境（O、T）的各类要素，将与研究对象相关的主要要素，按照优势、劣势、机遇、威胁四类整理分析，构建 SWOT 矩阵，得出的结论通常具有显著化和系统化的特点，可以帮助决策。但是，由于环境具有变化性和不确定性的特点，有可能出现分析结论与实际发展不同步的情况。

SWOT 分析在市场策略中可帮助企业了解自身的优点及缺点，并且协助企业在大环境中寻找发展的机会以及预期可能面临的困境，以便及早应对。因此小至个人，大至社会、国家，如果能熟悉 SWOT 运作，都可以在市场上找到对自己最有利的定位策略。SWOT 分析法主要是从企业内部和外部的角度找出内部经营所拥有的优势与劣势以及外部环境所面临的机遇与威胁，进而研拟出适当的营运目标和因应策略以提供一套系统分析的架构观念，将环境中的机遇、威胁和企业自己所拥有的优势与劣势组合起来分析以研拟适当的策略。

一、移动传播时代广播的发展优势

从媒介自身的属性而言，伴随性、即时性、便捷性是广播的天然属性，广播在传统媒体的竞争中主要具备三个优势：一是广播电台覆盖范围大，建网成本和维护费用很低，占据了最好频段的无线电传输，使广播能够低成本地运作，且生命力很强；二是广播传递的是声音，声音是人类所有传递信息手段中，最直接、最便捷的，也是最具有渗透力和感染力的，声音自身就可以表达内容，而文字和图形要相对复杂得多；三是广播是依赖声音与听众交流的，在人类的感官中，只有声音可以多任务并行交叉，也不会太影响其他人类活动本身，这直接造就了大量只适合广播的特殊媒体场景。

进入移动化、数字化的新媒体时代，广播固有的伴随性、即时性和便捷性优势在新媒体面前不再显著，此时，传统广播媒体可以利用其主流媒体的地位，在内容的专业性、权威性等方面发挥优势。在长期的发展过程中，广播积累了强大的内容生产能力和数量可观的版权内容资源，可以转化为新媒体生态竞争中的内容优势。传统广电媒体的公信力、权威性以及品牌影响力可以延伸至广电全媒体，使其能够迅速被市场所接受认可。通过网台互动、互相推广等方法，借势于传统广电媒体的影响力和传播力，广电全媒体能够迅速扩大市场知名度和美誉度。因此，传统广播可以在内容创新、IP 打造等方面充分发挥自身的专业优势，与新媒体的技术优势形成资源互助，进而扩大和增强传统广播在大众传媒市场中的影响力与存在感。

与此同时，权威性和公信力作为主流媒体区别于新媒体的重要特质，天然地具备引导舆论和传播主流价值观的优势，这也是新型主流媒体的最大价值和最高使命。在激烈的生态位竞争中，广播媒体一方面要充分利用自身的权威性和公信力、专业性和职业化、政策优势与市场主动权等优势[1]，整合线上线下资源，借助互联网实现多元立体化传播；另一方面要始终明晰广播媒体的政治属性，发挥政治功能，树立责任意识、大局意识，自觉承担起举旗帜、聚民心、育新人、兴文化、展形象的职责使命，不断拓展作为党和国家宣传舆论主阵地的能级。[2] 按广播的规律办广播是经营者长期奉行的基本原则，而且在具体的经营运作过程中，应进一步张扬广播媒介特性，彰显广播的社会功能。[3]

总体而言，广播在坚守自身内容优势和社会公信力的基础上，还需积极培育参与新媒体生态竞争的新优势。在方法实践上，广播应遵循互联网背景及其底层逻辑，致力于音频入口的场景创新，锻造适合人工智能和 5G 时代音视频内容的新优势。[4] 在新媒介市场中，广播媒体还要积极适应受众（用户）消费

①　李文媛. 新媒体环境下地方广播电视的转型发展 [J]. 中国广播电视学刊, 2021 (9)：133 - 135.

②　李楠. 2019 年广播业发展回顾 [J]. 青年记者, 2019 (36)：15 - 17.

③　申启武. 移动音频的崛起与传统广播的选择 [J]. 中国广播, 2019 (9)：10 - 15.

④　赖黎捷，李浩然，杨思涵. 回顾·对话·共融：探寻广播新征程：第五届中国广播创新发展高端论坛暨中国高校影视学会广播专业委员会 2020 年会综述 [J]. 声屏世界, 2020 (24)：11 - 12, 18.

的新形态，以互联网思维改造传统广播，努力推进与互联网平台等新媒体的融合，与此同时，要坚守"内容为王"的生存逻辑，坚守舆论引导的社会责任。①

二、移动传播时代广播的发展劣势

随着以互联网为代表的信息传播技术的高速发展，媒介生态环境发生了巨大变化。在新媒体环境下，社会信息得到进一步开发和利用，网络、智能手机等新媒体的出现，很快打破了报纸、广播、电视等传统媒体对信息的垄断地位，这使广播媒体需要重新适应开放且激烈的市场竞争环境。

在与新媒体的竞争中，广播媒体的受众市场受到严重挤占，经营模式创新面临巨大挑战。由于自身盈利能力有限，传统广播媒体面临创新能力减弱、一线人才流失的窘境。与此同时，广播媒体在技术方面与新媒体平台也具有较大的差距，比如传统广播自身的传播特性决定了其无法利用智能推送技术实现精准的听众定位，只能采用轮播的模式去偶遇听众。在技术、资金、人才等关键核心资源缺失的情况下，广播的市场竞争力被大大削弱。据广电总局统计数据显示，2017 年以来，我国广播节目制作规模呈现低速增长的发展态势，到2021 年，全国广播节目制作总时长为 812.71 万小时，较上年同期小幅回落。随着以短视频为代表的新媒体市场的不断扩张，以及越来越多媒介替代品的出现，广播媒体的市场份额正不断受到挤压。由于其在技术上的劣势以及听众对于广播的刻板印象，在今后的发展中，广播自身要在生态竞争中逐渐找准定位、突破局限。

与此同时，传统广播媒体与新媒体相比还存在体制机制僵化、具有浓厚行政色彩等问题。传统媒体机构员工知识老化、人才更新缓慢，以及在转型过程中遗留的大量历史问题都是制约广播发展的严重因素，这种繁杂刻板的体制机制设置不仅牵制了作品传播的效率，也是约束员工积极性和创造力的重要障碍。因此，广播电台内部亟待做好自身改革，调动员工的创新积极性。通过创新用人、分配和激励机制，打破用人、分配的双轨制甚至多轨制，拓展人才成长空间和通道。

此外，在媒介种类繁多的当下，广播已经不再是人们获取资讯和休闲娱乐的主要选择，人们收听广播的场景主要发生在驾驶、通勤、做家务等特殊情景

---

① 申启武. 传统广播的"变"与"不变"[J]. 中国广播，2015（1）：35 – 38.

状态下，并且，新媒体平台也同样存在着大量单纯以听觉为主要传播形式的声音内容，这些内容作为广播的替代品再次瓜分了传统广播的市场。因此，广播在人们日常生活中的出现频率正日益降低，尤其是对于年轻群体而言，他们对于传统广播媒体的认知则更加陌生和遥远，这也为传统广播尝试打开年轻人市场带来了巨大的阻碍。

三、移动传播时代广播的发展机遇

广播电视和网络视听在各自经历快速发展和遭遇困难之后，在实践中不断总结经验和创新突破，在新的历史时期迎来了新机遇。新的机遇来自国家新时代发展，即新时代中国特色社会主义现代化建设：一是国家对主流价值内容表达的支持和要求；二是培养了一批对正能量节目保持热情和需求的观众；三是要实现精神生活的共同富裕，满足人们多样化的需求，对公共服务的要求提高了。① 在这一时代背景下，广播需要根据形势环境变化，顺应人们需求变化进行改革。

《广播电视和网络视听"十四五"科技发展规划》的出台，清晰勾勒出"十四五"时期推进广播电视和网络视听媒体深度融合发展和智慧广电建设两项中心任务的宏图，明确提出了"十四五"时期广播电视和网络视听发展的九大主要任务和六十多项重大工程、重点项目，聚焦发展媒体深度融合、持续创作精品、提质增效公共服务、紧抓科技创新、推动大视听全产业链发展、健全安防播控体系、提升管理体系和治理能力、增强国际传播能力，以及加强党的建设和人才队伍建设等。与此同时，网络视听治理规则已逐步涵盖视听传播的全领域、各环节，网络视听统筹安全与发展的法律框架体系渐趋完备。国家加快对网络视听传播的体系化、整体化治理部署，对网络视听内容建设与管理也更加垂直精准，为广播的秩序化、健康化发展提供了系统完备的制度保障。

如今，声音经济市场在多元化样态的尝试与改革中，逐渐展现出一定的市场潜力，声音内容的呈现模式与互动方式愈发多样。在信息爆炸时代，信息的传播速度、数量与质量的提升已经成为人们适应现代社会生活的迫切需求。就声音传播本身而言，虽然依旧存在传播形式较为单一的问题，但是其伴随性、可移动性等特征却能够很好地适配于当下处于高速运转的效率社会。广播媒体

---

① 章玲. 广播电视和网络视听发展的新时代机遇：访国家广电总局发展研究中心副主任杨明品先生［J］. 广播电视信息，2022，29（2）：18 – 19.

使用的低耗性可以在传递信息的同时，不影响人们的其他活动，能够保证人们的注意力和信息接收能力得到最大程度的利用，因此，音频媒体在用户市场中最大的竞争力也恰恰是其独有的媒介特性。

此外，专业的内容创作和优质资源汇聚能力也是传统媒体的显著优势。面对众多以先进技术为支撑的新媒介形式，广播媒体可以将内容作为载体激活关系、组织和圈层，通过充分发挥自身的专业内容生产优势，并借助新媒体先进的传播技术抵达用户。在此过程中，广播媒体作为内容的重要供应者会成为吸引用户的重要资源，也将构成新媒体平稳运行的关键要素。在为新媒体提供内容供应的过程中，广播媒体一方面能够及时准确地把握市场需求，另一方面还有利于发挥新媒体传播的优势以及主流媒体的价值引领作用。

四、移动传播时代广播的发展威胁

目前，广播电台在传统转型中的阻碍主要呈现为主观上广播媒体缺乏转型的动力；客观上传统广播缺乏全媒体运营的资源和经验，需要进行业务流程的再造和组织架构的重构，且这一操作存在着一定的风险。

基于广播电视转型发展现状，传统广播电视台遇到的困难较多。少数广播电视台完成了基本转型，但是大多数还在苦苦探求转型路径，面临经营模式创新的巨大挑战，传统广告经营收入下降、人才流失、内容制作投入减少；在高清化、超高清化技术更新，向新型主流媒体转型过程中，缺少资金投入和改革成本投入。[①] 与此同时，随着信息技术的更新换代，人们对传统媒体的依赖逐渐减弱，转而投向移动新媒体的怀抱。民营的互联网平台如喜马拉雅、抖音、小红书等，凭借灵活的体制机制、良好的用户体验已争取到了大量的资本和用户，获得了市场发展的先机，形成了具有市场影响力的品牌，占据了音视频市场的大部分份额。在这一背景下，传统媒体如果无法为用户提供更好的体验和服务，将很难获得市场的认可。

在舆论引导方面，新媒体环境使多元意见的充分表达和沟通成为可能。在传统媒体占据绝对垄断地位的时代，舆论精英掌握着社会的话语权，引领着社会舆论的方向，社会大众在其舆论引导下被动地接收和消化信息。随着新媒体的迅速发展，受众可通过社交媒体随时随地发送所见所闻所感，同其他用户交

---

① 章玲．广播电视和网络视听发展的新时代机遇：访国家广电总局发展研究中心副主任杨明品先生［J］．广播电视信息，2022，29（2）：18-19．

流社会热点或社会问题。此时，受众的表达越来越多地被社会所倾听、关注和重视，广播面临"立足信息发布权向掌握信息解释权转变""从意见表达者向意见平衡者转变""从社会守望者向社会对话组织者转变"的挑战。在新媒体扁平化的传播环境下，用户个人的主体性意识不断增强和发展，公众广识博闻、消息灵通，且时常伴有舆论极化现象的出现，因而，广播在舆论引导方面的难度将大大增加。

与此同时，面对听众市场受到严重挤占的发展现状，尤其是在短视频逐渐成为主流媒介消费产品的背景下，广播这种以单一声音形式传播的媒体存在向可视化转型的必要性。在这场转型过程中，广播作品一方面需要主动向视频化发展方向靠拢，另一方面还要继续保持和增强广播作品的生动性和可视感，即通过声音传播营造出画面感，增强自身的跨媒介传播特质。要积极向新媒体靠拢、寻求"破圈"机遇，这无疑对广播的发展提出了更高的要求，在当前广播市场缩减、人才流失严重的现实背景下，广播媒体的创新发展必将面临更大的挑战。

第三章 战略选择——移动传播时代 广播生态化发展的整体布局

移动传播时代的到来，在极大便捷了用户媒介消费的同时，也带来了媒体产品种类和样态的急剧丰富。文字、图片、视频、音频集于一端，动态新闻、网络小说、娱乐短片异彩纷呈，网络直播、短视频花样不断。可以毫不夸张地说，从数量上看，我们已经进入了一个媒体产品供给严重过剩的时代，技术驱动下的媒介产品供给格局已经明显向消费端转移，为媒介消费者分配了更大的话语权、提供了更大的可选性。经历了百年发展的广播，在承受了电视以及Web 1.0、Web 2.0、Web 3.0、Web 4.0 的持续冲击之后，似乎已经走进了一个更加逼仄的生存空间，实际用户数量不断减少，收音机已经被抛入了"博物馆"，广播传播影响力走向式微，经营创收能力断崖下降。如何通过缓冲和桥接提升广播核心竞争力，如何依托战略选择打破"广播消亡论"，这是应当着力关注的问题。

第一节 解构与重构：移动传播时代 广播生态与社会生态的再链接

"广播会消亡吗？"这一回响在20世纪80年代的世纪之问，再次萦绕在我们耳边。然而，通过观察媒介类型的发展演变规律，可以断言，广播作为媒介的重要类型之一，因其自身的媒介特性，与报纸、电视等其他媒介类型一样，依然不会走向消亡，而将继续与所有媒介类型"共生"。只是在新的媒介生态环境下，广播需在微观广播生态与宏观社会生态的创新互动下合理界定自身价值，实现两者之间的再链接。这是当下广播探寻自身未来发展空间的重要使命，是广播研究者们必须解答的重要课题，也是本书希望能够积极探索的焦点所在。

一、解构：移动传播触发下的广播生态结构失衡

时下，"机不离手"已经成为公众媒介消费的新常态，且其消费内容又极其多元化，包括社交、影视剧、短视频、网络小说、游戏、音乐等各种产品。此种状态叠加媒介生态环境之变迁，由表及里，从前端、中端与后端三个环节持续加大了广播生态结构的失衡。

（一）前端：广播生态位的持续收窄

所谓生态位，是指"生物种群在群落中的生活方式和它们在时间和空间上所占有的位置"①。从广播生态链的前端来看，其生态位正呈持续收窄的态势，主要体现在三个方面：一是传统"四级办"模式的局限。1983 年，鉴于国家财力限制，为加快推动全国广播电视行业发展，同时也为了更好地调动各地方政府的积极性，第十一次全国广播电视工作会议提出了"四级办广播、四级办电视、四级混合覆盖"②的方针。该方针的提出，使得全国各级广播电台、电视台如雨后春笋般涌现，客观上在当时时代条件下达到了预期效果，但也使各级广播电台特别是市、县广播电台往往局限于各自地理区域发展，小而全、前店后厂的弊端极为突出，规模效应不足、运营效率低下，严重制约了广播的生态空间拓展。二是"广播电台""广播电视台"两台合并的局限。自 21 世纪初以来，为加快推进广播电视体制改革、更好实现资源优化整合，广播电视行业掀起了一轮电台、电视台两台合并的浪潮。从理论构想和初衷上看，这一浪潮有一定的合理性和必要性，但对本身有着各自不同传播规律的广播和电视而言，在实践中则未必现实。并且，由于广播的低成本投入和电视的高成本投入特征，使广播电台在外部经营生态资源较为丰富的情况下所创造的利润反被电视台所吞噬。随着移动传播时代的到来，广播电台反而无法拿出必要的资金投入融合转型发展，使其生态空间进一步被限制，生态位迁移困难重重。三是媒体管理形式有一定局限性。2021 年，国家发展改革委、商务部发布《市场准入负面清单（2021 年版）》，明确"禁止违规开展新闻传媒相关业务"。这一由非宣传文化系统党政主管部门发布的规定引发社会广泛关注。该规定诚

---

① 申启武. 媒介竞争与生态位的选择：安徽交通广播运营策略分析［J］. 中国广播，2005（5）：30 – 33.

② 孔丹，赖珀. 对"四级办广播电视四级混合覆盖"之管见［J］. 中国广播电视学刊，1995（9）：41 – 42.

然对抓好正确舆论导向、保持党和政府对主流媒体的管控有着正向的积极作用，但对广播电台的转型发展有一定阻碍，使其难以与诸如喜马拉雅、懒人听书、蜻蜓 FM 等有着互联网产业资本支撑的音频类传播平台开展后续竞争，有被击败的风险。

（二）中端：用户链接度的不断弱化

从传统听众思维、受众思维转向用户思维，是媒体融合背景下广播转型的重要成果之一。所谓"用户思维"，是指"以用户体验为中心，让用户在产品或服务使用过程中更好地实现个人价值的思维方式"[①]。然而，由于传播者、渠道、内容、受众及影响效果方式等内在要素的结构性变化，广播与用户的链接度正呈弱化之势，进而引致广播对用户影响力的持续减弱。具体而言：第一，传统广播内容与功能正呈弱化之势。作为广播主打产品的广播新闻，在"机不离手"的传播背景叠加"语音播报"技术下，最新新闻资讯能够通过手机第一时间为用户所掌握，时效性优势的可替代性不断增强；而作为此前一直强势的交通广播，在诸如"高德地图""滴滴"等交通软件的挤压下，对于从交通广播获取哪里堵车、哪条道路顺畅等交通信息，用户需求已不再强烈。此外，对各种类型的文艺广播需求，用户也多通过喜马拉雅、蜻蜓 FM、QQ 音乐等互联网音频平台予以解决。第二，传统广播传播渠道持续向车载终端收缩。赛立信研究数据显示，2021 年上半年，广播接触率为 47.1%，虽高于纸媒，但与移动互联网 95.4% 的用户接触率相比，也不到其一半。[②] 其中，车载终端接触率接近 60%，占据绝对优势；智能终端接触率虽较高，但仅为 45%；传统终端接触率则不到 20%，并仍呈持续下滑趋势（见图 3 - 1）。第三，广播收听时长持续缩短。《2009 中国广播收听年鉴》显示，2008 年，广播人均收听时长平均为 85.2 分钟，且"近七成听众在家中听广播"[③]；而赛立信研究数据显示，2021 年上半年全国广播听众平均收听时长已经下降到约 69 分钟，下降幅度高达 19.01%，多数平均每次收听时长 30 ~ 90 分钟，且主要集中在早、晚两个时段，这与广播以车载用户为主要使用群体的特征相符。[④]

---

① 盖群. 全媒体时代传统电视媒体用户思维的构建与实践［J］. 科技传播，2020，12（13）：80 - 90.

② 梁毓琳，罗剑锋. 用户深耕，打造新型主流媒体：2021 年上半年中国广播收听市场扫描［J］. 中国广播，2021（7）：42 - 47.

③ 王兰柱. 中国广播收听年鉴（2009）［M］. 北京：中国传媒大学出版社，2009：11 - 16.

④ 梁毓琳，罗剑锋. 用户深耕，打造新型主流媒体：2021 年上半年中国广播收听市场扫描［J］. 中国广播，2021（7）：42 - 47.

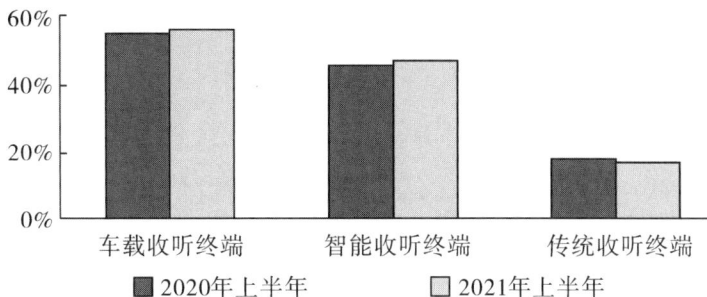

图3-1 广播各类收听终端接触率对比

（三）后端：资源获取力的严重不足

资源是指"生物所消耗的一切"①。生物通过生态链及生态网与外部生态系统交换资源，以获取自身生存与发展的必要能量，广播作为生命有机体亦是如此。然而，在数字技术冲击下，广播的资源获取能力变得越来越不足。在传统传播渠道垄断背景之下，传媒产业的本质是"影响力经济"②，依托强势垄断地位，吸引足够的受众注意力，并将此作为连接自身与外界的资源通路，形成了经典的传播"中介"效应和"二次售卖"经营模式。然而在当下，此种效应和模式正经历巨大考验。一方面，网络投放渠道和电商平台消解了广播的"中介"效应。在传统渠道垄断模式下，广告界曾经有一句经典名言："我知道我的广告费有一半被浪费掉了，可不知道浪费的是哪一半？"这一"哥德巴赫猜想"虽形象勾勒了传统媒体广告投放效果的模糊性，但更多是一种肯定。随着互联网传播的普及，广告主通过在网络渠道投放广告，不仅可以获得实实在在的用户购买，而且能通过大数据、云计算等，直接了解到底是哪些用户在购买、购买了什么等各种信息。近年来，广东某地电台广告收入从高峰时的超过3亿元下降到1亿元，降幅近70%，这也以强力事实印证了广播"中介"效应弱化和资源获取力的退化。另一方面，各类社会组织对广播信息传播的需求弱化。过去，包括广播在内的传统媒体是各种社会利益集团争夺的焦点之一，通过广播的大众传播功能的发挥，能够让不同利益集团的声音在整个社会中广泛传播。但在互联网时代，"人人都有麦克风"已成现实，不少社会组织

① 贝根，汤森，哈珀. 生态学：从个体到生态系统 [M]. 李博，张大勇，王德华，译，北京：高等教育出版社，2016：57.

② 喻国明. 喻国明自选集：别无选择：一个传媒学人的理论告白 [M]. 上海：复旦大学出版社，2004：360-371.

可跨过广播，通过自建新媒体平台实现自身声音的有效放大。此种状况，使得广播面向除广告客户以外的各类社会组织获取资源的能力也随之下降。

二、解读：坚守与转型中的广播价值再发掘

在传统广播生态结构随移动互联网发展而不断消解的同时，我们也应当看到，由广播自身技术、传播、文化等特征所汇聚的广播价值依然显著。而全面、深入挖掘相关价值，是广播在新的媒介环境下生存与发展的重要依托。

（一）作为唯一解放眼球的媒体

"听广播"，是受众通过广播收听而耳熟能详的词语。伴随媒介类型的不断演变和丰富，以视觉或者视听为一体的媒介产品，已然成为媒介消费的主流，单纯诉诸听觉的广播似乎难以获得社会的普遍青睐。然而，恰恰正是此种诉诸听觉的纯粹性，成就了广播作为唯一解放眼球的媒体的独特价值。首先，对目前广播媒介消费主流群体——汽车用户而言，"听广播"无疑是最佳的选择。一个反面的典型案例是，2021 年 12 月 22 日，美国国家公路交通安全管理局（NHTSA）宣布，对特斯拉 58 万辆电动汽车的前置中央触摸屏装载车载游戏功能可能会导致的"驾驶分心"问题展开调查。该局还发布数据指出，仅2019 年，美国就有高达 3142 人因"分心驾驶"而丧生。[①] 相反，广播与汽车的结合，却并未带来案例所描绘的问题。正是由于"听"所带来的传播伴随性，既不影响驾车一族的驾车专注性，也能获得高质量的媒介消费体验。其次，对代表国家未来的青少年一族而言，"听广播"无疑是最好的视力保护手段。当前，青少年视力问题愈加突出，受到习近平总书记的高度重视，并作出了重要批示。除了学校与家庭给予学生愈加繁重的课业压力外，学生自身对手机的长时间使用甚至痴迷也在其中起到了至关重要的不良影响。借助于广播，由视转向听，对于青少年视力保护可以发挥积极有效的作用。再次，对于视觉衰退的老年人群和视觉障碍人群而言，"听广播"无疑是一种舒心的选择。他们一方面对新闻资讯、文化等各方面有强烈需求，另一方面因其普遍有收听广播的人生经历，对广播有着天然的亲切感。最后，对广大有着视觉疲劳的受众群体而言，"听广播"无疑也是一种感官切换的选择。据中国互联网络信息中

---

① 中控触摸屏玩游戏？美国监管机构对特斯拉启动调查，涉及 58 万辆车［EB/OL］．（2021 - 12 - 24）［2022 - 05 - 15］．https：//t. ynet. cn/baijia/31935632. html.

心（CNNIC）发布的最新统计数据显示，网民每周上网时长 26.9 小时①，日均高达 4 小时。事实上，不少人因工作原因，几乎每个工作日的大多数时间均面对电脑或者手机屏幕，对其视力乃至身体带来了极大的伤害，而"听广播"的优势自然不言而喻。

（二）作为具有声音文化魅力的媒体

文化是指"人类社会历史实践过程中所创造的物质财富和精神财富的总和"，主要包括物质文化、精神文化、社会组织与制度、价值系统四种基本类型。② 伴随人类文明不断进步，文化样态也因之持续丰富，并有着深入人心的力量。其中，广播、电视、报纸、网络媒体在精神文化的生产与再生产过程中，扮演着极为重要的角色。对广播而言，虽面临媒介形态不断丰富的持续挤压，但得益于百年历史积淀，其声音文化特色不仅没有消减，反而以独特的魅力，在媒介类型林立的当代呈现出一道独特的景观，展现出强劲的生命力。譬如，音乐广播以显在或潜在的存在方式，嵌入广播节目的各个角落，使得听众不仅能直接收听到经典的或流行的音乐作品，获得愉悦的、美的听觉享受，而且能在各类广播节目中以"背景音乐"方式，获得情绪的张弛舒缓调节，让"音乐＋广播"这种结合方式的天然魅力得到最大限度的展现。又如，广播剧、故事广播、相声小品等声音艺术表现形式，借助于传统播出渠道和互联网渠道，得到越来越多的广播爱好者、音频爱好者的支持，生命力正变得越来越强。还有，在音频产品创新与社会节奏加快的大背景下，"读书"与"听书"这种广播或者音频传播模式正悄然兴起。一方面，由于生活节奏加快，不少人已经习惯利用碎片时间或者睡前时间，听一段广播读书，获取知识营养；另一方面，广播或音频节目制作者只需要购买一本书、安排一位主持人、摆放一台简易的录音设备，即可以极低成本、极高效率，灌录出一段段高品质"读书"节目，满足自身产品创新需求和受众文化消费需求。此种文化生产与消费模式，在当前及今后一段时期，将会愈加盛行。

（三）作为具有独特传播功能的媒体

与所有大众传播媒介类型一样，广播兼具经济的适应功能，政治的达标功

---

① 中国互联网络信息中心. 第 48 次《中国互联网络发展状况统计报告》［EB/OL］．（2021 - 08 - 27）［2022 - 05 - 15］. http：//www. cnnic. net. cn/hlwfzyj/hlwxzbg/hlwtjbg/202109/P0202109155236709815 27. pdf.

② 何新. 中外文化知识词典［M］. 哈尔滨：黑龙江人民出版社，1989.

能，教育、宗教、家庭的维模功能，法律的整合功能。① 此外，广播还具有自身的独特作用：一是传播的快捷性。从理论上来说，只要新闻事件一发生，广播即可通过主持人或者记者连线以最快速度向社会公布，无须烦琐的制作流程和操作过程，与网络的文字、图片乃至视频传播相比，也仍有一定优势。特别是，由于广播自身的传播迅速、覆盖广泛、接收便利、不受电力制约等特点，对国家应急体系建设具有十分重要的作用。早在 2011 年，党的十七届六中全会就提出"建立统一联动、安全可靠的国家应急广播体系"的发展目标。该目标同时被纳入国家"十二五"规划之中。在国家广电总局积极推动下，全国各级政府纷纷将广播纳入应急体系建设中。比如，湖南省政府明确授予湖南交通广播"湖南省应急广播"称号，以增强其应对重大突发自然灾害的信息传播能力。② 二是传播的伴随性。准确来说，与视觉传播的"在场性"需受众参与的"沉浸式"相比，受众对广播媒介的消费既可是"伴随式"的，亦可是"沉浸式"的，但更多的是"伴随式"消费。比如，在家庭场景中一边做家务一边听广播，在驾车场景中一边驾车一边听广播，二者互不干扰，甚至有调节氛围、相得益彰的益处。三是传播的情感性。正如研究者许加彪、张宇然所言，"声音是一种带有想象的、诉诸情绪的、具有后现代主义气质的表达"③，具有强烈的情绪感染力特征。在 20 世纪末 21 世纪初，晚间十时之后的情感节目如中央人民广播电台的《神州夜航》、深圳广播电台的《夜空不寂寞》，曾经是抚慰无数听众心灵的精神良药，《神州夜航》主持人甚至创造了成功规劝犯罪分子投案自首的佳话。时至今日，情感类节目仍是各电台的保留节目，如广东广播电视台的《星空夜话》、湖北广播电视台的《今夜不寂寞》等。

三、重构：广播生态系统再造的行动路线图

面对互联网技术所带来的广播与生态环境链接的日益脆弱化，广播极有必要依托在新媒体环境下的存在价值，针对生态链接中的薄弱环节，以生态化、战略化思维，再造一个具有强链接特征的全新生态系统。

---

① 刘海龙. 大众传播理论：范式与流派［M］. 北京：中国人民大学出版社，2008：148－156.
② 周鑫. 应急广播能力及其应急体系现代化建设：以湖南交通广播为例［J］. 中国广播，2020（8）：47－49.
③ 许加彪，张宇然. 耳朵的苏醒：场景时代下的声音景观与听觉文化［J］. 编辑之友，2021（8）：12－17，23.

（一）总体战略——以融合手段强化顶层布局

总体战略，是组织"最高层次的战略"，是组织根据自身目标，选择可竞争领域，合理配置必需资源，使各项业务相互协调的战略，包括发展战略、稳定战略和收缩战略三种类型。① 与一般企业不同，广播作为国家主流媒体类型之一，转型是国家交给其的重要战略任务，必须将发展战略、稳定战略和收缩战略三大总体战略融合推进。首先，应当坚持发展战略，朝着新型主流媒体的方向坚定前行。其转型的重点即推动广播从传统的声音媒体、线性媒体向"全程媒体、全息媒体、全员媒体、全效媒体"转型。要进一步强化"内容为王"，通过将广播功能价值与内容创意策划制作相结合，打造更具吸引力、针对性的内容产品，并转变话语方式，面向新媒体渠道打造系列化产品甚至是爆款产品。要重点拓展新媒体传播渠道，以"客户端＋公众号矩阵"模式，开发建设具有不同特色的客户端和公众号，并在与内容建设、功能完善的互动过程中打造"一主多从"的广播新媒体品牌。其次，应当坚持稳定战略，既遵循广播传播规律，又充分发掘移动互联网时代下的广播内在价值。要强化广播的车载传播功能，重点是要根据驾车一族的内容喜好和收听习惯，进一步增强传播的贴近性，将广播的移动性、伴随性功能发挥至极致，同时牢牢抓住车联网的发展契机，通过自建终端和介入互联网音频平台等方式，保持广播在汽车终端的传播畅通性。要以主流媒体的责任和担当，及时传播各类新闻资讯特别是时政新闻资讯，在党委政府和人民群众之间架好架牢信息沟通的桥梁，维护自身的权威性、公信力和影响力；发挥广播在应急传播中的独特功能，主动将自身纳入各级政府应急体系中，力争在重大突发事件中保持传播优势。要强化声音的感染力优势和文化魅力，将声音与文化紧密结合，以多样化的内容产品，满足用户精神文化需求，拉近广播与用户的心理距离，增强传播的"约会效应"。最后，应当坚持收缩战略，在"降本增效"中赢得生机。应当聚焦广播频率的"关停并转"，关闭或者合并必要数量的广播频率，将资源向主要频率、主要节目和新媒体方向转移，同时控制人力成本，实现供给侧结构性改革。

---

① 中国注册会计师协会. 公司战略与风险管理 ［M］. 北京：中国财政经济出版社，2021：95 - 136.

（二）竞争战略——以集中化战略抢占优势生态位

竞争战略，或称业务单位战略，是指组织内各具体业务或业务板块的具体化竞争与经营战略，包括成本领先战略、差异化战略和集中化战略三种主要类型。[①] 就广播而言，极有必要将自身的传播特征、资源禀赋等要素进行有机结合，采取集中化战略，以在与不同类型媒体的竞争中抢占有利的竞争地位。而集中化战略，是指"针对某一特定购买群体、产品细分市场或区域市场，采用成本领先或产品差异化来获取竞争优势的战略"[②]。首先，要强化广播内容生产的低成本优势。与报纸、电视乃至互联网相比，广播具有得天独厚的成本优势。借助技术设备的精细化使用、采编播人员的业务素养提升，以及管理模式的精简化，广播可将自身的优势予以进一步发挥，并与经营业务拓展相结合，以增大自身利润空间，获取再生产特别是转型发展的必要资源。其次，要强化广播的差异化优势。当前，在音频市场竞争生态格局中，传统广播媒体仍然占据着新闻资讯节目、交通资讯节目、谈话类节目等主要节目类型中的竞争优势，而以蜻蜓 FM、喜马拉雅、懒人听书等为代表的音频客户端则以平台化的发展方式，在诸如广播小说、读书、音乐等方面占据了竞争的优势地位。因此，传统广播媒体一方面仍应强化新闻资讯、交通资讯、访谈等方面的特色优势，另一方面则可依托专业化的人才团队，在某一个或者多个内容细分市场上精耕细作，以此打造相对竞争特长。再次，要强化广播的本土化优势。对我国各广播电台而言，除中央人民广播电台以外，几乎都存在地域覆盖特征。结合地域经济、社会、文化等特征，及用户媒介使用习惯，开展贴地而行的精细化内容生产与产业经营策略，可达到互联网音频平台无法触及的耕耘深度，利于其夯实自身生态位。最后，要强化广播的联合发展力度。借鉴美国的广播电台联网做法，通过建立系统化的广播发展联盟以及新媒体联合平台，采取资源互换、共同投资的方式，将全国各地小而散的广播电台结合起来，在交换新闻资讯的同时，将各自特色社教节目、文艺节目加以整合，形成与互联网音频大平台相抗衡的竞争合力，以此拓宽广播未来发展的生态位。

[①] 中国注册会计师协会. 公司战略与风险管理 [M]. 北京：中国财政经济出版社，2021：137－150.

[②] 中国注册会计师协会. 公司战略与风险管理 [M]. 北京：中国财政经济出版社，2021：146.

（三）职能战略——以机制创新激发广播创新活力

所谓职能战略，是指组织内部研发、生产、营销、财务、人力资源、信息技术等方面的战略，主要聚焦于组织目标、组织效率等基本面向，核心体现于组织运行机制、组织架构和组织文化的变革。[①] 面对媒体生态格局持续转变，为更好地适应转型发展的总体战略和业务单位竞争战略，广播应在以上三个方面加快变革的速度和力度。其中，在运行机制上，应强化效益导向。要紧紧围绕社会效益与经济效益的双提升，在内容生产与传播体制上，改变过去基于收听率及市场份额的简单评估机制，而采用大数据技术，形成更加全面、精准、动态的全媒体生产与传播评价办法，以此作为人力资源的考核评价标准，配套相应的内容与经营修正机制，同时加大对优质节目内容、经营项目、爆款产品的薪酬激励力度。在组织架构上，应强化融合导向。要紧紧围绕新型主流媒体的建设方向，建构融合化、扁平化的内部组织架构。围绕融合化，打破频率制，打通各内容生产板块，形成以音频为主，文字、图片、视频、互动相互结合的内容生产组织架构体系。目前，众多电台内部采取工作室架构模式，较好地满足了融合化的内容生产组织架构需要，值得推广。同时，亦可引入项目制模式，及时调配项目所需人财物资源，加速项目落地实施与走向成熟。围绕扁平化，应当形成管理层与内容生产层、产业经营层的直接对接、矩阵式的架构模式，以此提高组织内部整体运行效率。在组织文化上，应建立任务导向型和人员导向型的企业文化。传统广播电台是权力导向型和任务导向型相结合的文化管理模式，电台管理层特别是主要负责人拥有极高的权威性，从业人员则多按照既定岗位职责开展日常工作，较少提出创新性举措。在移动互联网传播时代，整个互联网行业变革迅速，创新迭出。只有采用任务导向型的企业文化，甚至是人员导向型的企业文化，才能真正促使整个电台组织围绕转型方向快速变革，以丰富的内容产品、创新的经营思路推动转型目标的实现。

---

① 中国注册会计师协会．公司战略与风险管理［M］．北京：中国财政经济出版社，2021：179-221.

第二节　移动传播时代广播融合型总体战略构想

面对移动互联网所带来的舆论生态、媒体格局和传播方式的深刻变化，作为传播主流媒体的广播战略转型已经成为政策、行业、电台三维生态主体所面临的关乎生死存亡的重大现实课题。对此，首先需要回答的问题是：往哪里转？怎么转？从战略理论角度来看，要回答好上述问题，还必须结合生态理论，在进行系统战略分析的基础上，先行思考广播的总体战略转向问题。在传统的总体战略理论中，发展战略、稳定战略、收缩战略是组织战略转型的三大基本取向，在实践中往往各取其一，但是由于广播作为舆论宣传主阵地和所面临的行业生态环境多维变迁的内在规定性，单一的总体战略取向显然难以实现广播的政治服务诉求和经济重生愿望。因此，移动传播时代的广播必须在总体战略选择上做出必要、合理而又可行的创新，以此推动战略转型目标的实现。基于此，本节提出，应当采取融合型总体战略的选择思路，推动广播融合发展、创新发展和转型发展，并就融合型总体战略的界定、动因及实现路径进行重点探讨，以供各方特别是业内参考。

一、广播融合型总体战略的提出

一直以来，我国广播业界的管理者都高度重视从总体战略角度思考广播的发展问题。比如，早在 1990 年，为了纪念中央人民广播电台建台 50 周年，该台广播学会就曾举办过"90 年代广播战略理论研讨会"①。但是，对于广播战略特别是广播总体战略，业界的认识并不甚清晰，存在着理念不够先进、执行不够到位、雷同现象严重、职能支撑不足等诸多问题，影响了其效用的发挥。事实上，从管理学角度来看，所谓组织的总体战略，是指组织根据自身的目标，选择可以进入的领域，合理配置组织发展所必需的资源，使各项业务相互支持、相互协调的战略。② 作为组织的最高层次的战略，总体战略规定了组织的发展方向和目标，对组织发展有着根本性的指导作用③，具有全局性、长远

---

① 吴家祝. 中央电台举办《90 年代广播战略理论研讨会》［J］. 中国广播电视学刊，1991（1）：49.
② 中国注册会计师协会. 公司战略与风险管理［M］. 北京：中国财政经济出版社，2021：95－96.
③ 邓锟. 战略管理：基于企业治理的视角［J］. 商场现代化，2019（10）：98.

性、风险性等基本特征。目前，关于组织战略的研究以企业战略研究最为发达。参照企业战略研究关于组织的总体战略的分类，大致可以分为发展战略、稳定战略和收缩战略三大主要类型。其中，发展战略"强调充分利用外部环境的机会，充分发掘企业内部的优势资源，以求得企业在现有的基础上向更高一级的方向发展"[①]，具体又涵盖了一体化战略、密集型战略和多元化战略三种类型。在这三种细分发展战略类型中，仍可继续作进一步细分，如一体化战略即可分为横向一体化战略和纵向一体化战略；密集型战略可分为市场渗透战略、市场开发战略和产品开发战略；多元化战略可分为相关多元化战略和非相关多元化战略，等等。甚至，在一体化战略之下，还可继续划分出前向一体化战略和后向一体化战略两种子类型。稳定战略是指"限于经营环境和内部条件，企业在战略期所期望达到的经营状况基本保持在战略起点的范围和水平上的战略"[②]。收缩战略则是指"组织缩小原有经营范围和规模的战略"[③]。（具体组织总体战略类型结构见图3–2）

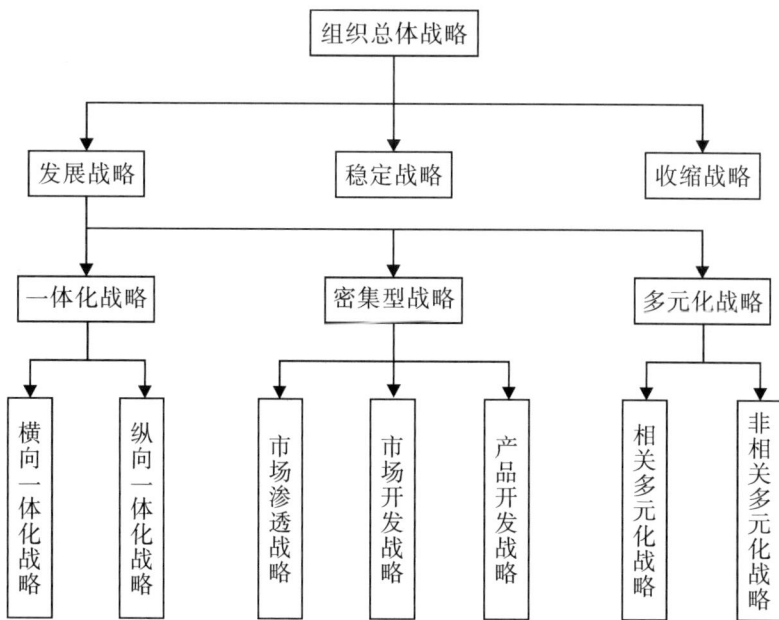

图3–2 组织总体战略类型结构图

---

① 中国注册会计师协会. 公司战略与风险管理［M］. 北京：中国财政经济出版社，2021：96.
② 中国注册会计师协会. 公司战略与风险管理［M］. 北京：中国财政经济出版社，2021：110.
③ 中国注册会计师协会. 公司战略与风险管理［M］. 北京：中国财政经济出版社，2021：111.

与此同时，不同类型的总体战略，又有各自不同的适用条件。比如，基于安索夫提出的"产品—市场战略组合"矩阵模型，采取市场开发战略的条件就包括了"存在未开发或未饱和的市场""企业存在过剩的生产能力"等；①而选择非相关多元化战略的原因则是基于"分散风险""在原产业无法增长时找到新的增长点"等。②组织应当根据以上影响因素，最终选取自身在未来将采取的总体战略类型。

传统意义上的组织总体战略选择，往往具有类型的偏向性，即战略管理者主要基于其自身的内部条件和外部环境变迁，选择一种战略类型作为执行的主要方向。然而，由于现代组织特别是企业所面临的环境的急速变化和复杂性特征，使得依靠单一的总体战略类型难以满足组织适应环境变化的需要，因此诸多企业在总体战略选择时，已经开始有意识地采用一种融合型的战略选择模式，将发展战略、稳定战略、收缩战略三种总体战略及其细分战略类型恰当组合使用，笔者将此种总体战略称为"融合型总体战略"，或者说"复合型总体战略"。对于身处移动传播时代的广播而言，面对移动互联网技术发展所带来的技术、受众、市场的新情况、新变化，电台依托单一的总体战略类型，其总体战略的取向更是如此。基于此，本节提出了"广播融合型总体战略"的概念，即广播电台在确立自身的使命与目标时，应当将发展战略、稳定战略、收缩战略三大总体战略紧密结合，以媒体融合、经营业态创新推动广播向新型主流媒体的方向转型，实现"主力军全面挺进主战场"和经营模式的再创新，这是电台转型的基本方向。在此过程中，要充分利用广播自身的内容、渠道、受众、市场等资源，尽最大努力保持广播在现有生态空间的传播影响力和产业经营能力，为广播转型争取尽可能多的时间；与此同时，要基于转型和稳定的资源配置需求，将过剩的各类资源予以加速压缩或者向媒体融合和新兴业态方向转移，实现在"腾挪闪转"和"腾笼换鸟"并举中达成战略目标的实现。事实上，在媒介融合研究的历史上，美国新闻学会媒介研究中心主任 Andrew Nachison 就曾提到媒介融合的战略融合的概念，他曾将媒介融合定义为"印刷的、音频的、视频的、互动性数字媒体组织之间的战略的、操作的、文化的联盟"③。因此，探讨广播融合型总体战略，亦有其理论的根源。

同时，通过以上概念的基本界定可以发现，广播融合型总体战略还具有以

---

① 中国注册会计师协会. 公司战略与风险管理［M］. 北京：中国财政经济出版社，2021：103.
② 中国注册会计师协会. 公司战略与风险管理［M］. 北京：中国财政经济出版社，2021：108.
③ NACHISON A. Good business or good journalism［C］//Lessons from the bleeding edge World Editors'Forum，2001.

下三大主要特征：一是战略选择的复合型。在该总体战略中，电台需要将发展战略、稳定战略、收缩战略结合使用，不仅仅依靠单一总体战略制胜，而应在综合运用中获取效益。二是战略实施的同步性。对于三种战略，要同部署、同推进，虽有轻重缓急之分，但大致的推进步调应当与电台的长中短期阶段目标相适应、相匹配。三是战略管控的高风险性。相比于选择单一的总体战略类型，融合型总体战略可能汇集了多种类型总体战略所固有的执行风险，因此更需要电台加强实施过程中的风险管控，以及时规避、转移或化解风险。

二、广播融合型总体战略的动因

实施广播融合型总体战略，需将广播的转型发展、稳定发展和战略收缩一体谋划、统筹推进、全面落实。此种在一定时期内多元并举的总体发展战略，需付出比常规单一战略更多的努力，然而这也是当前广播转型的最优选择，背后有着深刻的生态环境动因。

（一）政治动因："主力军全面挺进主战场"的国家战略要求

2016 年 2 月 19 日，习近平总书记在北京主持召开的党的新闻舆论工作座谈会上指出，"党的新闻舆论工作是党的一项重要工作，是治国理政、定国安邦的大事"①。当前，面对世界技术、政治、经济、文化格局的新情况、新变化，党和国家亟须强化党的主流媒体建设，加快推动"主力军全面挺进主战场"。其中的缘由主要在于：一是国际舆论斗争日趋激烈，需要我国主流媒体有效发出中国声音。近年来，国际舆论斗争形势愈加严峻，以美国为首的西方国家，借助于新疆、香港、台湾、疫情等议题，持续对我国发难。中央宣传部副部长、中央广播电视总台台长兼总编辑慎海雄在 2021 年广州召开的中国网络媒体论坛上就指出，"全媒体时代国际舆论的交流交锋更加突出，全球媒体格局正在快速调整、激烈演变之中"，"中国媒体有责任有义务奋力提升在国际舆论场的权威性、影响力"②。二是国家推动中华民族伟大复兴的中国梦的实现，需要我国主流媒体营造更加浓郁的舆论氛围。党的十九大宣告了我国已

---

① 人民日报. 习近平在党的新闻舆论工作座谈会上强调：坚持正确方向创新方法手段提高新闻舆论传播力引导力［EB/OL］.（2016－02－20）［2023－03－14］. http：//cpc. people. com. cn/n1/2016/0220/c64094－28136289. html.

② 慎海雄. 在 2021 中国网络媒体论坛开幕式上的致辞［EB/OL］.（2021－11－27）［2023－03－14］. http：//www. cac. gov. cn/2021－11/27/c_1639614268104957. htm.

经进入了中国特色社会主义新时代，正朝着建设社会主义现代化强国的第二个百年奋斗目标奋勇前进。习近平总书记指出，"我们比历史上任何时期都更接近中华民族伟大复兴的目标"。但越是在这个时候，我们越需要党的主流媒体更好地凝心聚力，推动国家发展目标的实现。三是互联网传播技术的发展，使得传播渠道更加开放化、传播主体更加多元化，严重冲击了党的声音的发出，需要加快壮大党的主流媒体的力量。当前，在互联网舆论场中，党的主流媒体存在"信息介入的困难""传播效能低下"等突出问题①，亟须通过理念和实践的转变予以深入解决，以切实营造"天朗气清"的网络舆论氛围。中国广播作为我们党的主流媒体类型之一，对于以上三大政治职责，当然责无旁贷，需要其进一步提高政治站位，增强责任感、紧迫感，也是其要采取融合型总体战略，加快壮大主流舆论声音的根本动因所在。

（二）经济动因：广播生存与发展的内在诉求

经济基础决定上层建筑，经济资源是广播的重要生态资源。广播的生存与发展，离不开充足有力的财力支持。但是，我国目前绝大多数广播仍需要通过市场化手段获取资金的支持。一方面，由于互联网从传播影响力、市场和受众等方面进行多维冲击，广播的经营创收能力急剧弱化，带动其经济生态位乃至媒介生态位受到严重挤压。如此下去，广播将难以从市场中获得足够的经济资源，更难以提供必要的投入以满足其转型的资金需要。另一方面，以喜马拉雅、蜻蜓FM为代表的聚合类音频平台，在分享网络经济、数字经济红利的同时，也从内容、广告等各个方面挤压着传统电台的生态空间，使得广播越来越局限于汽车空间，兼之由于智能汽车、物联网、5G技术的快速发展，即便是汽车空间，也越来越受到网络音频平台的挤压；虽然近年来传统电台也加大了网络音频客户端的开发力度，但是由于运营思维的局限性以及投入的严重不足，客户端影响力低下，更难以开展相关的产业运营。因此，应采取融合型总体发展战略，采取更大更快的转型力度，在履行好广播的宣传职责的同时，尽可能维护现存市场，同时开发各种新型节目样态、经营业务形态，实现多元经营，增厚经济基础，否则广播将难以在未来的音频行业生态中占据一席之地。

（三）"窗口"形势：广播转型的战略机遇

世上永远不变的就是变化。回顾改革开放以来我国的传媒发展史，整个行

---

① 乔亮，张婷. 新时代以媒体融合发展推动国家治理现代化研究：学习习近平总书记关于推动媒体融合建设全媒体的重要论述［J］. 社会主义研究，2021（6）：88.

业因时顺势，先后开展了市场化、集团化、融合化改革，目前融合化改革仍在持续推进之中。广播作为我国传媒行业的重要一员，在媒体融合的改革进程中也作出了积极探索，从主动开设广播官方网站到大力使用各类新媒体社交工具再到如今纷纷推出各类新媒体客户端、打造新媒体传播矩阵，广播的改革始终与全国传媒改革大局同频共振。从目前情势来看，传统广播基于内容与经营的改革仍未取得突破性进展，而基于技术、机制的融合创新则进展较快，如全国各广播电台倾力打造的广播融媒体中心、主持人工作室制、融媒体工作室制、品牌融媒体产品建设机制等，并且涌现了诸如"云听""阿基米德 FM""津云""北高峰""大蓝鲸""芒果动听"等具有一定数量规模和影响力广播新媒体品牌。但是，与报纸、电视等相比，广播的转型发展仍未形成较为成功的、可复制的发展模式，广播要想在移动互联网生态中占据更加有利的位置，需要付出进一步的努力，这有很大的创新空间。与此同时，近年来，在数字经济发展的带动下，以"喜马拉雅""蜻蜓 FM""懒人听书"等为代表的一批市场化、商业化客户端聚焦音频市场，在用户深耕上下功夫，在产品、市场拓展上做创新，推动了全国音频市场规模的逐步扩大，在 2021 年已经达到了 220 亿元的体量，远远超过了传统广播的市场规模，并且仍在以年复合增长率超过 50% 的增幅持续扩大。[①] 对此，笔者以为，传统广播在看到网络音频平台在快速挤压其市场的同时，也应当看到音频市场未来发展所能够带给其的巨大空间。如果广播能够在未来把握好音频市场所带来的战略机遇，尽快形成与音频市场对接的生态链接方式，定可有效拓展自身的生存与发展空间。

三、广播融合型总体战略的路径

类型选择与路径适配，是融合型总体战略选择的一体两面。围绕发展战略，可以采用内部发展（新建）、外部发展（并购）和战略联盟三种具体路径；围绕稳定战略，则主要依托于组织自身的资源与力量，保持业务的稳定；围绕收缩战略，同样要从自身角度出发，对内部业务做减法。结合广播传媒的特点，要实施好融合型总体战略，笔者以为，可以采取以下几个基本路径：

（一）聚焦新闻舆论宣传职责，坚持自力更生的内部发展道路

在新媒体环境下，必须坚持党对舆论工作的主动权和主导权，必须坚持

---

① 成都商报红星新闻. 风口之上的广播剧：资本争先恐后，抢滩"耳朵经济" ［EB/OL］. (2021 – 12 – 05）［2023 – 07 – 14］. https：//xw.qq.com/cmsid/20211205A04OWM00.

"党媒姓党"。这是国家一以贯之的政策。也正因如此，2021 年，国家发展改革委和商务部联合发布《市场准入负面清单（2021 年版）》，规定"非公有资本不得从事新闻采编播发业务"；中央网络安全和信息化委员会办公室也公布了最新版的《互联网新闻信息稿源单位名单》。这些文件的出台，对党媒开展新闻舆论宣传工作提供了更加广阔的空间，同时也提出了更高的工作要求。从上述政策更是可知，党媒必须坚持自力更生的内部发展道路，通过政策研究、理念转变和队伍培养等路径提升其在移动传播时代的新闻舆论宣传工作能力。一是要吃透上级政策和民生热点，在传播效果上求实效。当前，传统党媒虽然具有极强的权威性和公信力优势，却仍让公众有敬而远之之感，原因就在于在吃透上级政策和链接民生热点上存在不足，众多党媒对于各级政府的政策往往采取照本宣科的简单传播方式，而未将其与民生热点紧密结合起来，难以做到入脑入心、共情共鸣。因此，必须加强此方面的研究，在上级政策和民生热点中寻找链接点，架起党委政府和人民群众的沟通桥梁。二是要融合听众思维和网络思维，在传播方式上下功夫。网络媒体的出现，使广播的选题、策划、报道方式、话语风格产生了巨大转变。显然，目前的广播新闻并未随之作出多少转变。因此，广播应当特别加大对网络传播规律，尤其是"爆款"新媒体产品的研究力度，通过此类研究，力争打造出"爆款"化、系列化、品牌化的新媒体产品。三是要强化新闻工作队伍的培养，从传播能力上抓建设。人才资源是第一资源。广播要做好新闻舆论宣传，除了要加大资源配置力度以外，最为重要的是人才团队的构建。要通过引进与培养相结合的方式，促使广播新闻队伍聚焦目标收听群体、聚焦目标新媒体用户，以观念的转变、能力的培养带动整体宣传能力的提升。

（二）聚焦内容与技术的融合，采取内外协同发展的基本路径

"内容＋技术＋艺术"，是全媒体传播语境下广播生存与发展的基本方向。在内容建设上，没有脱离技术的内容，也没有脱离内容的技术，只有内容与技术的联系更加紧密，才能生产出更有生命力和活力的广播内容。为此，一是要丰富产品系列，增强融合传播适应能力。要坚持传统端与新媒体端"两条腿"走路、相互支撑的内容建设思路，坚持以品牌化、系列化为牵引，在传统端聚焦品牌影响，维护好广播的社会影响力；积极面向新媒体渠道，依托云计算、大数据等技术手段得到用户分析结果和画像景观，以"小切口、大变化""轻启动、巧操作"为基本思路，打造出系列低成本、高品质的音频产品；将传统端与新媒体端内容打通使用，最大限度争取内容产品的"物尽其用"。二是

要引入战略联盟，助力产品质量的提升。在"四级办"模式之下，全国各级各地广播电台各自为政，地域限制特征明显，而又各有特色。特别是在内容方面，全国广播电台体量巨大，部分电台的内容极具本地特色。因此，全国各广播电台应当进一步用好行业战略联盟这一手段，不仅不应该弱化，还应大力强化，通过建立起更加紧密的内容战略联盟关系，打造高效率的内容交换平台系统，实现此类内容在各电台之间自由流动，不仅可以相互分享收益，还可最大限度降低内容生产与传播成本。三是要引入技术力量，助力产品技术的升级。从目前电台运行机制来看，科层制、官僚制等弊端，带来了效率的低下。其在技术领域的研发和应用同样存在这样的问题。因此，引入市场化的外部技术力量，加快内容与技术的融合，进而逐步内化为内部技术力量，可能是一个较好的选择。

（三）聚焦产业盈利模式创新，采用资本化、市场化整合模式

当前，尽管广播正在遭受互联网在经营生态资源方面的持续挤压，但广播自身仍有极大的经营开拓空间。一是围绕内容经营，深化垂直发展。其中，在新闻宣传内容方面，广播应当通过"新闻＋政务"服务模式的拓展，加强与本地党政部门之间的联系，在坚持正确舆论导向、强化政策与民生热点结合的同时，全面深入了解本地党政部门在新闻宣传方面的需求，提供更有针对性的新闻报道，并深入挖掘党政部门在政务服务方面的线上线下媒体服务需求。在其余内容方面，广播应当坚持垂直发展的思路，将内容品牌建设与产业经营深度捆绑。比如，贵州交通广播的《了不起的年轻人》节目，通过聚焦年轻人的"吃、喝、玩、乐、新奇体验"，结合线下探店活动，以及网红主播"羊羊"品牌的打造，在短短两个月的时间里就实现了全网浏览量 200 万。以此为依托，该节目还积极承接餐饮商家带货和宣传的需求，并积极探索会员制的本土美食联盟。此类案例越来越多。[①] 笔者相信，只要广播在内容与产业结合上精耕细作，坚持垂直发展路径，定然能够培育出更多的经营品牌。二是围绕营销资源，创新市场服务模式。当前，广播的"二次售卖"模式已经式微，无法带来直接销量的广告投放对于广告主的吸引力越来越弱。因此，可以探索将广播及其新媒体矩阵作为引流渠道，通过自建商城或者引入至第三方平台的方式助力宣传，无疑有助于提升广播营销效果，甚至达到推动客户回流的目的。

---

① 毛涵. 用户深耕，融媒体节目运营探索：贵州交通广播《了不起的年轻人》节目案例分享 [J]. 数据广播，2021（5）：29－32.

三是围绕多元开发，发挥资本纽带作用。对于可经营性广播项目，特别是有着较大发展前景的项目，很多电台虽然有着美好的愿望，但是在经营管理理念、人才资金投入、市场拓展上往往存在不足。即便是对于广播新媒体平台的建设，也需要大力引入符合政策规定的国有资本。鉴于此，广播可采取资本化手段，加大与各类资本市场中介和垂直行业生态合作伙伴的合作力度，在保持控制和防控好风险的同时，借助于资本市场的力量特别是风险资本的作用，以及生态合作伙伴在经营管理和市场拓展方面的优势，以最快速度、尽最大可能做大做强项目和发展广播新媒体平台，最终打造出具有一定多元化特征和富有广播特色的规模化产业集群和更有影响力的广播新媒体品牌。

第三节　移动传播时代广播内容生态体系构建研究

移动互联网技术的快速发展和应用普及，对传统广播的内容生态带来了两大转变：一是由互联网内容创业所带来的传播内容的丰富性、同质性、快捷性及媒介消费的便利性，使得传统广播内容的可替代性逐步增强，用户黏性日趋下降；二是传统广播原有的多点撒网、线性传播的内容生态结构在互联网生态语境下面临影响力失效、经营变现失效和成本压力等诸多问题，如果不能因循环境的变化而及时转变，将置传统广播的内容发展、媒体经营乃至整体发展于更加被动的处境。对于媒体发展而言，无论在任何媒介生态语境下，内容为王永远是一条颠扑不破的真理，"优质内容永远是媒体的核心竞争力"[①]。但是，不同媒介生态语境下的"内容为王""优质内容"有着不同的内涵，[②] 移动传播时代的"内容为王"也有其新的意蕴。鉴于此，探讨移动传播时代广播内容新型生态体系的建构，也就有了十分特别的价值和意义。任何事物的演变与发展，均有其内在的逻辑与规律。移动传播时代广播内容新型生态体系的构建，也理应回到其逻辑的原点或起点，即广播作为媒体的功能，以此展开，并基于竞争战略的成本领先、差异化、集中化思维和生态理论的生态链、生态网规律，探讨相应的应然生态体系和实践要点。这也许是当前传统广播从内容层面突破转型困境的可行路径。

---

① 黄诗锦. 界面广东：坚持内容为王，服务粤港澳大湾区［EB/OL］.（2018 – 08 – 01）［2023 – 03 – 14］. https：//www. jiemian. com/article/2354791. html.

② 中国网信网综合. 媒体融合向纵深发展"内容为王"也有新内涵［EB/OL］.（2020 – 07 – 11）［2023 – 03 – 14］. http：//www. cac. gov. cn/2020 – 07/18/c_1596631867952926. htm.

一、移动传播时代广播内容的"四种功能"

传播功能主义理论是传播学理论体系的重要课题之一，涌现出了帕森斯的经济适应功能、政治达标功能、法律整合功能，以及教育、宗教、家庭维模功能"四功能说"，拉斯韦尔的环境监测、建立联系和社会遗产传承"三功能说"，拉扎斯菲尔德与默顿的地位授予功能、强制执行社会规范功能和麻醉负功能"三功能说"等不同学说。[①] 虽然众说纷纭，但概而言之，可以总结为政治功能、文化功能、服务功能、经济功能四种。作为传播的子系统，广播及其内容也同样承载着以上四种功能，这在移动传播时代依然如此，并因新的媒介生态环境而呈现出新的特征。具体如下：

（一）政治功能——广播内容转型的根本宗旨

政治是什么？政治是指"人们以一定的社会经济为基础，围绕特定的利益，依靠社会公共权力来实现特定利益的一种社会关系"[②]。在我国，政治服务于最广大人民的根本利益。中国共产党的领导是历史和人民的选择，代表着最广大人民的根本利益。包括广播在内的所有各级党委政府主管主办的媒体，都必须坚持党的领导，认识到自身强烈的政治属性，积极服务于党委政府中心工作。这即是最大的政治。当前，在互联网的剧烈冲击下，传统广播的舆论影响力正逐步下降，通过融合发展、转型发展扭转这一局面，是广播的根本职责。换而言之，在媒介生态变化的大背景下，广播的政治功能不仅不能被弱化，反而应当得到进一步强化；广播的社会影响力不仅不能任由持续下降，反而应当通过改革而得到有效提升。在此方面，广播有必要通过内容的精准传播来实现这一目标。研究显示，当前我国广播以"车载收听与智能收听为主力"，并且车载收听占据的比例占近60%；[③] 同时，截至2021年11月底，全国机动车保有量已经达到3.93亿辆，是10年前的1.64倍。[④] 车载收听是驾驶员群体的媒介消费常态，此消费群体规模已经极为庞大。集合全国广播的力

---

① 刘海龙. 大众传播理论：范式与流派 [M]. 北京：中国人民大学出版社，2008：148 – 156.

② 陈锐兵. 墨子政治伦理思想的当代价值新探 [D]. 桂林：广西师范大学，2018：7.

③ 梁毓琳，罗剑锋. 用户深耕，打造新型主流媒体：2021年上半年中国广播收听市场扫描 [J]. 中国广播，2021（7）：42 – 47.

④ 中国新闻网. 公安部：全国机动车保有量已达3.93亿辆，为十年前的1.64倍 [EB/OL]. (2021 – 12 – 03) [2023 – 03 – 14]. https：//www. mps. gov. cn/n2255079/n6865805/n7355741/n7355780/c8250433/content. html.

量，以新闻宣传内容生产与传播为依托，做好面向此群体的舆论引导，实现广播的政治功能，其价值不言而喻。

（二）文化功能——广播与生俱来的天然属性

"文化"一词，可谓耳熟能详、家喻户晓，在广义上是指"人类社会历史实践过程中所创造的物质财富和精神财富的总和"，在狭义上体现于思想、艺术、哲学、宗教等意识形态。[①] 广播与文化的结合，形成一种独具特色的听觉文化，可以说从广播诞生以来即有之。比如，在1929年，开办不久的国民政府"中央"广播电台提供包括戏剧和乐曲等广播节目，就是一个例证。[②] 此后，涵盖广播剧、广播音乐节目、相声、评书等各种广播文化节目相继涌现，并在特定历史时期成为当时受众非常重要的精神文化来源，还曾在美国创造了《火星人入侵地球》（《世界大战》）的广播文化奇观。时至今日，无论是在传统电台还是音频客户端平台，此类节目仍是具有较多拥趸的重要听觉文化产品。且以深圳广播电台音乐频率为例，其不仅打造了《鹏城歌飞扬》《民歌味道》《一路飞扬》《音乐下午茶》等传统形态的文化节目，而且创新推出了《快乐反斗星》这样的新形态文化节目。特别是其中的《鹏城歌飞扬》节目，将线上与线下紧密结合，不仅在线上收获了大量听众，还依托深圳"音乐工程"项目，通过线下定期举办原创音乐比赛、各种音乐会等，孕育出包括凤凰传奇、陈楚生、唐跃生、何沐阳等知名音乐人，以及《月亮之上》《丁香花》等多个立足深圳本土、传唱全国的优秀音乐作品，不仅为深圳本土文化注入了更加丰富的内涵，而且有效诠释了广播在彰显文化功能方面的极大魅力。

（三）服务功能——广播亟须强化的重要功能

传统的广播服务功能主要体现于广播社教节目，比如中华人民共和国成立初期广播电台面向广大农民播出的农业知识节目。随着时代的发展，广播服务节目类型不断丰富，涌现出涵盖财经、地产、汽车、美食、旅游、教育、科技等多种主题的广播服务类节目。此类节目依托主持人及其背后团队的专业知识或社会资源整合能力，面向广大听众提供不同领域的知识服务，从而得到了听众的广泛认可。但是，近年来，在移动互联网的剧烈冲击下，广播在服务节目

---

① 何新. 中外文化知识词典 ［M］. 哈尔滨：黑龙江人民出版社，1989.
② 申启武，安治民. 中国广播研究90年 ［M］. 广州：暨南大学出版社，2010：53.

的开发上不仅未有更大的进展，反而有弱化的迹象。事实上，在内容产品供大于求、高度同质化的媒介背景下，强化广播的服务功能，以此打造特色化的优质音频节目，反而是广播突破困境的一条极为重要的途径，并且可以通过服务类节目加大广播的"内容垂直化"改革力度，进而整合产业资源，带动广播经营的持续转型。

（四）经济功能——广播需要破解的重要课题

广播的经济功能的内涵主要有二：其一是广播对于社会经济的服务功能；其二是广播通过服务社会经济为自身创造经营收入、汲取生态营养的功能。当前，由于互联网特别是移动互联网对广播经营生态的深度冲击，使得"内容＋广告"的"二次售卖"变现模式正在经历前所未有的严峻考验，并且难以看到态势扭转的希望，广播的传统广告营销功能、社会经济服务功能走向式微。但是，这并不代表广播已经丧失了其经济功能。一方面，广播的社会影响力虽然有所下降，但是依然存在，依托于内容经营好服务线上广告客户的影响力经济，仍然是广播电台的必要动作；另一方面，正如研究者黄学平所言，"内容垂直化"已经成为广播转型的大势所趋，即"对内容进行细化与深挖，令节目在其所属领域内树立起专业、实用、有内涵的品牌形象"，并以此"将单一节目引申出的用户需求、相关产业到市场状态等各个要素打通，形成自己的专业渠道，在本地下沉"[①]，进而带动相关产业做大做强。由此可见，广播内容仍然对于广播经营有着较好的牵引作用，通过精品内容的垂直化运营，在经营内容的同时思考经营产业，改变过去单一短小的经营生态链条，积极延伸业务的产业链，亦可能是广播实现生态化转型、加快经济功能再造的可能通路。

二、把握"三重思维"，建构"三个体系"

为了更好地展现移动传播时代广播的"四种功能"、推动新型广播内容生态体系构建，就不能仅仅依托过去传统的单一广播思维，亦不能打造单一的内容生态体系，而是应当与移动互联网时代的传播特点相结合，与广播传播规律、互联网传播规律、全媒体传播规律相结合，采取以全媒体思维为统领，全媒体思维与广播思维、网络思维相结合，分别打造线上节目体系、音频节目体

---

① 黄学平. 新广播市场发展特点与经营变革策略［J］. 现代视听，2021（12）：26－30.

系，进而融合互动，形成具有广播特点与音频特点的全新内容生态体系。

（一）把握"广播思维"，建构线上节目体系

通常，我们在探讨广播及其内容转型之时，往往更加关注其"转"的问题，而忽视了基于广播传播规律的"守"的问题。此种思维误区，在一定程度上带来了实践过程中对线上传播的重视不足，影响了以驾车群体为主要目标受众的广播效果的实现，影响了广播传播功能的有效发挥，也违背了广播的传播规律。因此，即便是在移动传播的时代背景下，我们依然需要强调基于线上、线性的"广播思维"，抓好线上节目体系的构建。这种思维的特征主要体现在：一是听觉本位。"广播是声音的艺术，声音是广播最独特的表现手段。无论媒体格局如何变化，声音永远是广播最独特的变现手段"。因此，广播的实践必须"回归声音本位"①。发挥好声音的独特魅力，是广播未来发展必要的坚守。二是感染魅力。声音的有效发挥可以创造独特的感染力。无论是主持人的温情话语，还是音乐的情感飞扬，以及背景音响、音乐的氛围营造，均能带给听众独特的心灵体验，这是其他各类媒介类型所难以达到的高度。三是伴随特性。在声音所营造的特定驾车、看书、劳作、休闲等各类场景下，往往能够让单调的环境变得活跃，进而达到舒缓情绪、安宁人心的效果。把握以上主要特性，以之作为广播思维，构建好线上节目体系，特别是以之服务好车载收听受众，就可以在很大程度上彰显出广播的"四种功能"，让广播在新的媒体生态环境下焕发出勃勃生机。

（二）把握"网络思维"，建构音频节目体系

当前，移动传播已是大势所趋。2019 年 1 月 25 日，习近平总书记在中共中央政治局第十二次集体学习时指出："全媒体不断发展，出现了全程媒体、全息媒体、全员媒体、全效媒体，信息无处不在、无所不及、无人不用。"②在此背景下，推动传统广播与互联网对接，是其发展的题中之义。但是，对于传统广播如何与互联网有效对接，目前并未有可复制、可推广的有效模式，不仅是广播，其余媒体类型也面临同样的问题。目前来看，基于广播自身的资源禀赋和传播规律与特点，推动传统广播与网络音频的对接，辅之以图文、视频

---

① 张彩，曹默. 广播百年看广播学：声音本位与听觉传播规律探索［J］. 现代传播（中国传媒大学学报），2020，42（4）：163.

② 新华社. 习近平：推动媒体融合向纵深发展［EB/OL］.（2019－01－25）［2023－03－14］. https：//baijiahao. baidu. com/s？ id＝1623627024428154480&wfr＝spider&for＝pc.

呈现，相对较为可行，而非彻底模糊不同类型媒介的边界，否则将陷入"东施效颦"和同质化的怪圈。

或者说，在以"广播思维"构建线上节目体系的同时，广播还需以"网络思维"特别是"移动传播思维"构建一个基于非线性的音频节目体系，其中的重要依托为广播新媒体客户端及相关的新媒体官方账号体系。以音频客户端平台蜻蜓FM为例，其内容不仅集纳了传统电台的"直播"，也包括了小说、评书、脱口秀、财经、讲书、文化、情感、相声小品、音乐、科技、汽车、教育、生活外语、戏曲、悬疑剧场等诸多内容，以及面向儿童、母婴等方面的对象化内容，呈现出内容丰富、对象明确、垂直化强等特征，这与传统频率的线上内容生态结构体系明显不同。因此，传统电台应当把握好目前自建音频客户端的大势，充分利用互联网传播的大容量、非线性、便捷性特征，以互联网思维，充分利用包括主持人、播音员在内的各种资源，加快打造出具有强大自主版权能力的综合性或者特色化音频传播平台，以此抢占包括家庭、车联网空间在内的更多移动传播场景。

（三）把握"全媒思维"，建构内容生态体系

"全媒思维"，通常称为"全媒体思维"，是指所有媒介类型在内容、渠道乃至经营上互联互通、深度融合的有机思维，包括了开放共享、充分互动的"互联网思维"，碎片化传播、大数据分析、精准推送的"移动互联网思维"，智能生产、个性传播的"智能化思维"，等等。[①] 就广播内容体系构建而言，全媒体思维涵盖了"广播思维"和"网络思维"，但又高于这两种思维，是它们的进一步融合和提升。在全媒体思维下构建广播内容生态体系，一是要构建全媒体内容IP。要以一体化策划思维，打造出在所有媒介载体上均有较好传播影响力的内容产品，形成较高的品牌知名度。二是要强化线上节目体系和网络音频节目体系的互联互通，要基于二者的传播共性，将线上优质节目内容在网络音频平台呈现，同时将网络音频平台上适合在线上呈现的优质节目内容在线上播出。三是要注重听觉、视觉的综合性呈现。比如，由于广播线上播出的单一听觉符号局限，广播可以以节目或者主持人为纽带，通过在各类互联网媒体平台开设的官方账号和客户端，对不能在频率中呈现的图片、文字、视频以动态集纳的方式，在各类账号和客户端中予以推出，进而实现广播特别的可视化，从而达到增强全媒体传播影响力的效果。

---

① 彭茵，谢方．融合发展的全媒体思维与实践［J］．中国广播电视学刊，2018（1）：54.

三、树立"四大观念"，推进"四套策略"

推进新型广播内容生态体系的构建，其目标在于强化广播的"四种功能"，增强广播的传播影响力，提升广播在新的媒介生态环境下的核心竞争力，势必会带来广播内容产品结构的深刻调整，同时也会影响到广播内部的资源配置模式和成本调控方式。特别是，从竞争战略角度考量，广播通过新型内容生态体系的构建，既要保持成本领先，又要实现差异化，或者集中成本领先、集中差异化，在实践中殊非易事，还需要从可行性角度树立"四大观念"，并以此推进"四套策略"。

（一）树立"用户观念"，推进爆款策略

在"主力军全面挺进主战场"的推进过程中，"对'爆款'产品的研发与创新也已经成为媒体行业竞争的主要关键"①。不仅如此，随着媒体改革的深度推进，追求"爆款"产品的持久化、品牌化、系列化也已经摆在了媒体从业者们的关注点之上。近年来，相比于报纸、电视在"爆款"产品方面的频频出手，广播的作为却相对有限。这是当前广播内容发展需要加快聚焦和破解的课题。毫无疑问，广播"爆款"产品的打造，需要聚焦于新媒体内容生产手段的充分使用，需要聚焦于互联网渠道，甚至需要频率端、客户端和矩阵端的同频共振，但更需要从用户角度进行思考。首先，需要从民生关注的焦点出发。近年来，面对新冠疫情的暴发，公众往往非常关注自身所在城市、地区的疫情动态，一则极短的通报消息，也可能带来超过 10 万、100 万，甚至 1000 万阅读量的传播效果。事实上，涉及医疗、教育、卫生、突发事件等诸多国际国内热点议题，如能与本土受众进行巧妙结合，就有可能打造出"爆款"产品。其次，需要从大数据分析中寻找动能。"爆款"产品的出现，绝非偶然，往往有其内在的规律。当前，借助于大数据分析手段，结合用户调查，能够有效实现对用户的画像，以此探索"爆款"产品生成的内在逻辑，进而可能打造出更多的"爆款"产品。最后，要在内容策划与制作上下功夫。国际国内突发热点往往可遇而不可求，并且媒体之间竞争异常激烈。但是，如果聚焦本土，围绕重大主题或者主动策划主题，进而以互联网的图片、文字、视频的观察视角、话语方式、制作方式、技术手段推出产品，不仅有可能打造"爆

---

① 王喆. 打造"爆款"新媒体产品的技巧分析［J］. 中国地市报人，2021（6）：87.

款"，而且在舆论引导上也能起到积极作用。

（二）树立"精品观念"，推进品牌策略

在广播发展历史上，各电台围绕线上播出，结合各自特点，打造了越来越多的精品节目、品牌节目，产生了深入人心的传播效果。品牌的价值往往超越了广播节目本身的价值，带来更高的社会效益和经济效益。然而，在当前频率资源过剩、广播资源极其有限且媒体竞争日趋激烈的大背景下，广播要想打造更多的品牌节目，显然会力不从心。因此，进一步树立"精品观念"，实施品牌创新策略，将更多的人力、物力、财力投入精品内容、品牌内容上去，强化用户广播媒介使用行为研究，加强节目策划创新，强化节目精细制作，则有可能在"二八"规则、长尾效应之下占据更加有利的生态位置。在精品品牌节目之外，则可以通过技术与运营手段丰富节目内容，降低节目成本。其中，在以技术降本增效方面，我们看到，湖南广电近年来推出的5G智慧电台项目，通过内容与新技术的融合，打造AI技术＋内容＋系统"一套系统集成"，运用语音合成系统＋语音编辑系统"两项技术"，整合私家车＋音乐＋资讯内容"三个套系"，通过AI集成技术实时抓取的天气＋路况＋本地新闻＋本地资讯"四项在地内容"，即可实现"5分钟创办一家电台"①，效率极高、成本极低，得到较快推广和各界肯定，为广播的精品品牌生产争取了必要的空间。而在借助运营手段降本增效方面，全国各电台可进一步加强内容联盟的合作，创新合作方式，让沉淀在台内的资源能够得到更加充分的利用，亦可为更好地开展原创精品生产创造更加有利的条件。

（三）树立"经营观念"，推进垂直策略

与所有媒介类型一样，广播既具有宣传的属性，也具有经济的属性。在新闻内容体系以外，广播的其余所有内容体系均可探索经济属性的开发，积极承接好国家文化发展战略的落地。伴随着"二次售卖"变现模式的逐渐失灵，广播内容生产传播不能仅仅停留于线上环节，而是应当追随"内容垂直化"的大势，从节目的创意策划环节开始，就应当以垂直化的运营思路，实现全链条运营。比如，广播电台的交通广播本身具有较好的垂直运营基础和基因，在聚合用户、维护用户的同时，应当进一步深耕用户，向下围绕汽车购买、汽车

---

① 张晓宝. 先行先导的湖南5G智慧电台，未来前景是怎样的？［EB/OL］．（2020 - 11 - 25）［2023 - 03 - 14］. http：//www.dvbcn.com/p/118509.html.

维修、会员服务、优惠获取等多元产业拓展。① 如此推而广之，不仅有助于广播节目内容、形态、样式的极大丰富，也将带动广播产业经营的转型。

（四）树立"引流观念"，推进一体策略

"引流观念"中的"流"即为"流量"。所谓"流量"，是指"一定时间内浏览某网站的用户数量及用户停留时间"，本质意涵为用户的注意力，是"互联网产业的底层与核心发展逻辑"。② 诚然，"流量至上"极不可取，但是忽视"流量"则无法生存。从某种意义上说，广播的内容生产与传播，也是在为了获取"流量"。但是，由于广播的线上引流效果不佳，有必要通过广播的内容生态体系一体化构建实现流量的增长。一是要通过线上节目为新媒体端引流。广播主持人可以在线上节目中，有意识地为所在电台的自办新媒体客户端和频率、节目或主持人的新媒体官方账号进行引流，通过介绍新媒体渠道更加丰富的音频、视频、图文内容，吸引用户流向其新媒体渠道。二是要通过新媒体端为线上节目引流。可以通过在各新媒体平台推广介绍线上节目内容，将新媒体端的增量用户引向线上，提升线上收听率。三是要通过线上和新媒体渠道为广播产业经营引流。在确保商品品质的前提下，积极通过上述渠道，向用户推介相关产品，以此带来广播创收的增长。

第四节　移动传播时代广播新型经营生态体系构建

移动互联网的发展，给传统广播带来的不仅仅是舆论生态、影响力格局的变迁，也带来了广播经营生态的变化。这种变化，不仅仅是对广播传统的"内容＋广告"二次售卖变现模式的冲击，还对广播经营的思维模式、经营业态产生了深刻的影响。所谓"物竞天择，适者生存"，移动传播时代的广播要想在新的媒介经营生态格局中占据一席之地，就必须以有力的经营举措，守住本应属于自己的经营生态位，并积极在新的媒介经营生态中抢占更宽更广的生态位。近年来，面对网络新媒体特别是移动新媒体的剧烈冲击，全国多数广播电台在经营创收上一路下滑，在经营创新上艰难突破，有的甚至束手无策、萎靡不振。但是，也有部分广播电台积极应对并且实现了逆势增长。其中的原

---

① 黄学平. 新广播市场发展特点与经营变革策略［J］. 现代视听，2021（12）：26－30.
② 胡泳，李雪娇. 反思"流量至上"：互联网内容产业的变化、悖论与风险［J］. 中国编辑，2021（11）：29.

因，正如相关研究者所指出，主要在于其站在更高的视野，在危机中把握机遇，主动整合各类资源，打破传统的广播经营模式，跨越传统的广播经营边界，"把广播经营变成经营广播"，由此探索出了新的路径、焕发出了新的活力。① 当前，虽然广播新的经营模式尚未定型，但是通过对包括江苏广播电台、河北广播电台、佛山广播电台以及蜻蜓 FM 等移动互联网音频平台的创新经营实践，我们仍然可以初步勾勒出移动互联网时代广播新型经营生态体系构建的基本图谱和较为可能的实现路径。

一、强化整合营销，创新客户服务模式

所谓"整合营销"，是指"运用多种途径、多种手段、多种产品的营销策略的组合，它可以将设计、生产、推广、销售及广告等产品的全部信息通过网络媒体和平面媒体等方式结合在一起进行营销推广"②。当前，面对"内容 + 广告"广播媒体资源经营模式的式微，广播电台极有必要进一步增强整合营销意识，从客户角度出发，将客户营销需求与广播所能够提供的营销服务紧密结合，通过深入企业营销的内部，深刻把握客户市场营销的痛点、难点与堵点，从而创新客户服务模式，在更好地服务客户过程中实现互利共赢。

（一）深化全案式营销，设计多样化服务产品

全案式营销强调进行"创意策划 + 全媒体整合传播 + 活动执行 + 效果评估"多种方式相结合的全媒体、一站式营销。③ 换言之，就是广播电台不能再仅仅依赖于过去"内容 + 广告"的经营方式，而是要在经营好"内容 + 广告"现有模式的同时，将线上广告与线下活动、频率广告播出与新媒体营销呈现、营销创意策划与营销落地执行等方式紧密结合起来，增强广播电台的客户服务功能。比如，为了服务好汽车行业客户，上海广播电台就策划了上海车展项目，通过以其交通广播为主体，联动台内频率资源和黄金时段，形成传播声势，最后不仅促进了参展客户的销售量提升，而且为广播电台创造了一年高达2000 万元的收入。④ 事实上，这种方式目前在各广播电台已经运用得比较成

---

① 丁素云．城市电台逆势上扬的经营之道：以佛山人民广播电台为例［J］．新闻战线，2019（17）：92.

② 覃素香．文化创意产业营销战略构建探析［J］．当代经济，2018（1）：73.

③ 李鸣．报业转型期党报全案营销模式探析：以大众日报为例［J］．青年记者，2018（35）：93.

④ 王春美．业态变革下广播广告经营的创新［J］．青年记者，2019（33）：76.

熟，不少广播电台甚至融入了新媒体营销元素，应当进一步纵深开掘。由此，广播电台可以形成线上新媒体＋各种线下活动的增值服务模式，形成各种营销服务产品包，以供客户选择，增强吸引力。

（二）聚焦个性化营销，提供针对性服务产品

个性化营销要求"量体裁衣式地为顾客制定其所需要的合适产品或服务"①。当前，随着我国经济不断向前发展，商品供给已经由供给不足向供给过剩转变。为了在市场竞争中赢得主动的地位，不少企业更加注重自身的品牌差异度、顾客识别度等的塑造；同时，不少企业也纷纷向市场细分领域发展，通过差异化的产品或服务赢得生存的空间。因此，不同的企业对市场营销服务的需求往往各有不同。有的企业希望能够通过广播电台的营销服务实现整体品牌影响力的不断提升，有的企业希望能够通过广播电台的营销服务增强自身的差异化品牌识别度，有的企业希望能够通过广播电台的营销服务直接拉动自身的产品或服务的销售；有的企业希望广播电台仅仅提供线上广告播出服务；有的企业则希望广播电台能够提供从营销创意到落地执行的全链条和环节的服务。因此，广播电台不能再简单地以单一营销服务方式面向市场，而是应当根据不同客户的特定需求，打造个性化服务方案，以此赢得客户的信赖。近年来，已有部分广播电台开始成立大客户服务中心或者大客户服务部，进一步整合媒体资源，为其提供个性化、全案式服务，可以说是广播电台主动适应市场形势发展的较好现象。

（三）推出共享化方案，展现风险共担的诚意

传统的广播广告经营，从本质上说，既是影响力经济，也是中介经济。但是在媒体格局变迁和市场竞争加剧的大背景下，越来越多的企业更加注重市场营销所带来的实际效果，即经济效益，并根据此种营销效果调整自身的营销策略。近年来，大量企业纷纷加大营销渠道向互联网端转移的步伐，即为一个很好的例证。因此，广播电台应当从企业客户关注的效果点出发，摆脱坐收广告进账的盈利模式，推出共享化方案，在与客户风险共担中展现自身的合作诚意。比如，可以与企业客户约定，采用销售提成方式，设定相应指标，在企业投放广播营销服务后的时间段内，如其收入提升到不同的比例，广播电台可从

---

① 陆雄文．管理学大辞典［M］．上海：上海辞书出版社，2013：12.

中分取相应的提成;① 又比如,对于经营规范、具有较好发展前景的企业客户,广播电台在建立科学项目评估机制和风险防控机制的基础上,甚至可与企业达成战略合作协议,以广播营销服务折算出相应资本的方式,作为入股资金,投入企业运营,助力企业做大做强,并在后续分享企业发展的红利,获取更高的风险资本收益。

二、实施多元开发,打造经营生态体系

改革开放以来,伴随着技术与生存环境的不断演进迭代,我国广播经历了从单一的广告经营向版权购销、广播购物甚至资本运作等多元化产业发展方向的转变。② 但时至今日,多数广播多元经营项目并未真正实现做大做强,有的甚至仅是昙花一现。因此,探讨移动传播时代的广播多元开发和经营生态体系构建,真正推动广播经营转向经营广播,仍然具有极强的理论价值和实践意义。根据当前移动传播的时代特点和行业典型案例观察,从深层次做好产业垂直开发,拓展音频付费、MCN 等多元化盈利模式,仍然可以视为一条较为可行的路径。

(一) 抓牢产业垂直开发,在经营深度上下功夫

借助于当前线上播出和新媒体引流的模式,对广播媒体资源进行深层次开发,有利于深挖广播经济价值,破解二次售卖的"囚徒困境"。在此,需要推动两个方面的转变:一是要推动从"听众思维"向"用户思维"的转变。传统的听众思维主要是一种线上思维,即广播电台制作播出优质的节目内容产品,以此获得较好的受众影响力,量化后的衡量指标即为收听率。只要收听率高,广播电台就获得了成功。而用户思维更加强调对用户的维护,并通过此种维护实现经济变现,打造诸如粉丝经济、会员经济、用户购买经济等。二是要推动从"全面思维"向"重点思维"的转变。全面思维更加强调在广播各频率播出的各个时段,都能打造出有影响力的内容产品,而重点思维则强调要在确保履行好广播的新闻宣传职责的同时,更加注重对重点项目的培育,即广播电台通过对有产业开发前景的重点项目,集线上节目、新媒体推广、线下活动、直接销售等于一体,建立一个立体化的产业经营体系,以此建构经营的深

① 王小海."互联网+"时代传统广播的融合发展与经营模式探索:以"喜马拉雅 FM"耳朵经济为例 [J]. 贺州学院学报,2021,37 (2):117.
② 王春美,黄升民. 我国广播多元化经营的演进轨迹与内在逻辑 [J]. 编辑之友,2019 (1):42.

度。比如，佛山广播电台围绕"顺德美食"这样一个特色化、区域化的文化品牌，推出"寻味顺德""厨神驾到""好味到镇"等系列内容，并将线上节目与多媒体渠道展示相结合，叠加丰富多彩的地面活动，实现"相互引流"，最终聚集了一批忠实粉丝，还吸引了一批美食行业的相关客户，实现了较好的经济效益。① 除此之外，广播在汽车行业、家装行业、教育行业等多个行业都有可以深耕的空间。各广播电台可以结合广播自身与各行各业结合的特点，以及区域经济社会文化特点，选取 3 ~ 5 个行业进行垂直深耕，相信这样一定能够在垂直经营上取得更大的突破。需要注意的是，广播电台的垂直经营必须保持强烈的经营战略定力，将精力和资源重点投入几个重点行业，最多不能超过10 个行业，以避免陷入全面开花、浅尝辄止的怪圈，否则难以取得较好成效。

（二）打造音频付费模式，在经营强度上见实效

在传统免费收听模式下，音频付费虽然能够实现广播内容产品的直接变现，但是要实现这"惊险一跃"并不是一件容易之事。研究调查数据显示，有高达 63% 的用户表示不会为在线内容付费。② 尽管如此，伴随着音频产业的不断向前发展和用户付费媒介消费习惯的逐步培养，在以蜻蜓 FM、喜马拉雅为代表的一批音频传播平台的推动下，音频付费产业规模也正呈逐步扩大的良好势头，这给本身就具有音频制作优势的广播电台的经营创新提供了新的空间。音频付费模式的关键在于其内容的高价值性和稀缺性，是广播以内容突破经营的强度体现。其中的高价值性，主要体现于用户从音频消费中获得了较高的物质收益或精神收益，比如通过对音频产品的使用，实现了自身技能变现能力提升的作用，或者通过诸如有声书等的消费，获得了很好的知识或精神享受的作用。这也是近年来"知识付费"盛行的原因之一。而稀缺性则是指此种付费音频产品具有一般免费节目所不可比拟的品质优势，如特别的主持人、专家学者等传播人，先进的知识或者理念，更加独特的声音魅力，等等。比如，蔡康永的《蔡康永的 201 堂情商课》、马东的《好好说话》等即具备上述关键要素的成功产品。③ 广播电台需要掌握背后相关的稀缺资源，才能打造出稀缺的音频付费内容产品。借助于音频付费模式，广播电台不仅还可以拓展高素质

① 丁素云. 城市电台逆势上扬的经营之道：以佛山人民广播电台为例 [J]. 新闻战线，2019（17）：92 – 93.

② 李武，胡泊. 声音的传播魅力：基于音频知识付费情境的实证研究 [J] 新闻大学，2020（12）：53.

③ 王小海. "互联网 +"时代传统广播的融合发展与经营模式探索：以"喜马拉雅 FM"耳朵经济为例 [J]. 贺州学院学报，2021，37（2）：118.

"会员圈"，还能在相关硬件产品、售书活动中获取延伸收益，如果能够强力突破，其内在的价值极为丰厚。

（三）形塑广播 MCN 品牌，在经营效度上求突破

MCN 是近年来伴随着互联网传输技术、制作技术的发展与外部经济形态的转变而出现的一种营销新形态。尽管当前 MCN 行业发展乱象丛生，但其商业价值却依然存在。广播因其声音传播的独特魅力，通过与 MCN 的有效嫁接，当有一片广阔的发展天地。广播电台可充分利用自身的闲余时段，开设一定数量和规模的音频 MCN 节目甚至专属频率，借助于主持人在直播方面的娴熟技能，打造系列音频 MCN 品牌。同时，要将音频 MCN 品牌与视频 MCN 品牌相结合，推动各传播平台的相互引流，快速提升广播 MCN 的传播影响。比如，佛山广播电台与"快手"平台合作，成立"快手佛山创新发展中心"，开展电商直播合作，为其转型提供了更多的可能。[①] 此外，要建立权威扎实的供应商和售卖渠道体系。广播电台本身具有党媒的公信力背书，在 MCN 经营中具有先天的优势，但是此种背书如无合规优质的商品作为保障，不仅无法发挥先天的公信力优势，反而会损害此种优势，影响广播 MCN 的发展。因此，在采取各种方式广泛搜集产品和供应商的同时，还需要严格制定产品与供应商的标准，以此作为广播 MCN 发展的有效支撑。在此基础上，广播电台可将线上节目与各大电商平台、自建网上商城和线下体验店相结合，打造多元化、便捷化售卖场景。在此方面，广播电台可利用目前的广播与电视集团化经营的特点，与电视 MCN 共享产品资源、供应商资源和售卖平台资源，以最大化节约运营成本。

三、抓好资本运作，壮大市场运营主体

资本运作是企业"通过资本流动、兼并、重组、转让、租赁、交易、参股、控股等各种运作，实现企业资产和生产要素的优化配置以及产权结构、产业结构的动态调整"，"实现资本增值最大化"目的的扩张与经营方式。[②] 资本运作是企业做大做强的重要依托，在当前科技、经济、市场快速变化的大背景下尤其具有重大的价值和作用。对于迫切需要加快经营转型的广播而言，借助

---

① 曾岑，刘涛 . 广播的 MCN 转型：以佛山电台为例［J］. 青年记者，2021（12）：85.
② 林秀 . 广播媒体资本运作的必要性及其路径选择［J］. 中国广播，2010（4）：32.

于资本运作手段，可以为其壮大市场运营主体提供可行的路径。

（一）规范经营主体管理，树立市场主体地位

根据公司治理理论，企业制度在经历 400 多年的发展后，已经从最初的业主制企业、合伙制企业向现代的公司制企业的方向发展，出现了有限责任公司和股份有限公司两种主要类型。[①] 无论是有限责任公司还是股份有限公司，均要求以独立的市场法人地位运行，有董事会、监事会、管理层等组织治理架构且各机构应按照法律法规要求切实履行相应职责，如形成健全的规章制度、定期召开相关会议、严格审计管理内部财务等。当前，我国不少广播电台虽然都成立了各自的产业经营公司，但是其内部治理架构极不规范。比如，董事会成员往往由电台相关总监或者副总监兼任，履行公司职责不够充分，有的公司甚至多年不曾召开董事会，更遑论监事会作用的发挥。企业发展规律表明，要真正树立企业的市场主体地位，就必须规范经营主体的管理，这是迈向资本市场、进行资本运作的首要前提之一。

（二）推动盈利模式成长，增强市场竞争能力

当前，各广播电台下属公司的盈利模式主要仍是各频率的盈利模式，即以线上广告为主和部分线下活动为辅的盈利模式。事实证明此种盈利模式在现实环境中已经较为陈旧。因此，应当按照多元化、生态化的布局方式，进一步形成以线上广告、线下活动、音频付费、广播 MCN 等在内的结构清晰而又相互支撑的，更具活力的盈利模式。同时，要加快推进传统经营业务之外新业务的营收与利润规模的增长，如此方能形成一定的规模，实现市场竞争能力的显著提升。特别是在内容垂直化经营的广播发展趋势下，选取合宜的盈利方式给予文化生产充足的支持。

（三）瞄准上市发展目标，阶段引入各类资本

当前，尽管国家发展和改革委员会、商务部发布的《市场准入负面清单（2021 年版）》规定"非公有资本不得从事新闻采编播发业务"，但是此限制仅针对新闻采编播发业务，对于此项业务以外的经营业务却并未施加相关的限制。因此，广播电台基于产业经营的资本运作，仍然有着极为广泛的空间，广

---

① 中国注册会计师协会. 公司战略与风险管理 ［M］. 北京：中国财政经济出版社，2021：317-319.

播电台仍可基于其各类经营业务的市场主体，加快推动成熟的产业经营项目发展，并将其纳入一个市场主体之中，进而整合发力，面向国有资本乃至民营资本争取融资，特别是风险投资。同时，资本运作的手段和方式往往与企业的业务发展阶段紧密联系。为了加快推进广播电台下属公司经营业务的转型发展，可以在当前阶段针对新型广播经营业务正处于导入期和成长期的发展特点，积极引入各类风险资本特别是国有风险资本（由于广播经营往往与广播内容紧密相连，引入国有资本的风险相比于引入其他资本而言较小），争取尽快做大业务，抢占市场份额，提高经营收入；待业务趋于成熟后，逐步减少权益资本的比例，增加债务资本的比重，并围绕上市目标，争取公司上市，进一步实现公司规范运营、稳定盈利模式和获取更加多样化、便捷化的融资渠道。

第五节　移动传播时代广播职能战略转型

所谓职能战略，主要是指组织配置内部资源为各级战略服务并提高组织效率的战略，包括市场营销战略、研究与开发战略、生产运营战略、采购战略、人力资源战略、财务战略等①，是组织三大战略层次的重要层次之一。职能战略虽然需随总体战略、业务单位战略两大层级的变化而变化，但一经制定，则有其内在稳定性，并常以组织的运行机制方式而存在，以此形成组织发展的制度导向。移动传播时代要求广播的内容生态、经营生态必须加快转型的步伐。与之配套，广播的各项职能业务也必须进行同频变革，即广播需在其职能战略方面做出深刻的调整，以更好地推动各类人、财、物资源向总体战略目标方向汇聚和使用。然而，一直以来，全国各广播电台虽然有组织管理、职能分工，却无明确的职能战略意识、规划和实施，盲目照搬照抄政府的职能管理模式，因此影响了其运转效率，更影响了其业务的发展与转型。因此，引入职能战略的观念和知识，将其作为链接内容生态、经营生态的重要纽带，推动电台各要素形成更加紧密、高效的整合机制，对于当前正处于加速变革时期的广播而言，具有非常重要的价值和意义。鉴于职能战略与运行机制的密切关系，本节将各细分职能战略与机制建设密切结合，将普遍性的职能战略与广播发展规律特点相结合，紧紧抓住"业务创新""效益提升""生态转型"三个关键词，从研发生产机制、目标激励机制、人才培育机制三个面向，对移动传播时代广

---

① 中国注册会计师协会. 公司战略与风险管理［M］. 北京：中国财政经济出版社，2021：8.

播职能战略转型进行深入探讨。

一、聚焦业务创新，建构全新研发生产机制

产品、营销与管理三大要素构成了企业的核心。其中，产品包括了产品研发与生产，是企业的活力之源。对于广播电台而言，同样也需要树立强烈的产品意识，特别是在移动传播时代，更需要强化此种意识。

（一）建构研发引领职能，激活业务创新体系

研发分为产品研究（即新产品开发）和流程研究两种类型，因需求拉动与技术推动而生，能够有效强化企业的成本领先战略或者差异化战略，能够推进价值链的强化，也能够推进产品创新。[1] 无论是企业的创新引领型定位，还是创新模仿型定位，还是成功产品的低成本生产型定位，均需要强有力的研发战略支撑。当前，全国各广播电台的研发职能极为薄弱，有的电台虽然设立了研发部门，但是多以务虚为主，侧重于宏观的形势分析，缺乏职能的下沉；有的电台甚至并无专门的研发部门，相关的职能主要由具体业务单元承担，由此陷入了思维的局限，往往在既有的业务模式、节目模式下兜兜转转，无法取得较大的整体性突破。因此，建构较为完善的研发职能，是激活广播电台业务创新体系，进而实现创新引领的首要环节和关键所在。结合研发职能理论及广播自身的特点，笔者以为，应当从三个方面建构这一职能：一是成立专门研发部门，配置相应人员及资源，让研发的职能工作能够得以实际运转；二是明确工作职责，重点聚焦于内容产品、经营项目或者融合内容产品与经营项目的创新，推动电台各类业务特别是重点品牌打造业务的转型升级或迭代更新；三是配套管理机制，规范研发部门的运作流程、与具体业务部门的分工和联动机制以及考核奖惩机制，最大限度激发内部研发创新工作的活力。

（二）用活广播工作室机制，深挖业务单元潜力

随着广播改革的持续深入推进，广播工作室机制已经逐渐替代过去的科层制运营模式，取得了较好的效果，通过了实践的检验。该机制主要聚焦于责权的分配，主要呈现三大特点：一是扁平管理，一般由电台内部管理层直接领

---

① 中国注册会计师协会. 公司战略与风险管理 [M]. 北京：中国财政经济出版社，2021：190-193.

导。二是灵活自由，工作室负责人往往享有较大的自主权，在业务细节及人、财、物的调配上有较大的自主性。三是激励高效，能够极大调动工作室团队的积极性。比如，河北广播电台对于其交通广播旗下的"郑毅汽车工作室"，通过电台领导与工作室负责人签订目标责任书，由电台为工作室提供启动资金，工作室实现收益的 30% 用于激励工作室人员、30% 留作工作室发展基金、40% 上交电台。① 在此种模式下，工作室团队不仅在内容创新上颇为积极，更在产业开发上实现了多领域、多层次的拓展。当前，随着媒体融合不断向纵深发展，传统的广播工作室已经开始逐步向具有广播特色的全媒体工作室转变，通过与新媒体的进一步结合，焕发出了更大的生机。但是，当前的工作室机制亦存在自身的问题，即该机制容易使具体业务单元陷入小而全的发展弊端，管理、产品、营销、线下、财务、行政等各种职能集于一身，往往让工作室陷入琐碎事务之中，难以集中精力于重要的业务创新。因此，用活工作室机制，广播电台还必须在尊重工作室的自由性、独立性的同时，通过诸如内部服务购买的机制化方式，以专门的行政团队、营销团队、线下活动执行团队为支撑，为工作室在职能管理、线下活动落地执行、市场营销等方面赋能，形成内部专业分工、互为支撑的产业链条体系，以降低成本、提高效率、增强效益。

（三）完善市场化主体培育机制，推动产业做大做强

当前，各类广播工作室愈来愈多，比如汽车工作室、地产家居工作室、音乐工作室等，但是总量仍然不足，甚至仍然是一种边缘化的运营机制，广播频率仍多以时段划分其播出版面。因此，一方面，各广播电台应当有意识地根据广播的传播特点、地域特点，培育更多的工作室，打造工作室品牌，进而带动节目品牌、主持人品牌、产业品牌的发展，形成项目化的垂直经营体系；另一方面，正如研究者所言，"广播工作室模式是传统广播媒体现行运行机制下自创的一种'过渡模式'"，"最终将走向融媒体时代背景下的节目市场化、节目产品化的生产之路"。因此，除新闻节目之外，广播电台最终应将工作室向市场化主体方向推进，由广播电台以工作室机制培育产业经营项目，实行优胜劣汰机制，定期淘汰无发展前景的工作室或项目，而在发展较好的工作室或项目基本成熟时，将其注入公司市场化主体，并反向与广播电台建立市场化关系，集合多个有市场生存能力的项目，增强市场化主体的经营创收与盈利能力，最

---

① 郑毅. 论融媒体背景下广播工作室运行机制的创新：以河北交通广播"郑毅汽车工作室"为例［J］. 中国广播，2017（5）：25－28.

终最大做强各广播电台的特色经营产业。

二、聚力效益提升，打造先进目标激励机制

广播职能战略最根本的任务是要服务好广播转型的总体战略和目标，要较好地体现于各广播电台社会效益与经济效益的双提升。这就要求各广播电台务必要坚持以目标为导向，制定出各个阶段的转型发展阶段性目标，并配套相应的目标激励机制，形成目标激励体系，并动态剖析目标实现程度，及时矫正偏差，形成更具活力的激励制度体系。

（一）坚持重点激励与整体激励相结合，全面激发内部发展动能

马克思主义辩证法理论认为，在事物发展的诸多矛盾中，要善于抓住主要矛盾，并在解决主要矛盾过程中推动事物更好地发展。对于转型中的各广播电台而言，主要矛盾即为党和政府对新闻宣传工作的较高要求与广播电台传播影响力持续下降的矛盾，以及广播电台转型发展需要较为丰富的财力支持与广播电台自身经营创收能力持续下滑的矛盾。围绕于此，广播电台应当聚焦于融合传播能力提升和产业经营能力增强两个方面，聚焦于全媒体新闻品牌打造和关键经营项目打造两个重点，加大激励力度，对相关的团队予以重奖，甚至可以使用一项目一激励政策的方式，最大限度激发各业务团队的拼搏动力。但是，注重重点激励并非要放弃其余业务的发展。"木桶理论""十个指头弹钢琴"等形象性理论或说法均告诉我们，要主动协调发展。研发创新理论也提出，研发的创新，不仅仅是产品的创新，也包括了流程的创新。因此，围绕行政、人力、财务、营销、采购等各类支撑性活动，以及广播电台运营的关键环节，仍然需要有力度的激励举措，比如可以通过设立"管理创新奖""管理效益奖""流程优化奖""成本管控奖""营销创新奖"等各类奖项，最大限度调动各类职能人员的工作积极性，从而与内容、节目运营团队协同发力，最终推动内部活力、动能的全面提升。

（二）坚持硬性激励与软性激励相结合，建构完善内部激励体系

有研究者指出："由于人才必然存在差异，因此仅采用单一的激励方式，实际上是不能保障激励效果的。"① 将硬性激励与软性激励相结合，形成相对

---

① 肖丽梅. 广播电视台人力资源管理激励机制的构建初探［J］. 就业与保障，2021（8）：177－178.

完善的内部激励体系，对于丰富广播电台内部激励方式，可以发挥出较好的作用。其中，在硬性激励方面，一是要形成公平、科学、合理的薪酬管理体系，对台内所有员工，最好能够提供高于社会平均水平的基本薪酬保障，以此吸纳优秀人才的加盟，在此基础上，通过"以岗定薪"的基本原则，严格评估各岗位的价值，推出不同的薪酬配置，让岗位价值高者多得，同时保持其基本薪酬随工龄增加能够得到逐步增长，增强其归属感；二是要在基本薪酬体系基础上，实行多元化的激励薪酬体系，比如通过超产奖励、创新即时奖励、利润分享计划、公司化运营主体股权激励等各种方式，让员工能够获得实实在在的努力回报。在软性激励方面，可以设置各类系列化的荣耀奖励，并通过内部展示、外部推广等各种方式，让员工能够增强自身荣誉感。

（三）坚持正向激励与负向惩处相结合，严格确保内部管理刚性

前述激励，多为一种正向激励，在广播电台激励体系中往往发挥着主要的作用。但是，正所谓"无规矩不成方圆"，保持足够力度的负向惩处，对于广播电台转型发展也具有非常重要的意义。一是要划定员工管理的基本底线，对于迟到早退、经常旷工、工作效能与业绩低下的员工，应当实行必要的淘汰机制，以此腾出资源，吸纳优秀员工的加入。二是要保持考核的刚性，对于业务单元、项目团队、岗位，特别是对于内容团队或者经营项目团队，应当设定相应的量化考核指标，并定期予以评估。通过此种评估，可以及时发现已无发展前景的内容或经营项目，以此为依据，及时开发新的项目，并将人财物资源向更具发展前景的项目转移，实现内部资源的优化配置和合理利用。三是要建构完善的创新包容机制。有研究者指出，在广播电视人力资源管理过程中，"应尽可能避免使用负强化，以免导致员工在受到激励的同时，感受到过强的压力"[①]。笔者以为，负向惩处仅可在相关人员或团队真正触及考核底线时方可使用，但对于具有创新性质的工作，则应当建立起较为规范的容错机制，给予效益较好的项目以喘息的机会，给予创新却遭受损失但尽了努力的团队以宽容处理，以避免"鞭打快牛"或者创新受挫。

---

① 肖丽梅. 广播电视台人力资源管理激励机制的构建初探［J］. 就业与保障, 2021（8）: 177 – 178.

三、专注生态转型，形塑特色人才培育机制

习近平总书记指出："发展是第一要务，人才是第一资源，创新是第一动力。"① 对于当前正处于生态转型过程中的我国广播电台而言，由于面临着繁重转型任务与现有人员思维传统、知识与技能老化等矛盾，更需将人才培育工作摆在更加突出和显要的位置，作为根本的抓手，将广播人才特点与转型人才需求相结合，加快建立新的人才培育机制，打造一支独具广播特色的、具有较强移动传播适应性的人才队伍。

（一）建立人才流动机制，在人员流动中滋养内部活力

所谓"流水不腐，户枢不蠹"，与之同理，对于人才的培育，也只有在流动中方能提升人才的整体质量。一是要加强基层人员流动。重点是要建立起末位淘汰机制，通过此机制，淘汰一定比例的员工，并结合实际情况，推动员工队伍的更新，吸纳新鲜而又优质的血液注入。特别是，要吸纳年轻大学生群体加入，以年轻人的鲜活视野，带动整体业务发展的活力。二是要加强中层人员的轮岗。当前，许多广播电台的中层干部在一个岗位的工作时间往往过长，视野往往容易受限，工作动力容易下降，不少电台甚至已经开始出现中层干部老龄化的问题，这对于广播电台的业务创新产生了不利影响。因此，应当加强中层干部队伍的轮岗交流机制建设，规定一定年限，要求超出岗位年限的中层干部必须轮岗交流，以激发该团队的活力，并在多岗位工作中开拓其视野。三是要健全人才晋升机制，推动人才快速成长。目前，多数广播电台内部的科层氛围仍然较为浓厚，不少员工仍然依靠熬年限、熬资历得以晋升。因此，应当打破这一限制，推动有管理才能、内容创新才能、经营才能的干部，特别是年轻干部，能够通过或管理职位晋升或专业渠道晋升的方式担起重任，为广播的转型发展注入更加充沛而又强劲的动力。

（二）创新人才培训机制，在培养新知中增强转型能力

人才培训是做好人才培育工作的重要一环，有利于最大限度盘活广播电台内部资源。为了加快推动人才队伍的成长，广播电台在针对基础性业务编写培

---

① 央广网. 习近平：发展是第一要务，人才是第一资源，创新是第一动力 [EB/OL]. (2018 - 03 - 07) [2022 - 03 - 05]. https：//baijiahao. baidu. com/s？ id = 1594282119072800142&wfr = spider&for = pc.

训教材并开展定期培训以外，重点要抓好三类培训机制的建设：一是要抓好向先进同行学习的机制建设。我国广播行业有着友好交流的优良传统，相互之间的学习、交流、考察已经是一种常态。各广播电台可充分利用此种友善的台际关系，针对行业内的先进理念、优秀做法、工作经验，邀请兄弟台的相关负责人前来授课讲座，为自身员工系统介绍相关知识。二是要抓好向有影响力的社会新媒体学习的机制建设。相比于先进同行，各有影响力的新媒体平台及新媒体"大V"，往往对移动传播的规律与具体操作办法更有经验。邀请此类专业人士为自身员工进行培训，往往有助于员工汲取直接的移动传播经验。三是要抓好内部"师傅带徒弟"培训机制的建设。坚持从实践中来，到实践中去的工作原则，通过业务骨干的"传帮带"方式，可以实现随时随地的人才培养，带动相关员工业务水平的快速提升，形成较为健全的业务梯队。

（三）建立团队竞争机制，在优胜劣汰中培育优质项目

人才团队的培养，归根结底要体现在广播电台社会效益与经济效益的提升。围绕团队建设，建立"赛马"竞争机制，可能有助于电台优质项目的培育。比如，电台可形成这样一种机制：在每年的年底或者下一年年初，面向台内所有团队征集内容创新、产业创新或者复合创新项目，并经过较有效率的规范性评选后，由相应的团队负责落地执行，然后在每年年末进行效果评估。对于发展较好的项目，持续推进其更加成熟乃至产业化；对于发展效果较差的项目，分析其中存在的原因，评估其是否具备向好转变的可能，如无可能，则将该项目予以淘汰，并通过项目创新机制挖掘新的项目。在此过程中，尽管有部分项目最终会走向失败，广播电台也可能为此承担资源浪费成本和机会成本，但亦可逐步培育出成功项目，为广播电台转型发展带来更多的可能。

第四章　战略实施——移动传播时代广播生态化发展的系统重组

随着互联网技术的高速发展，数字化的方式已经深度嵌入我们的日常生活中。技术民主和话语表达权在这个时代都得到了前所未有的实现。在以言行事的自媒体时代，话语权力的关系已经不是一种自上而下的规训或者自下而上的围观。人人都有麦克风，都可以表达且被聆听，传者和受者间信息的置换更加频繁。而网络的集聚效应可以迅速形成足以与主流媒体抗衡的舆论力量，使得网络空间的权利总处于动态的、不稳定的状态。主流媒体也正因此面临着前所未有的挑战。传统主流媒体需更新原有结构，创新话语方式和传播形态，以应对自媒体浪潮的冲击和信息生态的改变。广播作为传统媒体中的重要一员，也应从战略层面，取势、谋势、搭乘媒介融合的快车道，在前所未有之大变局中乘风破浪，进行生态化重组。

第一节　创新型广播组织结构的设想

"加快推动媒体融合发展，构建全媒体传播格局"是党和国家在我国文艺发展阵地上的作出的重要战略部署。习近平总书记在中共中央政治局第十二次集体学习时强调："要因势而谋、应势而动、顺势而为，加快推动媒体融合发展。"[①] 打造具有强大市场影响力的主流媒体已经成为业界共识，广播作为主流媒体中的一员，正在积极融合新媒体平台的技术基因，尝试依托先进技术，提升文化产品质量和价值，通过兼顾整合化和专业化的组织结构，保障广播内容建设和形式迭新，通过优化广播电台内部的岗位设置、权责界定、项目推行助力全媒体传播体系的建立。

---

① 新华社评论员. 做大做强主流舆论：习近平总书记在中共中央政治局第十二次集体学习时的重要讲话引领媒体融合发展新作为［EB/OL］.（2019 - 01 - 26）［2022 - 03 - 05］. http：//www. xinhuan et. com/politics/leaders/2019 - 01/26/c_1124047510. htm.

一、我国广播电台组织结构变革的进程

我国广播业从诞生到现在，正在经历着从"纯事业型"到"事业单位、企业管理型"，最终向"产业型"方向发展的过程，这一过程与我国的政治、经济制度的改革发展过程是一致的，具有历史的客观性。[①] 新中国成立之后，作为"承担公共事业发展职能、为社会服务的事业单位"[②]，广播电台与其他的传统媒体一样，受到国家财政支持。此时，以广播电台总台为中心统一进行经营和管理的"高长型组织结构"最早出现，并普遍应用于广播事业的初始阶段。在电台内部，管理层次较为丰富，而管理人员的控制幅度较窄，呈现出层级式的结构，而决策权属于顶部管理层。在广播电台总台统一经营管理的前提下，实行节目采、编、播、经营等部门相互独立的方法，下设采编部、专题部、播音部、技术部、广告部等二级部门。起初的电台单日生产内容较少，品类较为有限，专业化特征也较为突出。此时的组织结构便于领导者指令的通达，但容易出现高级管理层对于广播制作的实践业务不了解而导致决策误判，层层汇报带来效率降低以及对于市场变化跟进不及时的问题；同时，对级别较低的从业人员而言，其职业发展有限，难以真正贡献自己的智慧，实际工作多以执行为主，这也一定程度上抑制了广播电台的发展。

20 世纪 80 年代，广播界发生了两件大事。一是 1983 年中共中央"37 号文件"提出了"四级办广播"，全国范围内广播电台拔地而起；二是 1986 年的"珠江模式"，以"大板块""直播化""主持人中心制"开启了广播改革的新篇章。而随着市场经济的快速发展、广播频率专业化改革的顺利推进，以"集权"为特点的高长型组织结构开始转变，组织结构的设计开始转向"分权"。通过组织结构的调整，"授权"给员工，以更宽松的工作调度空间来激励员工的生产动力，这样也能对不断变化的市场做出更积极的良性回应。在这一时期基于对广播频率专业化的考量，组织结构的设定也开始以频率作为播出窗口，通过电台统一组织相关部门进行节目生产和播出，将具体工作内容按照频率划分归类，各频率分别设立新闻部、节目部、广告部、行政部。该频率的广告经营业务与节目部配合实施广告策划，为频率创造经济效益。

20 世纪 90 年代的制播分离是关乎我国广播电视事业发展的重要决策。为

---

① 吕春荣. 我国广播电视业的发展概述 [J]. 中国科技博览，2008（23）：24.

② 范恒山. 关于中国事业单位改革几个重要问题的思考 [J]. 中国经贸导刊，2004（12）：39–40.

充分顺应市场规律，不被行政性质捆住手脚，我国广电"制作主体和播出主体分离，制作和播出方都通过市场行为来完成交易"①。早期广播电台施行采、编、播一体化的生产模式，不利于行业活性的维持。臃肿庞杂的工作队伍、高昂的生产成本、固化的创作思维都严重影响着文艺事业发展。复旦大学李良荣教授曾以五个"单一"指出 20 世纪 90 年代我国传媒业的发展问题：单一的事业单位性质、单一的"坚持社会效益为主，经济效益为辅"的方针、单一的资本结构、单一的运作方式、单一的管理模式。② 制播分离这一机制改革，将独立制作公司的力量引入节目生产的环节中，有效地吸纳了社会范围的人财物资源，为节目生成注入了新的活力。2003 年 9 月，国家广电总局向系统内文化体制改革试点单位及试点地区内的广电系统单位印发了《广播影视体制改革试点工作实施方案》。方案要求把允许经营的资产、资源和业务，从事业体制中分离出来进行企业转制和重组，与事业部分分开来运营和管理。具体来说，就是把电台、电视台、广电集团（总台）的广告、综艺娱乐类节目、体育节目、科教节目、影视剧的制作与销售业务，从事业体制中分离出来组建公司，实行所有权与经营权分离，面向市场自主经营、自负盈亏、依法纳税。③一时间，民营影视制作公司、发行公司、广告公司应势而起，多元资本开始涌入，带来了一段时间的繁荣，但也带来了虚假广告泛滥、恶性竞争等问题。

现今，在社会主义市场经济体制下，广播作为党和政府的喉舌，是主流媒体的舆论宣传阵地，其公共性和公益性使其必然带有事业单位属性。政府对于广播电台有绝对的领导权，国家广电总局、中央宣传部、文化和旅游部、工业和信息化部、国家市场监督管理总局等都从不同的方面对其加以约束管控。然而，广播又有着明显的第三产业属性，即提升国民科学文化水平和精神素质服务，自主经营、自负盈亏，无论被动还是主动，广播都要参与到激烈的市场竞争之中，在竞争中寻求突破，桥接资源，不断提升造血能力，寻求与当下媒介生态相匹配的新机制。

---

① 尹鸿. "分离"或是"分制"？：对广电制播分离改革的思考 [J]. 现代传播（中国传媒大学学报），2010（4）：98 - 100.

② 李良荣. 从单元走向多元：中国传媒业的结构调整和结构转型 [J]. 新闻大学，2006（2）：1 - 10.

③ 阎忠军. 电视频道公司化运营的制度安排、基本模式及其主要关系 [J]. 视听界，2005（2）：42 - 46.

二、现阶段我国广播电台组织结构的生态化分析

(一) 广播电台组织结构的政策环境分析

政策环境是媒介生态重要的组成部分。我国的广播是党和政府的喉舌，政治性和公共属性蕴含其中。这种刻在基因里的特征就注定了广播会遭遇发展中的体制性问题。首先，由于事业属性而出台的扶持政策和行政指令性政策，降低了广播对于市场竞争的自我调节能力。其次，因早期对于市场的认识不足，我国对媒介发展中受众的观察和研究较少，致使广播的文化产业活力难以充分释放。最后，广播现行的价值管理体系、组织结构的僵化也影响着广播内容生产体系和传播链条的优化。条块分割、政企不分、政事不分、管办不分的管理体制延缓了广播产业化和专业化的进程。随着无线网络的覆盖和移动智能终端的普及，移动音频平台应运而生，开始活跃于大众视野。移动音频平台正是传统广播与移动互联网融合进化后的产物。移动音频既具有广播原有的"解放双眼""陪伴性强""传播迅速"的优势，又成功借助互联网优势解决了传统广播"按时收听""一瞬即逝""品类有限"的劣势，还拥有"低门槛制作""即时分享""破圈层传播"等新互联网基因。①

对于广播媒体的管理很多都通过对于互联网信息的规范进行统一约束。2000 年，国务院出台了《互联网信息服务管理办法》。该文件立足于传递主流话语，重视网络媒体信息传播的价值导向，并将传递正能量、维护主流意识形态视为调节型政策工具的使用目的。在这一时期，一半以上的互联网政策，都是关于注册、备案、许可等行政审批的。2005 年，国务院新闻办公室和信息产业部发布的《互联网新闻信息服务管理规定》，首次赋予国务院新闻办公室行政处罚权，提升了它作为网络传播和网络媒体的政府主管部门的管理权威。此文件规范了互联网的信息化服务，为互联网新闻服务的监督管理做出了贡献。2006 年发布的《国家"十一五"时期文化发展规划纲要》，对于公共文化服务、新闻事业、文化产业、对外文化交流等作出具体要求和规划；2008年，国家"大部制"改革之后，原来单设的国务院信息化办公室被取消，其职能并入新组建的工业和信息化部。这一举措试图减少互联网管理的归口部

---

① 项仲平. 广播 4.0 时代的平台、架构和信息流内容的创新思考 [J]. 中国广播，2016 (3)：30－32.

门，将对互联网信息的管理进一步收拢于工业和信息化部，从客观上也凸显了国务院新闻办公室作为网络媒体主管机构的角色。

从政府机构的调整上，可见网络媒体逐渐从网络信息化中脱离，成为政府单独管理的专业体系。2013年8月召开的全国宣传思想工作会议上，习近平强调加强媒体融合、占领信息传播制高点，同年11月，中共十八届三中全会上通过的《中共中央关于全面深化改革若干重大问题的决定》中，再次提出"整合新闻媒体资源，推动传统媒体和新兴媒体融合发展"。2014年8月18日，中央全面深化改革领导小组第四次会议通过《关于推动传统媒体和新兴媒体融合发展的指导意见》，提出遵循新闻传播规律和新媒体发展规律，坚持技术创新和内容建设两手抓，坚持优势互补和一体发展，大力推动传统媒体和新兴媒体融合，实现内容、渠道、平台、经营、管理全方位的深度融合，打造形态多样、手段先进、具有竞争力和拥有良好传播力、公信力、影响力的新型主流媒体。推进媒体融合发展被视为全面深化改革的重要战略举措，定位相当之高。2017年5月，国家互联网信息办公室出台《互联网信息内容管理行政执法程序规定》，确立了包括管辖，立案，调查取证，听证、约谈，处罚决定、送达，执行与结案等环节在内的一套完整的执法程序，并且对各环节的职权、措施作了详细规定，为强化网络内容监管提供了政策依据。2020年11月13日，国家广电总局印发《关于加快推进广播电视媒体深度融合发展的意见》，提出了更明确具体的目标："力争用1至2年时间，新型传播平台和全媒体人才队伍建设取得明显进展，主流舆论引导能力、精品内容生产和传播能力、信息和服务聚合能力、先进技术引领能力、创新创造活力大幅提升。用2至3年时间，在重点领域和关键环节的改革创新取得实质突破。着眼长远，广播电视行业逐步建立以内容建设为根本、先进技术为支撑、创新管理为保障的全媒体传播体系。"

然而具体到广播而言，作为文化产业的一部分，其至今仍缺乏具有明确指导意义的政策规范。国家主管部门的行业指导针对性不强，未能驱动电台的自身发展。[①] 而移动音频平台应运而生，开始活跃于大众视野。移动音频平台正是传统广播与移动互联网融合进化后的产物。例如喜马拉雅、蜻蜓FM和荔枝等，它们依托移动互联网，以智能移动终端为传播载体，通过在线收听或下载等方式提供着个性化的音频产品，并支持受众的互动化收听。对于传统广播来讲，音频信息的传递是单面的、被动的传播，用户不能选择自己接受信息的内

---

① 马少军. 重建广播健康和谐的媒介生态［J］. 中国广播电视学刊，2009（2）：84－85.

容、时间和地点，更不支持用户与媒介产生互动。传统广播节目和运行单纯依靠经营广告收入很难维系盈利，亟须通过平台化之路寻求合宜的营收方式。

（二）广播电台组织结构的经济环境分析

经济环境深刻影响着媒介产业的发展和整合，同时影响着受众的物质、精神需求和消费能力。自 1978 年十一届三中全会后，我党带领人民开始了社会主义现代化建设，确立了以经济建设为中心的基本路线。当前，世界经济处于动荡期，面临极端不确定性和日益增长的多层面的乃至全面的危机。[①] 我国经济发展环境同样面临深刻、复杂的变化，新冠疫情的影响、全球供应链的受阻、美国的遏制等，都给我国经济发展带来了重大挑战。但从中长期发展来看，已成为世界第二大经济体的中国经济形势依然利好。从供给方看，我国拥有相对较高的国民储蓄率、完整的工业体系、充裕的人力资本以及进一步改革的制度红利；从需求方看，由 4 亿中产阶层为主的大国消费市场，城乡差距、东西部差距所蕴含的巨大的投资消费发展空间，"一带一路"和世界第一贸易大国的外部需求因素等等，决定了中国经济的中长期增长前景仍是乐观的。[②] 人民群众的精神需求也随着经济环境的利好、物质条件的发展水涨船高。在整体利好的经济条件下，传统广播的盈利之路尚不明确。中央级媒体和省级媒体有多年积攒的公信力优势和资源整合优势，而对于地市级媒体甚至基层媒体来说，如何获得足够的资金支持来保障项目运作顺利推进，如何避免被互联网大潮"边缘化"仍是亟待解决的问题。

（三）广播电台组织结构的市场环境分析

随着经济领域变革的逐步推进，我国的广电事业也走向产业化。随着文化体制改革、市场竞争的日益激烈，经济压力也在媒介内部发生，以往由国家提供的财政保障迅速消减，媒体不得不依靠自身的力量获得足够的物质资源。1986 年 12 月 15 日，珠江经济广播电台在广东人民广播电台开播，大版块、主持人、直播化的方式风靡全国，在业界引起了极大轰动，"珠江模式"标志着我国首个专业化频率的生产，打破了综合台一统天下的局面。1990 年，广东

---

① 亚历山大·波戈尔列茨基，李畅.2020 年代动荡局势下俄罗斯与中国经济合作的现状与展望［J］.俄罗斯研究，2023（2）：53－72.

② 中国首席经济学家论坛.夏斌：中国经济中长期，必须重点关注三大问题［EB/OL］.（2022－09－09）［2023－03－05］.https://baijiahao.baidu.com/s? id = 1743499253908955279&wfr = spider& for = pc.

人民广播电台又开办了音乐广播，将广播频率专业化改革更加推进。1992 年"东广模式"的诞生则深化了大版块节目的内涵，实现了广播节目与社会问题的联动，将广播更深入地推向市场，将竞争观念植入广播的制作观念中。广播人也逐渐意识到，具有鲜明形式和丰富内容的产品才能吸引特定的受众群，走向市场是广播频率专业化的必然选择。20 世纪 90 年代，互联网开始逐渐嵌入我们的生活，以往被传统媒体垄断的传播局势已一去不复返，随之而来的互联网文化也改变了原有的权力分配方式。传统媒体开始作出媒介融合的积极尝试，通过数字化产品提升市场占有率，积极尝试多渠道的内容分发。例如中央广播电视总台央广通过开辟互联网平台作为传播阵地，打破与网生代受众的隔阂，实现在新媒体领域触角的延伸。网络上的在线收听，克服了对于时间和空间的限制，符合移动传播时代用户的陪伴性需求；也克服了传统广播调频时的信号干扰，提升了音频质量。网站上的点播则将权利交给用户，通过个性化定制为用户提供服务，满足用户的信息服务需要和情感需求。此时的网络广播已不再是传统媒体的附庸，开始逐步承担内容独立的成本，盈利主要依托知识付费、会员充值、线上商城等几种。值得一提的是音频与知识的自主组合。当下，用户开始对布迪厄提出的"文化资本论"投注更多关注，愿意通过知识付费的方式来提升"精神与身体的一部分的知识、教养、技能、趣味及感性文化产物"，以此获得"金钱或社会地位等物质性利润"或"他人的尊重或好评"等象征性利润。但目前参与知识付费行业竞争的主体大多是互联网企业，传统广播电台作为早期内容生产传播的强者，暂未在移动互联网时代领跑，未能深耕盈利新方式。

三、创新型生态化广播电台组织结构的设想

现代管理学之父德鲁克指出："创新就是赋予资源以新的创造财富能力的行为。"创新型生态化广播组织结构的建立，更能保证媒介文化和媒介产业在生境中达到新的平衡，让媒介资源得到充分而有效的配置。[①] 组织战略是组织变革的起点和方向，组织变革需与战略保持高度，才能更快实现既定目标，提升人与环境之间、不同部门之间的沟通效果，为广播提供生存的沃土，进一步培育其在新媒介环境下的成长，使之更好地发挥宣传功能，在日新月异的时代

---

① 冉华，王凤仙. 从边缘突破：广播媒体的融合发展之路［J］. 中国广播电视学刊，2015 (11)：80 – 82.

中维持竞争的优势。

（一）推行网络化管理，突破内部壁垒

组织是想象的共同体，传统组织中，部门常因追求自身利益最大化，忽略整体利益，造成无谓的资源内耗。职能型组织结构常常是传统组织结构的选择。此结构统一指挥部署、细密分工，同时专业化程度较高。然而，各部门之间只对上级负责，相互关联不强，信息共享滞后，不利于各个部门协同努力。而且，职能型组织结构中"决策者"和"执行者"往往分离，"执行者"常处于被动接收信息的地位，只能实施"决策者"的想法，而没有自行调整的空间。"决策者"不临一线，对于项目推进中的实际困难没有深刻把握，个人权力过大，决策的科学性不强。

管理学概念中的生态型组织，是按照自然生态系统的运行规律指导组织搭建架构，其优势就在于它看到了各个组成模块的生命体征，看到了成员的独特性和多元性，并把人力、资本、信息、知识都看作资源。如同自然生态中的结构网一样，生态型组织强调推倒组织内部壁垒，推进各个部门的横向协作，凝心聚力采取后续行动。这也给广播电台的组织结构调整带来启发。横向的协作和网络化的管理，推动了资源整合，构建社会作用的交换系统，形成地区生产所需的柔性网络。同时赋能问题也在此基础上得到了更好的解决，网络化的管理让"执行者"享有更高的自由度，"决策者亦可选择是否通过提案，避免了一言堂式情况的出现"[①]。在进行具体项目的落地时，横向协作的管理方式可以将人员根据能力和侧重方向划归不同小组，注重不同小组间的配合，通过一致的目标、公开透明的信息、不断碰撞的思维和观点，增强了文化内容生产的工作效率，也提升了顺应市场变化的业务水平，能更好地把握稳定性和灵活性的平衡，实现成本效率的优化。北京广播电视台（以下简称"北京台"）深度贯彻落实"主力军全面挺进主战场"，推动了 17 个职能部室、35 个事业中心的重新组建，完成了涉及运行管理、内容安全、节目生产、干部人事、财务管理、内部控制、风险防控等多个领域的全面改革，构建适应全媒体生产传播的一体化组织架构，加强跨层级、跨部门的一体化工作机制建设，实现采编与技术力量共享融通，促进台、网、端、微协同联动，形成集约高效的内容生产体系和全媒体传播链条。北京台建立了"新闻演播室 + 融合新闻云 + 指挥调度系统"为核心的融合性平台，打通了广播端"讯听云"和电视端"北京时间"

---

① 曹仰锋. 生态型组织：物联网时代的管理新范式［J］. 清华管理评论，2019（3）：74 – 85.

内容生产发布系统。根据不同自有平台的特质，实现任务协同和资源共享。让"听听 FM"音频客户端和专业广播之间发挥各自优势，更大限度提升信息触达率：更加倾向于喉舌模式的，与党政宣传、主题人物等相关性更强的音频节目，放置在传统广播呈现；更适合互联网语境的音频节目优先在"听听 FM"播出。同时北京台打造了"魔方 radio"客户服务体系，添加了主持人、编辑、记者、IP 活动等多个板块，用户可灵活取用，更大程度地打破了机制壁垒，让内容分发平台实现真正意义上的共享，让全面融合成为可能。①

（二）"盘活"内部动力，着力知识整合

清华大学经济管理学院陈国权教授在梳理学习型组织和创新型组织的相关研究后，提出了"学创性组织"这一概念。他指出，学习可以从已发生的事件中寻求旧有规律，得出创新性的思路，以应对前所未有的变化。如此，组织可以站在动态和系统的高度，把握学习和创新的辩证关系，提升组织绩效。②学创型组织让我们注意到实践经验和已有观念的重要性，并启发我们做好知识的创新转化。目前一些移动音频平台如喜马拉雅已将企业有关方面的工作流程化、规范化，开启音频主播培训，通过"PGC（专业生产内容）＋PUGC（专业用户生产内容）"的内容业务模式打造激发内部动力，并组织各种读书学习小组，帮助各个事业部做战略规划，通过有意识地孵化、建立规模较大的学习/培训中心，使其工作流程化、规范化，再去采购特定的 IP，帮助有声读物、音频娱乐、语音直播、博客、音频课程等各个事业部做战略规划并执行。融媒体中心内的广播电台可以同样建构"内部知识库"③，以开放系统的思想和与外部环境的知识互动，有意识地组织内部成员不断获取知识，改善自身行为，优化知识体系，在不断变化的内外部环境中提升学习能力和贯彻执行能力，让好的想法能够变为现实。北京台策划推出了一批体系化、定期化培训项目，组织开展一系列全媒体产品大赛、全媒体专业技能大赛，通过以赛促学的方式，营造边学、边练、边干、边比的浓厚氛围，不断巩固培训效果，推进成果转化。④ 同时，在电台内部可以设置人员负责知识的文档化，通过对于以往案例

---

① 新京报传媒研究. 余俊生：从相融迈向深融，做好"质""量"统一的大文章［EB/OL］.（2023－04－25）［2023－06－05］. https：//new. qq. com/rain/a/20230425A02MOS00.

② 陈国权. 学创型组织的理论和方法［J］. 管理学报，2017，14（11）：1608－1615.

③ 刘果，李静茹. 学习型新型主流媒体的组织管理：目标、结构、路径与文化［J］. 传媒观察，2020（5）：39－43.

④ 新京报传媒研究. 余俊生：从相融迈向深融，做好"质""量"统一的大文章［EB/OL］.（2023－04－25）［2023－06－05］. https：//new. qq. com/rain/a/20230425A02MOS00.

的归纳总结、档案管理、内部网络的建立，有效整合已有资源，并完成获取和传递知识过程的管理。

（三）建立"项目小组"，重视目标导向

权变理论认为，组织要受制于环境变化，并把权变关系看作"如果—那么"的函数，环境是自变量，管理理念则是因变量。其核心内容便是要准确判断环境变化，及时调整结构。① 随着媒介融合的逐步推进，在电台内部也开始成立为完成单个项目而聚合的组织，这无疑增加了电台内部组织的离散性和管理难度。要提高电台的整合性和协同性，就要对原有组织结构进行变革。在此时，矩阵制组织结构就可以成为一个好的选择。矩阵制组织结构也被称为"规划—目标组织"，它充分地体现了亚当·斯密口中的"专业化分工"。矩阵制组织结构的主要特点是拥有类似能力的员工被赋予相近的权力责任，归属为同一个部门，而组织的整体目标则通过部门间的分工协作完成。平衡矩阵制组织结构适应了社会生产体制，考虑到项目推行的职能导向，促进了组织效率的提高。电台内部的职能搭建可以按照具体业务活动的要求，既设置具有纵向报告关系的若干职能部门，又建立具有横向报告关系的若干项目小组，以高弹性、高灵活度对于具体的项目目标作出反应。如此，不同的项目就可以打破部门界限，积聚专业技能人才，既提高员工反应速度与协作效率，又减少了工作层面的决策次数。当电台内部有多个项目需要推进时，权责划分越清晰，目标越明确，组织结构越接近平衡矩阵制，就越能体现目标为导向的优势，其所属的资源调配方式也就简单直接，项目成功率也就越高。同时可以避免权责不分的掣肘，并让电台领导充分发挥前瞻性，推进真正面向时代、具有强烈市场意识的项目，设计出符合移动传播时代要求的音频产品。

湖南卫视和芒果 TV 的融合共生呈现了项目制的潜力与生机。在湖南卫视"一体双翼"的格局形成之前，湖南卫视和芒果 TV 也出现过两个平台"抢同一个蛋糕"的割裂局面。当意识到这一问题的存在时，湖南广电在战略层面进行了调整。在决策层面，湖南卫视、芒果 TV 双平台党委班子交叉任职；在内容层面，成立双平台综艺、电视剧立项委员会两大战略中枢，达成统一谋划、统一运作。截至 2023 年 7 月，双平台共有 48 个节目自制团队、29 个影视自制团队和 34 家"新芒计划"战略工作室，《乘风 2023》就是在统一目标引

---

① 陈寒松，张文玺. 权变管理在管理理论中的地位及演进［J］. 山东社会科学，2010（9）：105－108.

导下双平台合力的成果。① 而对于融合之后关乎工作人员切身利益的考核机制和绩效，北京台也作出了示范：让绩效向点击量、转发量、评论量和变现量更高的新媒体项目倾斜。如此能更大限度地激发团队的创新力，提升采编、运营、管理等部门成员们的融合思维，使来自新媒体的流量、收入在全台整体的市场份额和收入结构中占有更高比例，鼓励深化工作室、MCN 制改革，促进收入分配向领军人才、业务骨干、创新型人才和团队倾斜，激发团队成员的主动性和创造性。

第二节　开放型广播组织文化的打造

"文化（culture）"一词来自拉丁文中的"耕种（cultura）"，对文化的原始理解即人类与自然的互动关系，如由耕作、培育、学习而发展起来的各种事物与方式可称为文化。在古希腊、古罗马时代，culture 一词引申至对人的智慧、心智的栽培和耕耘，即人的教化过程。② 在我国广播的发展进程中，广播始终具有提供社会公共服务的属性，也具有一定的教化功能，其媒介角色也被定位为宣传者和教育者。1950 年，时任广播事业局副局长的梅益同志明确提出广播的独有特点是"以其广播为广大人民服务"；同年，时任新闻总署署长胡乔木同志首次明确提出广播"要学会自己走路"。③ 在这两种传播观念的引导下，广播重视与受众建立的关联，切实关心人民群众生活，推出了一系列的专题节目，关注文化和娱乐需求，以雅俗共赏的方式丰富人们的精神文化生活。而这种文化的浸染不仅体现在广播的自身属性之上，还需关注广播电台内部的组织文化氛围对于广播生产制作的影响。

一、文化与组织文化

在《社会契约论》中，卢梭提到，文化是风俗、习惯，特别是舆论；是铭刻于人们的内心，慢慢地诞生的，逐渐取代过去的权威力量。法国学者大

---

①　湖南卫视. 湖南广电：双平台深度融合实现 1 + 1 > 2 ［EB/OL］. （2023 - 07 - 04）［2023 - 09 - 12］. https：//baijiahao. baidu. com/s？ id = 1770465165852468413&wfr = spider&for = pc.

②　李成彦. 组织文化对组织效能影响的实证研究 ［D］. 上海：华东师范大学，2005.

③　欧阳宏生，朱婧雯. 论新中国 70 年广播电视传播理念的嬗变：基于媒介社会学框架之再梳理 ［J］. 现代传播（中国传媒大学学报），2020，42（1）：89 - 96.

卫·克雷说，文化一词应具有两种相关的含义。① 它首先支持着群体或组织成员广泛拥有的神话、象征、故事等价值观念，同时也代表着一个国家或一些大型政治组织中以价值观念为基础所构筑起的共同团体。文化是一组通过学习可以获得的、共享的、相互联系的符号，它为团体成员提供某些方针，能为组织或团体的生存提供必要的解决方案。概而言之，于社会管理而言，组织文化的研究经过了一段时期的摸索才日渐成熟。在古典管理理论阶段，组织文化并没有得到足够的重视。泰勒认为应该通过严格而科学的管理，让操作方法、作业环境以及材料标准化；韦伯则以权威结构理论，强调官僚组织存在的重要意义，其在稳定性、精确性和纪律性等方面都具有优越性。② 20 世纪 20 年代，人际关系学派代表人物——哈佛大学副教授梅奥带领其研究小组用五年时间进行"霍桑实验"，研究发现，社会需求、心理需求、工作情绪对于员工的工作效率影响颇大。美国管理学家道格拉斯·麦格雷戈出版了《企业的人性面》一书，书中通过人性假设的 Y 理论阐明人的发展是动态变化的，故应该基于人的个性特征进行具体的管理，引导人的发展。③

20 世纪 80 年代以来，组织文化这一概念逐渐成为管理学界的研究热点，并且组织文化的研究与其他相关学科的发展，如心理学、人类学等也密不可分。在几种有代表性的定义中，Deal 和 Kennedy（1982）将组织文化看成一个企业所拥有的优势价值，是企业内流动并信奉的主要价值观。Schein（1992）则认为，文化一词应该包含组织成员共同拥有的更深层次的基本假设和信念，同时这些假设和信念是通过学习获得的，是对团体在外部环境中的生存问题和内部结合问题的反映。Wilkins 和 Ouchi（1983）借助人类学的相关研究理论来定义组织文化，提出了部落型（或称团队型）、市场型和层级型三种组织的控制机制。国内学者方面，台湾大学心理学教授郑伯壎（1990）的理论认为，组织文化是一种内化性规范信念，其可以用来引导组织成员的行为。④ 陈春花认为，企业文化主要是一种观念形态，它可以分狭义与广义两个方面。从狭义而言，它指企业生产经营实践中形成的一种基本精神和凝聚力，以及企业全体员工共有的价值观念和行为准则。从广义而言，除上述内容之外，它还包括企业领导人员和员工的文化素质和文化行为，包括企业中有关文化建设的措施、

---

① 戴昭铭. 文化语言学导论 [M]. 北京：语文出版社，1996.
② 西蒙. 管理行为 [M]. 詹正茂，译. 北京：机械工业出版社，2004.
③ 科特，赫斯克特. 企业文化与经营业绩 [M] 曾中，李晓涛，译. 北京：华夏出版社，1997.
④ 郑伯壎. 组织文化价值观的数量衡鉴 [J]. 中华心理学刊，1990（32）：31-49.

组织、制度等。① 综上所述，本节中的组织文化应理解为，在组织的发展进程中，通过信念或假设在组织内部形成的价值观和软实力，它在组织中无形地发生作用，是组织核心价值的体现。而组织文化亦有引导员工心理、约束员工行为的作用。

二、广播电台组织文化的内在属性

组织文化是一组通过学习获取到的可共享的符号，是组织成员相互分享的价值、信仰、领会的总和，它能为团体成员提供方针，也可以为组织发展提供前行的路径。而广播电台内的组织文化通过媒介制度和运营机制将一个个内部成员相互联系起来，形成能为社会提供公共产品和公共服务的有机整体。广播电台组织文化作为文化的一部分，按照文化层次理论的结构，我们可以从四个维度考量其属性：

（一）物质文化层面

在物质文化（material culture）研究中，物质（material）既有"质料"的名词含义，又有"实体的"的形容词含义。② 物质文化不仅指生产出的实体物质产品，所使用的技术和艺术也被囊括其中。③ 对于广播电台，完整的形象识别系统如介绍册、宣传栏、宣传片等，实际生产运用的技术设施如广播调频发射机、声卡、话筒、封闭式监听耳机等，支持并创造文化氛围的资料如图书、杂志、文件、报刊等，成员工作的具体物质环境如办公室、荣誉室、陈列室等，生产出的具有创造性的物质产品如广播剧等，都可以视作组织内部的物质文化。广播电台内的物质文化是组织成员的创造性活动在有形实体上的凝结与沉淀，也是实施广播内容生产、传递主流价值观念、发挥主流媒体功能的物质依托和保障。广播电台的物质文化是精神文化的基础，也是相对容易建设的部分。物质文化并非单纯的物质组合，而是组织内部文明状态的展现，同时，物质文化与社会经济活动的组织方式和成效直接相关。广播电台组织内部的物质文化可以借助经济、社会、市场等基础设施展现出来，而电台的经济效益也可以从物质文化中窥见一二。

① 陈春花. 企业文化的改造与创新 [J]. 北京大学学报（哲学社会科学版），1999（3）：51-56.
② 尹庆红. 英国的物质文化研究 [J]. 思想战线，2016，42（4）：19-25.
③ 游静. 探索构建电视媒介组织文化之路 [D]. 南昌：南昌大学，2012.

（二）行为文化层面

美国行为主义学习理论对于行为提出了这样的假设，行为是人受到环境刺激后作出的反应，他们将环境视为刺激，将随之而来的有机体作用当成反应，以为所有行为都是习得的，其又包括外显反应和内隐反应。我们可以这样理解：行为文化是人在日常的生产活动之中表现出的特定行为方式，体现着人的价值和观念取向，也是与环境相互作用的表现。行为正是"行为文化"形成的基源，行为文化源于主体行为的长期积淀。广播电台中的行为文化，即成员在一定环境条件下，参与工作实践活动过程中所表现出来的工作习惯、表达方式、兴趣爱好以及节目制作方式、人际关系、文化品格的总和，它是长期文化行为结果的积淀，也是思维方式和特定习惯的具体表征。广播电台中的行为文化具体包括电台内经营活动、宣传工作、文娱活动、人员管理的动态体现，是组织员工的群体行为。广播电台内行为文化的建设，关系到员工工作积极性的发挥，也关系到广播电台内具体工作的开展和推进。而管理者的规划、上层人员的作为、模范人物的引领，都会潜移默化地影响组织内每一个具体成员的行动。

电视媒体管理者的行为，直接影响到电视媒体员工的思想认知、实践价值观和个体的具体行动。广播电台内的管理者是一种特殊的"角色丛"。他们是思想家，是电台发展的设计师和规划者，是决策事务的法官，是员工的朋友。因此，管理者应高瞻远瞩、敏锐地洞察市场的变化，为电台设计长期与短期的目标，并以实际行动为员工传播理念，形成巨大的文化力量。模范人物的行为可以让企业内的价值观念人格化，他们是组织内员工学习的榜样，他们的行为是可供效法的规范。员工的群体行为则决定了整个组织的精神风貌和文化内质，也昭示着组织未来的发展方向。因此，电台的管理人员也应重视行为文化的塑造过程，通过多种渠道培养和激励员工，让群体的行为形成合力，让群体的言行展现电台的文化素养。

（三）制度文化层面

制度是组织赖以运转的保证，与人的行为有着不可割裂的联系。在社会范围之内，制度起到规范、约束、限制、修正等作用，为社会成员的交往提供基本框架。制度文化具有文化的共性，需要被分析和学习才能发挥其价值。制度是外化的，而文化是内在的，制度文化反映着观念的内在系统，也协调着人员的内在关系。制度文化可能是自上而下推行的，涉及宏观层面的国家调控，也可能受到市场影响；也是在进行生产管理时为保障流程顺利推进所制定的、起规范和保证效用的准则。组织成员在实践过程中知悉制度的规定，并通过行为让制度彰显价值。

制度文化的形成、发展和其作用的发挥与社会历史环境和文化环境有着密切的联系，是一个不断运动、变化的过程，会随着环境的变化而发生变迁。广播电台作为具有党政机关性质的文化组织，其诞生和发展都与制度文化紧密连接。它始终在润物细无声中影响着电台成员们的治理能力。一方面，制度文化的每一次变迁都对电台的成员们治理能力产生着深远影响，在历史的积淀和内在机制的强化中，不断提升着其处理各项事务的整体性能力；另一方面，电台内的制度文化可以给予利益相关主体精神层面的引领和价值层面的支撑。价值引导本身就是制度文化的功能之一，制度文化是凝结在制度中的价值取向和呈现形态，激励着员工发挥主观能动性，自觉为组织创造价值。

（四）精神文化层面

精神文化是基于物质文化生产的意识形态集合，顾名思义，精神文化是思想观念范畴内的文化。在物质文化的基础之上延伸出的文化道德观念、行为准则、理想信念、价值判断、审美趋向等都可以被视为精神文化。精神文化具有内隐性，文化理想、文化道德观念的影响缓慢且难以察觉，但并不意味着其不能在战略实施的过程中发挥作用。同时精神文化与人存在着紧密的联系，它丰富着员工的精神世界，带给员工工作幸福感。先进的精神文化如同电台内的旗帜，唤起员工内心的凝聚力和向心力，为组织营造健康的氛围。广播电台内的精神文化包括媒介组织的精神和媒介组织的价值观。作为主流媒体，电台内部的精神文化建设不仅包含着员工对于组织的归属感和认同感，更饱含着从事媒体行业的职业道德和社会责任。电台成员要充分意识到公共舆论对于民众的影响，依托好广播这一媒介，传递社会主义核心价值观，传承中华主流文化，针砭时弊，为社会问题的解决做出贡献，为文化场域的繁荣贡献力量。积极明朗的精神文化不仅能让员工对于电台内的目标有所了解，还能促进制度的落地和行为的实施。精神文化虽无形，影响缓慢且难以察觉，但并不意味着其不能在战略实施的过程中发挥作用。先进的精神文化如同电台内的旗帜，召唤着员工内心的归属感，为组织营造和谐上进的氛围。

三、我国广播电台组织文化的发展过程

(一) 权力导向型组织文化阶段

我国的广播电台事业派生于新华社的无线电通信报务活动，成长于抗日战争的硝烟中，编辑机构隶属于新华社。到中华人民共和国成立前夕，遍布全国各地的人民广播电台已达 40 余座，人民广播事业已成长起来。1949 年 11 月，中央人民政府新闻总署成立并开始办公，广播事业局归属新闻总署领导。[1] 1949 年 11 月，广播事业局组织颁布条例并规定其主要职权是领导和指导全国各地的广播电台，直接领导中央人民广播电台对国内和国外的广播，普及广播事业，培训广播人员，等等。[2] 1950 年，新闻总署召开京津新闻工作者会议，讨论了报纸、通讯社和广播电台的发展问题，为广播电台确立了"发布新闻、社会教育和文化娱乐为主"的方向。会议指出，面向全国和面向国际的广播节目应该集中于中央人民广播电台；地方广播电台除联播节目外，应特别加强地方性节目。[3] 1952 年 2 月，新闻总署撤销，1954 年广播事业局成为国务院直属机构之一。虽然广播事业在行政上一直归政府部门领导，但在宣传方面却始终听命于中共中央宣传部的指令。[4] 1955 年，国务院规定，地方人民广播电台归各地方政府管理，但在大政方针与具体业务、事业建设方面要接受广播事业局的领导。1956 年以后，地方广播事业局陆续建立，包括中央、大行政区、省、市四级广播电台，广播事业的中心为中央人民广播电台。

这一时期广播电台内的组织文化主要体现出权力导向型文化的特征。依循新闻总署"发布新闻、社会教育和文化娱乐为主"的政策方针，广播电台明确其前进道路，依托正确的政治方向、舆论导向和价值取向，建立稳定的工作机制。这一时期组织之间的层级性明确，组织间的沟通较少，内部主要依靠上级部署推进工作，信息的流通以指令的方式存在，在领导层做出决定后，决策信息能够迅速传达，如此一来有助于协调组织步伐，降低成本，减少信息损失，但也容易造成内容生产机械、工作人员竞争意识差等负面影响。

---

[1] 郭镇之. 中外广播电视史 [M]. 2 版. 上海：复旦大学出版社，2008.
[2] 郭镇之. 中外广播电视史 [M]. 2 版. 上海：复旦大学出版社，2008.
[3] 郭镇之. 中外广播电视史 [M]. 2 版. 上海：复旦大学出版社，2008.
[4] 郭镇之. 中外广播电视史 [M]. 2 版. 上海：复旦大学出版社，2008.

（二）角色导向型组织文化阶段

20 世纪 80 年代，广播进入新的发展阶段。1983 年 3 月，广播电视部召开第十一次全国广播电视工作会议，提出口号：立志改革，在改革中调整、提高、整顿、发展。① 在这次会议取得的诸多成果中，影响最为深远即"四级办广播，四级办电视，四级混合覆盖"的政策。新的政策规定，凡是具备条件的省辖市、县，都可以根据当地的需要开办广播电台和电视台。② 在这一时期，市场经济改革的大幕正在徐徐拉开，人民的娱乐方式开始得到丰富，多元的文化产品开始活跃于市场。同时，人民的物质文化需求也水涨船高，不再满足于被动地接收信息，对媒介产品也开始生发出更多期待。

在这一时期，广播电台内部开始关注到"人"这一个体，呈现出角色导向型组织文化的特征。角色导向型组织文化调动了组织内部的生产积极性，提升了个体和整体吸纳新内容的能力，扩充了组织内部的知识存量。此时的市场文化对于广播电台影响颇深，电台内的工作每天都是可预测的，任务性较强。而广播电台内的工作环境协作性较强，员工们欢迎彼此的意见、反馈和新思想，几乎没有太过明显的竞争，且个人的工作也被明确界定，领导者的工作风格较为谨慎，员工的敬业精神在这一时期被看重。广东人民广播电台在 1979 年前后开始自觉摸索，在"面向基层、面向群众、面向生活"的思路引导下，创办了《大众生活》《大众科学》等节目。率先试办的主持人节目《大众信箱》敢开先河，引起了全国范围内的关注。但是面对香港广播电台的冲击，广东人民广播电台难以应对。广东人民广播电台充分调动人的主观能动性，群策群力：1984 年下半年，广东人民广播电台几位年轻的同事主动请缨，用最原始的方法——每天去商店和一些住户家里了解居民收听情况，做收听调查，结果发现在北京路、上下九等广州最繁华、人口最密集的地区，广东人民广播电台只有两到三成的收听率。1984 年年底，广东人民广播电台领导实地考察了香港广播电台和香港商业电台后，确定了以台为单位的广播改革，决心要用听众喜闻乐见的形式办全新的广播。在广东人民广播电台成员的合力之下，广东人民广播电台两套节目被改造成经济广播，创造了具有里程碑意义的"珠江模式"。

---

① 郭镇之. 中外广播电视史［M］. 2 版. 上海：复旦大学出版社，2008.
② 郭镇之. 中外广播电视史［M］. 2 版. 上海：复旦大学出版社，2008.

(三) 任务导向型组织文化时期

1992 年，邓小平同志在"南巡讲话"中的先进观念掀起了全国改革的热潮，中国市场经济发展迎来了新的春天。1992 年 6 月 16 日，中共中央、国务院发布《关于加快发展第三产业的决定》，广播电视所属的文化事业被纳入除工业、农业以外的"第三产业"。[①] 此后，广播电视台开始自负盈亏，担任舆论宣传和经营创收双重使命，并有意识地推进自身的产业化之路。21 世纪迎来了互联网的浪潮，依托无线局域网的发展和移动智能设备的普及，新媒体在新闻传播和舆论引导中开始扮演愈加重要的角色，分流了大量传统媒体受众，其中包括广播听众。电台为谋求生存也自觉走向转型之路，有意识地按照新规律改变业务流程。这一阶段的支持型组织文化强调以人为本、社会性、相互信任、群体凝聚力。

北京广播电视台意识到组织文化氛围的重要性，以"增加胆略、胆识、胆气，全面深化改革"的文化共识引领改革，于 2014 年确定了"新频率、新媒体、新模式、新产业"的思路，成立中波频率改革等方案设计小组[②]，凝结组织内部活跃思想，开发移动音频客户端"听听 FM"，较早地搭乘了时代的列车。2015 年河北人民广播电台秉承着"用户生成内容"的互联网思维，实现"板块化 + 碎片化"的节目设置，打造了《992 大家帮》等一批名优栏目，传递了"有益、好听、有用"的河北声音。湖北之声以"直播湖北，评说天下"为己任，致力于在新媒体时代"传递思想的力量"。受到互联网发散式思维的影响，这一阶段广播电台内更加侧重于平等、即时、互动式的沟通，鼓励员工畅所欲言，群策群力推进工作；强调对于组织外部信息收集归纳的创造性，要求员工增强对于外部动态环境的洞察；也强调组织内部的归属感、认同感，以凝心聚力提升团队的斗志和动能。

四、建构开放型广播组织文化的设想

文化是一个民族在历史发展过程中长期形成的心理积淀和价值体系，合理的组织文化是资源供给和制度保障的基础性因素。罗伯特·E. 奎因和约翰·罗尔博在寻找可预测组织是否有效运作的标准时，开发了竞争价值框架，作为

---

① 郭镇之. 中外广播电视史 [M]. 2 版. 上海：复旦大学出版社，2008.
② 彭雪. 新媒体时代广播产业升级研究：以北京人民广播电台为例 [D]. 北京：首都经济贸易大学，2016.

战略实施工具。古斯塔沃·里齐蒂创作"文化设计画布"（Culture Design Canvas），绘制当前文化和未来的文化，从而可以适时调整计划，将其作为"用于映射、可视化、设计和发展公司文化的战略工具"，戴夫·格雷设计文化地图（Culture Map），将其作为关注员工发展的工具，理想地设计组织文化。卡明斯和沃利（2004）提出了文化变革框架，通过制定战略远景、管理承诺、文化示范、组织修改、纠正偏差等方式框定组织文化。查尔斯·汉迪在著作《管理之神》（*The Gods of Management*）中将组织文化以高度的视觉化呈现，通过"宙斯—霸权管理文化""阿波罗—角色管理文化""雅典娜—任务管理文化""狄俄尼索斯—个性管理文化"的比喻，讨论文化与各个组织要素的关系，展现不同类别的组织文化特征。[①] 通过以上经典组织文化模型的建构，我们可以发觉，组织内部的权利关系、团队的协作模式、知识的共享程度、对市场的考量都是文化建构的基本点。而广播电台在进行组织文化建构时，应考虑到现阶段的瓶颈和未来的目标规划，有意识地适应不断变化的时代特征与受众的审美习惯，充分发挥自身优势，积极探索适合组织电台具体情况的组织文化。

（一）推进熵减：破除封闭状态，适应外部变化

1969 年，比利时物理化学家伊里亚·普里戈金提出的耗散结构理论（Dissipative Structure Theory），同时引起对熵（entropy）的讨论。社会学家将热力学第二定律引入组织管理时发现，任何企业的政策、体制、文化等在运营过程中，都会有伴随有效能量的逐步减少，熵值逐渐增加的情况，即由"低熵"向"高熵"发展。[②] 要想防止"高熵"状态的出现，需保持组织结构开放，推进系统内部和外部建立物质和能量交换，同时要打破平衡，形成运动张力，积极感知外部环境的变化，不断做出响应和结构性调整。灵活适应的组织文化同策略合理型文化一样，能够包容另类的、个性化的组织文化，同时具备较强的反思和批判精神，内部活力较强。在战略实施过程中，重视对于决策的弹性和力度，支持变革以破除组织僵化。在组织内部更加强调员工的工作信心和积极性，以及对于团队的信念感。

长期以来广播电台处于较为封闭的状态，也自然地走向熵增，出现了组织

---

① 杨亮. 管理文化的形态：查尔斯·汉迪四种管理文化思想精髓简介 [J]. 北方经济，2003 (6)：27–28.

② 任佩瑜，张莉，宋勇. 基于复杂性科学的管理熵、管理耗散结构理论及其在企业组织与决策中的作用 [J]. 管理世界，2001 (6)：142–147.

懈怠、缺乏活力、墨守成规等消极的组织氛围，对于电台中的个体也逐步出现贪图安逸、创新意识薄弱等问题。广播电台的熵减，就是要打破封闭状态，自觉适应不断变化的外部环境，优化流程，增强内部人员流动，这样才能散耗掉多余的"热量"，远离不健康的平衡和惰怠熵死。广东广播电视台意识到了熵增的问题，自觉地破除封闭，在互联网时代积聚新的势能，提升外部能量流动，自觉适应变化的社会。自 2014 年始，广东广播电视台开始尝试实施"广播＋"战略。珠江经济台总监陆敏华提出"店小二模式"，即电台内的组织成员不再被定义为记者、编辑、主持人，而是统一称为"珠江店小二"，以服务精神应对传受关系的转变，并推进组织成员从意识到行为的自我转变。同时，对于广播的模式、内容、分发渠道进行了全面的探索，2017 年打造全球首个粤语音频客户端"粤听"，并围绕珠江 FM97.4 打造全媒体家族，其中包括电商"呼啦"、教育培训"南方广电教育培训中心"、电视节目《粤港财富通》、产业"广东南方广播电视广告传播中心"等，通过积极适应不断变换的媒介环境给予广播电台新的定义，并开辟新的盈利渠道，激活广播电台的生命力。2021 年，广东广播电视台还在政府的指导下，策划"520，就用荔枝表达爱"全案服务，以产品为基础，以品牌为核心，以市场为导向，以社会价值和市场价值实现为目标，提供一系列解决方案并进行全面整合营销。此次活动充分发挥了主流媒体兼备专业性和权威性的优势，将荔枝打造成"广货 IP"，在美国纽约时代广场纳斯达克大屏、日本东京 Q'S EYE 电子屏留下一抹亮眼的中国荔枝红，同时在国内借助直播带货之风，让广府荔枝成为"网红"。广东广播电视台成功地完成熵减，在组织保持开放的状态下适应外部环境，且以积极主动的姿态去吸纳先进的思想、信息和人才，超越组织惯性，顺媒介融合之势保持组织文化的活力。

（二）守正创新：勇担变革风险，灌注时代动能

组织是以人为核心的活动主体，要进行创新，就要做好迭代，更新旧有，依照动态环境的变化顺应新的规律。[①] 营造创新型组织文化，就是在组织内部建立起一种以挑战、冒险和创造性为价值观，以结果为导向的勇于承担风险的氛围，在此氛围中，能够破除阻碍，不断吸纳新思想、新知识，充分交流，丰富和发展已有组织文化。同时由于其非正式的和有机性的组织结构特征，为员

---

① 简传红，任玉珑，罗艳蓓. 组织文化、知识管理战略与创新方式选择的关系研究［J］. 管理世界，2010（2）：181 –182.

工之间非正式的、无约束的、随机的沟通与交流提供了良好的基本氛围。① 按照创新幅度的不同，可以将之分为渐进创新和探索式创新。渐进创新是在现有基础之上的调整和改进，对原有模式进行优化。而探索式创新是指技术上的根本性和革命性的变化，融入新知识、新技术，推进新产品生成。

湖南广播电视台被业界看作"搅动市场的鲇鱼"，芒果精神被看作"生机、活力、不断发展、勇于追求"的象征。湖南广播电视台预感到行业拐点的临近，主动破局，占据全新赛道。在广播生产的层面，同样注重打造创新型组织文化，推进融媒产品的生成。2018 年，由湖南广播电视台广播传媒中心、科大讯飞、马栏山文化创意投资有限公司合资成立的芒果听见科技有限公司问世，投入研发以"芒果动听"App 为主平台的音频新媒体矩阵。"芒果动听"关注车内收听场景，提出"一人一频"这一目标，借助 AI 与大数据的技术动能，依托芒果系 IP 发力。② "芒果动听"官方音频新媒体平台聚合了芒果系 IP 内容、全网头部播客、优质有声书、定制广播剧、独播亲子音频等多元内容矩阵，并与科大讯飞签订战略合作，开创"AI + IP 内容资源"联合运营模式，打通海量资源库，构建更为优质丰富的智能车域生态，以场景化、定制化的服务提升用户体验。从这个例子我们可以感受到，创新导向的组织文化有利于为员工活跃的思维提供软环境，激发组织内部的创新效能，带来更具活力的组织氛围。

（三）共享知识：实施编码化战略，建立信息储备库

随着互联网的迅猛发展和媒介融合的推进，受众愈发注意到，自身的知识需求与外部环境的知识供给并不能完全吻合。这一矛盾促进了知识消费的发展，也为广播电台的战略实施提供了机遇。时至今日，与资本、技术一样，知识已经成为影响管理模式和媒介市场的重要元素。同时，知识具有交换性和共享增值性，具有促成兼具物质内聚力和环境协同性知识联盟的先天优势。③ 广播电台作为一个由知识工作者构成的系统，应不断推进知识共享、消除知识冗余、补充新近知识，才能不断吐故纳新，保持竞争优势。将编码化战略运用于知识管理之中，将显性知识以符号化、概念化的内容存储于文档或结构化的数

---

① 简传红，任玉珑，罗艳蓓. 组织文化、知识管理战略与创新方式选择的关系研究 [J]. 管理世界，2010（2）：181 – 182.

② 电台工厂. 新起点 都挺"芒"：芒果听见公司入驻马栏山（长沙）视频文创园 [EB/OL].（2019 – 06 – 12）[2023 – 08 – 12]. https：//www. sohu. com/a/319934000_738143.

③ 段伟文. 论知识型组织的结构再造和文化重建 [J]. 系统辩证学学报，2000（3）：65 – 69.

据库中，能够有效实现知识之间的勾连和转化，以及在组织内部的传播与扩散。① 编码化战略将人与知识分离开来，主张通过数据库的信息供给实现知识的交流与交换。面对当下工作人员的流动，信息库给予了更大余地，有利于信息的对接和跟进。同时，已经完成编码的知识也能依托技术条件进行数据分析运算，通过已有知识孕育新规律，寻求内部逻辑，生产新知识以适应当下情景。

中央人民广播电台是我国的国家电台和主流媒体，从诞生之日起就肩负着为人民群众服务、建设公共文化体系的社会责任。与一些地方电台创新的突破性发展相比，中央人民广播电台的改革过程较为谨慎，但其在知识管理方面具有先天性优势。中央人民广播电台是我国唯一覆盖全国的广播频率，用普通话及粤语、闽南语等多种方言进行广播，内容涵盖了新闻、财经、音乐、文娱等多种节目类型，面向全国范围内包括少数民族、农民、老年人、港澳台同胞等多样化群体，是世界范围内听众最多的广播电台，广泛的覆盖面和大量的受众群体为中央人民广播电台的知识管理奠定了良好的基础。② 中央人民广播电台通过覆盖全国的记者站和驻地记者，在全国构建起一张巨大的信息网络，除此之外，中央人民广播电台在多年的发展历程当中积累了大量的音频资源，具有丰富的知识和信息。中央人民广播电台借助这一强大的内网系统，在全媒体时代到来之时发力，构建社会协同系统，形成了兼具知识交换优势和专业素养的动态联盟。依托"中央厨房"建设，中央人民广播电台建立起"中国广播云平台"，拓宽传播领域，实现内容生产、营销、推广的全台一体化运营。中央人民广播电台还打造出专题节目《致我们正在消逝的文化印记》、春节特别节目《过年了，我想对你说》、微信公众号声音专栏《夜听》等具有市场影响力的媒体融合产品。而其组织内的个人的独立思考能力、知识获取能力、团队协作能力都在这样的组织文化中得到了提升，也为个人的自我更新和自我发展提供了条件。组织内部的学习氛围激励着每一个行为主体不断提升隐性知识和素质，形成可持续发展的良性循环，真正让知识成为组织文化的源头活水，打造开放型的组织文化。

---

① 和金生，熊德勇. 知识管理应当研究什么？［J］. 科学学研究，2004（1）：70－75.

② 李向荣，阎冬. "走出概念、快速见效"中国广播云平台：中央人民广播电台媒体融合工程［J］. 中国广播，2017（10）：9－14.

第三节　移动传播时代广播生态化发展的战略调适

　　"调适"一词来自生物学，指生物系统间达到匹配的路径，引申到社会学领域，意指组织在环境变化中，调整自身以把握和开拓机会的行为。战略调适是对于动态环境的主动解析与重构，匹配具体资源与环境变异的行动，是组织在新变动、新问题面前的反应和调整，目的是把握机遇、整合资源、找准市场定位。本节将关注战略调适，从广播电台对内生性资源的占据和对外部动态环境的整合入手，分析如何将广播电台的核心能力有效地转化成竞争优势，以达到可持续发展。

一、广播电台战略调适背景的生态化分析

　　随着新一轮数字革命的纵深发展，以大数据、人工智能等为代表的新兴技术开始向全行业渗透，由此带来的媒介竞争也日益白热化。媒介融合伴随着上下游生产要素的整合、全媒体数据库的信息存储与子媒体对于素材的二次加工，在政策的引领之下，一些媒体产业看到了时代赋予的机遇，现实中出现了新一轮纵向整合的浪潮。与广播为同位群（guild）的移动音频，也在这一争夺用户注意力的大潮中崛起，占据了一席之地。传统广播与移动音频具有生态相似性（ecological similarity），它们均以听觉为主战场，都具有与现代快节奏社会相匹配的伴随性和碎片化特征。但这也意味着，曾经被传统广播占有的资源被重新瓜分，加之连续竞争（serial competition）的影响，让广播这一旧的种群遭遇累积性的侵蚀。

　　中国高校影视学会广播专业委员会首席专家牛存有在《2021年中国音频传媒市场用户触媒行为分析报告》中谈到，中国音频传媒市场的用户由广播线性直播单向传播的广播听众和全媒体矩阵流媒体内容平台传的移动音频用户共同构成。数据显示，2021年中国音频传媒市场整体用户规模稳步增长，广播听众规模基本稳定、略有减少，平台用户规模总量显著增加。2021年广播电台（特指各种线性直播流）节目的听众规模为5.3亿人，相较2020年损失900万听众。而今，广播电台、移动音乐和移动听书在音频市场中呈三足鼎立之势，其中移动音乐在整体音频传媒市场中用户规模最大，达到7.29亿人，

相较 2020 年增长 9.95%，较上年同期用户增量达到 6600 万人。[①] 认识到如此现状，传统广播也在积极地寻求转型，逐渐向具有碎片化特征的交互音频产品靠拢。IP 渠道的打通、CRM 数据中心的运用、平台交互的多种尝试都可以看到移动传播时代广播向生态化发展的努力。[②] 但在广播转型的实践道路中，生态化发展和最终价值创造的黑匣依然没有打开。部分电台曾通过产业链的延伸带来了范围经济，但因为忽视后期的监管控制和精细调适，让成果只是昙花一现，未能长期和稳定地提升媒介竞争力。

二、广播电台战略调适需关注的基本要素

（一）资源配置

基于前文分析，可以发现，资源需管理者发挥作用才能真正使其为组织带来持续竞争优势。这也对广播电台的管理层提出了更高的要求。首先广播电台需要对资源进行鉴别和基础分类（见图 4-1）。

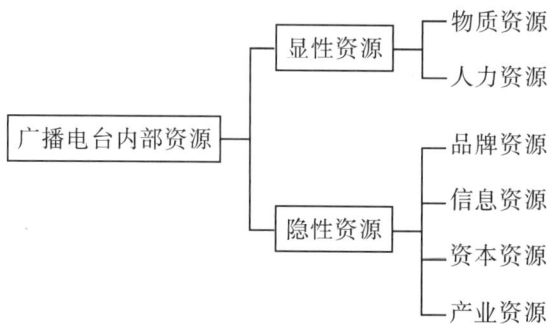

图 4-1　广播电台内部战略资源

在广播电台内部，显性资源包括物质资源和人力资源。显性资源是组织发展的基础，获取方式相对丰富，一方面来自市场竞争和合作，另一方面来自政府和公益组织的供给。战略调适聚焦于资源的配置，对于组织内部的资源，我们认为只有主动和合理的战略实施才能使之发挥效用。面对变化莫测的外部环境，企业更需要实现资源的可持续发展，提升资源的不可模仿性，才能在日趋白热化的

---

① 颜春龙，申启武．传媒蓝皮书：中国音频传媒发展研究报告（2022）［M］．北京：社会科学文献出版社，2022：68.

② 周俊．融媒体广播生态业务体系的建设方向分析［J］．传媒论坛，2020，3（10）：29，32.

竞争中胜出。对于广播电台内部的物质资源应该妥善存储，及时更新，其中包括实际生产运用的基础设施如广播调频发射机、声卡、话筒、封闭式监听耳机等，物质资料包括存档文稿、介绍册、宣传栏、宣传片以及生产出的具有创造性的音频产品如广播剧等。人力资源是广播电台中活跃的元素，媒介融合时代的广播工作人员应该保持独立思考和批判的姿态，在探索和进取中成为有独到见地的、能够保持文化存续性的创造型人才。从体力的层面，广播电台内部员工能够通过体能付出维持正常的生产活动；从智力的层面，依靠多年积累的行业经验，电台内的员工可以用专业知识和生产技能去创造更多的智力财富。

广播电台中也存在着隐性资源，包括品牌资源、信息资源、资本资源和产业资源。广播电台作为传统媒体，具有专业化的信息生成能力和渠道。其中的信息资源可为公众共享并反复使用而不被削弱，可视为可再生资源。广播是上传下达的绝佳沟通桥梁，其信息服务功能可以将社会上出现的新动态、新问题、新趋势作出呈现，广播电台内已有的信息也可以同新信息进行渗透、集成和转化，从而形成新的内容，实现内容的增值。同时，信息资源的有效管理与科学配置，可使广播电台保持持续的创造力，并形成一定的竞争优势。资本资源是指广播电台内部的资本成本、可运用的资金总额。产业资源主要指广播电台生产的具有竞争优势和特色的媒介产品，该产品不仅专业水平较高，而且能够对电台的整体发展产生根本性的影响，同时能够支持电台内部的经济发展。在媒介边界消融的当下，广播电台的产业资源是生成多样态全媒体产品的重要支持，且产业资源带有附加价值，所创造的品牌价值和社会影响力都帮助广播在日趋激烈的全媒体生态中抢占市场，占据一席之地。

（二）人力机制

马克思原理认为，人是生产力中最积极最活跃的因素。尤其在知识带动经济发展的当下，人成为至关重要的战略性资源。人力资源特别是具有较高媒介素养、市场感知力和全媒体生成能力的人才，将是广播电台竞争力培育所需要的最重要的、具有战略意义的资源，是电台的核心竞争力。广播电台在进行人才培养时，一方面要注重对于个体专业能力的培养，另一方面也要实现同事之间的良好协作和互动，最大限度地提升组织绩效。媒介融合的时代为广播创新发展提供了机遇，在组织内部要创造活跃而包容的氛围，激励成员承担创新的风险，让广播在全渠道、全场景、全价值链中，保持核心竞争力，同时，组织也应以工资和福利的形式切实得到创新生产和努力付出的回报。生产兼具社会责任感和市场意识的公共文化产品，需电台内成员积极调动知识，从节目的选题、策划、录制、审查到最终播出，都需要具备专业素质的从业人员花费时间和精力完成。对于用人机制，管理者应当构建合乎市场规律的绩效考核体系和人才鼓励体系，克服用人机制上"官本位""唯学历论""唯职称论"等弊端，并弥补岗位定级、薪资结构中的不足之处。通过人员的流动和淘汰来激励员工的竞争意识，并关注员工成长，通过创造和谐的氛围提升员工的工作幸福感。

对于具体的项目，管理者应该根据员工特长进行任务分配，为每个环节选择合适的人才，建立激励和监督机制，及时完善职权分配，并处理好不同项目与日常工作之间的协同关系，提升工作效能。

（三）制度惯性

美国著名经济学家库兹涅茨在谈论政治和经济的关系时，曾提到："先进的技术若想得到高效而广泛的应用，必须做出制度和意识形态的调整。"广播电台的正常运营离不开政策体系的规制，而政策的结构形式和权力分配模式也会受到主体的反作用。随着政策格局的逐渐完善，电台内的权力运行机制、合作模式、利益分配方式等会逐步形成路径依赖，而且"路径依赖"在社会系统中逐渐自我强化，愈发稳固。随着外部环境的变化，原本政策的侧重及生产推行模式会在执行中频频遭遇矛盾冲突，在实际操作过程中，也不断遇到新情境和新问题，政策主体必须对政策内容或行为模式进行相应调整，但此时的政策调整就会因为惯性造成阻力，需要付出更多的成本。同时，制度从建立之日开始就有先天性的倾向，会不自觉地站在制定者和决策者的角度考虑问题，而制度的惯性也会不自觉地对原有利益结构进行维护。这实际上也给广播电台内部问题的解决带来了不确定性。

要打破广播电台内的制度惯性，首先要让电台的整体目标要与相关者的利益和权力平衡。其次是要解决执行部门内部的权责交叉问题。尤其在融媒体的推进过程中，"九龙治水"交叉管理的情况不利于具体事务的解决，也为权责推诿提供了温床，严重影响既定目标的实现。最后，要通过适当的路径解决战略的滞后。我们必须面对的现实是，媒介组织的制度调整速度是跟不上媒介发展速度的。在这样的前提下我们会发现，新旧结构的交替总需要一定的时间才能完成，而电台内部人员也需要时间去适应、管理和经营新旧两种结构。当这种变化深刻触及管理者的利益，使他们的地位、权力，或者心理安全感受到影响，他们也会通过行政管理的方式去抵触变革，因此，也要尊重制度的变化规律，不可操之过急。

三、广播电台战略调适的实践路径

在媒介融合不断深度推进的当下，广播作为依托电子传播的媒介，其功能的迭代和价值的增幅都需考虑新时期的资源和环境条件，以此调节媒介结构。移动传播时代中新技术、新形态的出现，可能是催生变化的压力源（stressor），也可能是广播逆势上扬的契机。如果直接将生杀予夺的权力全部交给市场，很容易陷入竞争失利的泥沼。根据内部资源和外部环境尽快作出调适，才能敏锐地发现市场机会、不断优化内容和产品，才能为广播发展争取到更多竞争优势。

（一）合理配置内生资源，坚守政治传播阵地

在媒介融合时代，找准资源维度的特定位置显得尤为重要。这不仅能让传统广播规避无序竞争，还能更好地应对互联网的"无边界"状态。[①] 无论广播作出何种调整，都应坚持自身运行规律，在"不变"中求"变"。[②] 在探讨广播的战略调适问题时，我们需要明确，广播从诞生之日起就具有解读国家政策、引导社会风向的工具性质，无论如何操作实施，都要保证传统媒体服务于人民、服务于党的宗旨得以实现。尊重广播传播的内在属性，是实现音频产品艺术属性、获得长久生命力的前提。忽略社会责任，完全单纯追求市场化和商业化，便会让广播的媒体功能被异化，将大众传播变为文化工业的产物。

2023 年 10 月，在全国宣传思想文化工作会议上习近平总书记明确提出"七个着力"的要求，即"着力加强党对宣传思想文化工作的领导，着力建设具有强大凝聚力和引领力的社会主义意识形态，着力培育和践行社会主义核心价值观，着力提升新闻舆论传播力引导力影响力公信力，着力赓续中华文脉、推动中华优秀传统文化创造性转化和创新性发展，着力推动文化事业和文化产业繁荣发展，着力加强国际传播能力建设、促进文明交流互鉴"。习近平文化思想的首次提出，也要求广播工作者传承广播的优良基因，遵循主流媒体应当秉持的价值规律，让广播唱响时代的号角，展现民族的风貌，做好舆论的引导者、信息的发布者。一方面，广播作为主流媒体可以获得更多政策的倾斜和保护，盘活内部创新资源。另一方面，广播基于多年的业务敏感性，可以更好地把握政策脉络，从自身强项出发调整技术选择和研发导向。同时广播自身也需

---

① 刘涛，卜彦芳. 传媒生态位变迁视角下的中国广播 80 年经营历程 [J]. 中国广播电视学刊，2020 (10)：93 – 97.

② 申启武. 传统广播的"变"与"不变"[J]. 中国广播，2015 (1)：35 – 38.

立足于高举旗帜、服务大局、凝心聚力的主流媒体责任，从三个向度考虑实现战略提升：一是走在信息前沿，突发性公共事件正在经历从由"动态碎片"到"聚合交互"的转向①，广播作为以声音为媒介的大众传播工具需提供迅速快捷的信息传输通道，尤其是应急广播，在突发公共事件发生、发展、解决与落幕期间都应履行稳定社会秩序的责任。二是深化公共服务，做好广播本土化，突出区域特色。通过广播助力基层治理和信息服务，让政策的声音走向"最后一公里"，充分保护受众知情权和监督权，规避舆情引发的社会风险。三是要做好阵地管理，凝聚社会主流意识形态。做传播习近平总书记重要思想的最强音，保持贯通全国的宣传声势，强化网上网下协同、全国卫视协同、重大宣传与文艺作品协同，完善全系统协调联动，创造接地气、有灵气、聚人气的音频产品。②

（二）积极适应动态环境，实现知识供给与文化传播

声音是信息传递的主要载体之一，广播是以声音为介质的媒体，解放双眼、无远弗届的特点都与移动互联网时代的受众接受习惯契合。广播带有原生口语文化思维特点，具有移情和参与的特征。以音频承载知识，不仅能较大限度地贴近课堂传授这一从小养成的学习习惯，还能规避口语交流信息转瞬即逝的弱点，满足受众多次收听深度思考的需要。音频生产打开的是"耳朵经济"的大门，在快节奏的现代社会中，终身学习的理念已经深入人心，用户的付费意愿也在逐渐加强，但让用户苦恼的是面对海量信息的无所适从，是有限时间和精力下面对社会快速发展产生的"知识焦虑"。③声音场景的搭建门槛降低，无需占据双眼，音频就可以通过陪伴的方式占领受众忽略的碎片化时间，刺激听觉以强化学习效果。这些都为传统广播的转型提供了先决条件。首先，广播通过占据听觉赛道实现盈利实质上是强化生态位分化的战略选择，视觉领域的竞争已成红海，反而让音频生产大有可为。其次，知识付费已逐渐被大部分用户接受。2021 年 2 月 19 日，国家信息中心发布的《中国共享经济发展报告（2021）》显示，2020 年，中国共享经济市场交易规模约为 33773 亿元，同比增长约 2.9%，其中知识技能市场规模达 4010 亿元，同比增长 30.9%。数据的呈现也让我们看到，知识共享产品将拥有广阔市场。最后，声音可以被视作一种文化标识，大量独具文化价值的有声内容却被埋没在流量竞争中。缺乏内容的"流量"并不具有长久生命力，泛娱乐化风潮背后是被透支的受众耐心

① 聂静虹."第五媒体时代"的政府公共关系刍议 [J]. 学术研究，2009 (2)：66 - 69.
② 聂辰席. 肩负新的光荣使命　迈步新的赶考之路　汇聚起奋斗新时代、奋进新征程的磅礴力量 [J]. 中国广播电视学刊，2022 (3)：5 - 11.
③ 许图. 互联网音频知识付费用户的行为研究：以喜马拉雅为例 [J]. 传媒，2021 (15)：71 - 73.

和难以掩饰的审美疲劳。这都让我们看到，仅以迎合受众感官愉悦争夺"流量"的阶段已经过去，生产满足人民群众精神文化需求的优质内容才是广播长久发展的突破口。基于以上三点，居于主流媒体的广播本就在资源占有方面存在优势，公信力强、影响力大，更容易"涨粉"，也更容易"出圈"。传统广播完全可以转化原有方式，通过碎片化、陪伴化、趣味化、高报偿率的音频内容为用户提供信息，在短时间内完成知识交付。传统广播更多依靠广告实现盈利，围绕知识性内容产生的变现让广播的营养生态位得到拓展，社交关系下的情感价值也有利于增强受众的黏性以带动内容变现和开发商业潜能。声音社交同样可以让传统广播实现由听众到粉丝、由免费到付费的转化。知识的有偿售卖、会员经济、粉丝经济都可以是广播收益的新来源。

2020 年 3 月 4 日，中央广播电视总台（以下简称"总台"）高品质声音集成制作分发平台"云听"App 入局音频赛道，按照"台网并重、先网后台、移动优先"原则，积极适应广播听众向声音用户转变的趋势，稳妥推进广播频率改版升级，主流媒体的入局，进一步引领了市场对"声音 + 文化"主流价值传播的探索。"云听"App 主打"听精品""听广播""听电视"三大内容板块，为移动互联网用户提供高品质声音产品。"听精品"涵盖有声阅读、知识付费、头部 IP 等内容，其中文化板块将《朗读者》《开讲了》《典籍中国》《百家讲坛》等进行内容版权引进，同时还从市场热点及用户需求出发，制作《食之漫话》分享在中国的"乡"味，循迹各地美食；通过《"字"从遇见你》趣味解读汉字背后的故事；以《澳门之味》展现餐桌上的年轮。"听广播"聚合全国各地主要省市地方台广播频率节目 800 余个，还手握总台数百位"金话筒"、"名嘴"、名记者、名编辑以及配音名家资源，进一步聚合了各行业机构和专业创作者资源，迎合现代受众的收听习惯，提供广播节目的碎片化点播收听服务。"听电视"协同"央视频"将总台的优质视频内容进行音频化呈现，叠加音频、视频的"合力效应"，以央视新闻、品质剧场、文史妙谈、岁月留声几个板块实现音视频价值最大化，形成总台音视频移动端产品"一体两翼"格局。"云听"通过知识付费、互动打赏、广告营销等业务功能，带动产品逐渐向商业化运营进军，使总台优质的声音产品得到最大化的开发和价值体现。

（三）重构绿色产业链条，破除旧有制度惯性

构成广播电台业务生态圈是战略路径中提供服务工具、职能划分和研发技术管理的趋势和目标。生态化强调"尊重规律"，强调"和谐共生"，强调"可持续发展"。对于广播电台内部的生产而言，围绕一个节目，从最初的内容创作到最终的受众消费可以说形成了完整的广播产业链条。在这个过程之

中，涉及内容的供应、技术的支撑、平台的运营、赞助商的支持及用户的收听。其中，各个基本环节都无法逃避充分的竞争，且每个环节都会向外延伸，带动相关产业的发展。在这样的产业模式中，我们看到，各部分的资源没有真正形成循环和流动，尤其是盈利无法反哺节目的生产与制作，从而形成了恶性循环。曾经，广播电台为争取更多的经济价值，最大限度地开发资源，将观众的注意力和广播的时间无上限地售卖给商家，导致了广告和虚假内容的泛滥。[①] 如此举措，不仅浪费了电台内的资源，还使得"污染物"和"废弃物"混入原本的生态链中，对于电台的公信力也是一种伤害。

本节基于广播电台转型中的实践者角色，提炼一个基础的广播电台业务生态标准，为业务和技术等相关人员提供思考、参考依据。广播电台业务生态标准是战略层从上至下的业务生态结构，其中生态上层为战略规划制定层，底层为生态组织中的最小运营单元，中间为过程执行层。各个层次之间通过网络化的管理方法连接，推进企业各个部门的横向协作，实现组织内部目标的一致性。经过资源整合，加以能诱发社会作用的交换系统，形成根据产品、地区、生产所需的柔性网络，明确自身定位，逐次分解并执行战略目标，并在可量化的基础上才能评估风险，控制生态进展节奏。

技术是生态化发展的核心竞争力之一，传播发射技术、安全存储技术、系统维护技术、节目生成技术等不仅需要与传统广播的开路发射、光纤传输、卫星发射等技术结合，还需要发挥大数据规划、调研、算法定位等的功能，合理提升技术深度和技术广度，驱动广播生态有效快速发展。同时，物联网、人工智能、云计算、智能通信等技术也会随着 5G 的迅猛发展助力广播媒体的智能化转型，背靠 5G 的超大宽带、超高容量、超密站点、超可靠性可以帮助传统广播实现从线性媒体到时域媒体的转变，并助力高质量广播直播内容的生成。[②] 在业务整合部分，广播电台应通过建立有序的学习机制，将特色频道、有声读物、语音直播、应急广播等业务整合，建构"内部知识库"[③]，以开放系统的思想与外部环境的知识互动，有意识地组织内部成员不断获取知识，改善自身行为，优化知识体系。在经营环节，首先要实现版权经营的优化。音频产品侵权成本较低，且市场缺乏边界分明的法律法规保护原创音频产品。在此情况下，广播电台内更需要建立清晰的版权链条，一方面充分践行版权确权，另一方面要为定制节目打造精

① 申启武. 打造绿色广播的三个着力点［J］. 中国广播电视学刊，2016（2）：4.
② 安琪. 5G 时代广播媒体的智能化转型［J］. 中国广播电视学刊，2020（1）：74－77.
③ 刘果，李静茹. 学习型新型主流媒体的组织管理：目标、结构、路径与文化［J］. 传媒观察，2020（5）：39－43.

品版权，注重品牌价值的延伸。① 在销售环节，电台产品本身的收益、在线商城的盈利、会员充值和知识付费带来的回报等都为电台下一轮创作提供了资金，而通过长期优质内容的输出让电台也逐渐具有品牌价值和市场美誉度，吸引更多赞助商的投资，这也成为生态循环中的再生资源，推进电台的可持续发展。（具体广播电台总体战略类型结构见图4-2）

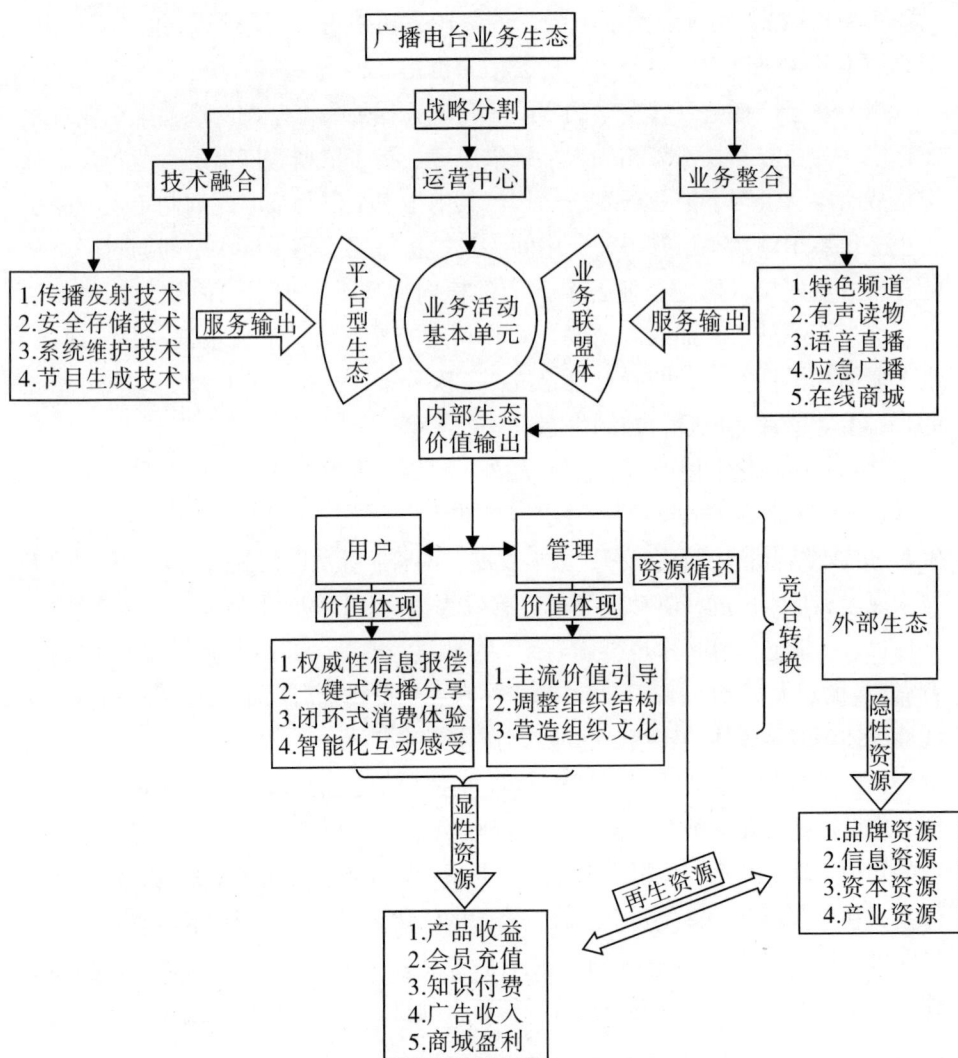

图4-2　广播电台总体战略类型结构图

---

① 北京广播电视台节目研发中心.2020年中国广播融合发展概要［M］//申启武，牛存有.传媒蓝皮书：中国音频传媒发展研究报告（2021）.北京：社会科学文献出版社，2021：15-35.

第五章 移动传播时代广播媒体生态化发展的实证考察

移动传播时代的到来，让原有的媒介生态发生了革命式的变化。信息传递的基本逻辑由理性客观转向诉诸情感，用户的信息消费诉求成为媒介生产的核心。同时，移动传播时代的社会媒体、资讯媒体、自媒体等门户网站以及媒体属性移动应用的"流量主导"，直接推动了舆论生态结构的改变，政府和主流媒体对社会舆论的主导权受到挑战，传统主流媒体的社会舆论主导地位被边缘化；信息的碎片化和社交性传播，增加了舆情监测与预警的难度，大量的非理性言论和负面信息争夺传统主流媒体舆论引导的话语权，分流和弱化了传统主流媒体的传播声量和效果。

本章以深度访谈法辅助实证考察，通过走访全国范围内的转型典例，获取一手调研资料，深入了解各地广播生态化转型的现实状况，关注广播电台在融媒体大潮中是如何提升用户的体验和留存率，走出独具特色的发展之路的。通过对于访谈材料与研讨会资料的梳理、整合与提炼，本章最终选取了中央人民广播电视总台央广、上海广播电视台、安徽广播电视台、深圳广播电台这几个具有代表性的广播媒体转型案例进行深入探讨，通过关注典型广播电台针对目标市场的积极转型，获得具有借鉴意义的规律和经验。此外，本章还关注到县级广播电台在融媒体建设进程中的突出表现，并对于国外先进案例进行分析，以期从认知与实践两个层面为我国广播电台转型提供案例参考。为深入广泛地探讨广播生态化转型的实际问题，在资料获取方面，除课题组实地考察所获得的信息外，内容和数据都来自互联网的以往研究报道。为应对互联网信息的良莠不齐、保证研究的科学性，课题组在选择辅证材料时会优先选择具有权威性的官方网站，并对加入的内容进行比较和考证，在确保研究的可靠性和有效性的同时，尽可能丰富地呈现广播媒体生态化转型的图景。

第一节　内容主导型转型模式
——以中央广播电视总台央广为例

移动传播时代伴随着互联网媒体的快速发展，通过智能移动终端收听广播已经成为趋势，传统主流媒体纷纷推出网络传播平台，以传统主流媒体的内容生产优势，结合互联网传播手段的技术优势，打造全媒体传播体系，坚守"内容为王"的信念，在内容生产、传播渠道、运营管理等方面守正创新，不断扩大和提升传统主流媒体的影响力和竞争力。

中央广播电视总台央广作为中央级媒体、国家电台，拥有权威的媒体地位和高端的品牌形象，是中国最重要的、最具有影响力的媒体之一，是社会主流意识形态传播的声音阵地；以内容主导体现"国家媒体"的社会责任，彰显主流价值的独特地位，弘扬和宣传报道社会主义核心价值观，是国家电台的重要使命和责任担当；以国家级媒体化平台的建设为突破口，推进传统主流媒体的"内容主导化"融合转型，以主流媒体声音平台占领移动音频领域的高位市场。2018年，中央电视台、中央人民广播电台等单位合并组建为中央广播电视总台。为方便阐述，本节以中央广播电视总台央广（以下简称为"央广"）指代中央广播电视总台旗下的广播版块。

一、优质内容永远是媒体的核心竞争力

无论是传统主流媒体时代还是移动传播时代，受众注意力关注的焦点始终是内容。因此，内容始终是媒体传播的核心要素，优质内容永远是媒体的核心竞争力。

（一）优质内容是传统主流媒体的固有优势

移动传播时代的内容生产和传播途径均突破了传统媒体时代的固有模式和路径，形成了内容生产多元化和传播途径多样化的局面，同时也造成了内容消费领域的注意力高度碎片化，使传统主流媒体社会注意力的凝聚能力被削弱。

传统主流媒体与互联网新兴媒体的深度融合，就是为了积极顺应移动传播技术的发展，主动应对传播格局的改变；通过媒体深度融合来重构传统主流媒体的内容生产模式和流程，以适应全媒体传播特性的优质内容，重聚传统主流

媒体的市场竞争力和影响力。

即使是在用户应用极为广泛的互联网社交媒体中，许多颇受用户关注和传播的内容也是来自传统主流媒体的独家调查或深度解读。因此，在移动传播时代，优质的独家、专业、权威内容依然是媒体的核心竞争力。

（二）媒体融合强化传统主流媒体的内容优势

传统主流媒体依托长期历史积淀所形成的品牌优势及媒体公信力，依靠严格的规范流程和专业化的采编能力所建构的内容生产能力在移动传播时代依然具有互联网媒体所无法比拟的优势。

传统主流媒体的内容生产优势，通过媒体深度融合的赋能以及传统思维方式的转变，以媒体融合为契机，以内容产品的全媒体传播为基本原则，重构传统主流媒体的内容生产流程和内容产品管理体系，坚持新闻真实性、客观性、准确性等传统采编规范，利用全媒体技术手段实现新闻表现方式的创新融合，保证了传统主流媒体的公信力在媒体融合过程中实现新的提升。

（三）央广守正创新实现转型升级

移动传播时代，央广积极应对数字化媒体所带来的严峻挑战，充分利用媒体融合转型的历史机遇，深入挖掘内部资源，以大数据为依托探寻音频用户的诉求，以内容主导驱动媒体机制的完善，借助新媒体实现内容资源效用的最大化，以媒体融合转型升级驱动产业的升级和转化。

（1）央广打破区域分割、各自封闭的体制桎梏，整合全国广播资源，建立区域中心的同时与地方省级广播媒体资源共享、信息互通，形成了覆盖全国的广播大市场。

（2）央广内容主导、把握全局，完善顶层设计，实施品牌战略，突出重点，打造了《新闻和报纸摘要》《央广新闻》《新闻纵横》《直播中国》《小喇叭》《天下财经》《财经夜读》《中国 TOP 排行榜》《快乐早点到》《国防时空》等多元化品牌节目矩阵。

（3）央广坚持"守正创新，特色主流"的战略定位，全面聚焦移动音频领域，把握移动音频发展趋势，打造自主可控、具有强大影响力的高品质声音聚合分发平台"云听"，进一步提升主流媒体的传播力、引导力、影响力、公信力。

二、以优质内容输出主导央广融合转型

移动传播时代，央广以深度融合发展为契机，结合自身的实际情况，立足广播的优势，发挥音频的声音特色，遵循传统广播的传播规律，根据互联网思维，重塑内容生产流程，融合体制机制，重组内部资源，以全媒体指挥中心为基本运行抓手，以中国广播云平台为技术支持和保障，以声音产品为内容基础，以传统广播（中国之声、经济之声）和"云听"为"一体两翼"的呈现平台，稳步实现从传统主流媒体向主流媒体化平台的转型，进一步驱动媒体经营方式的转换，构建全媒体融合发展的现代传播体系和新型广播媒体集团。

（一）全力打造三类移动客户端

央广通过建立统一的全媒体新闻指挥中心和 24 小时新闻会商协调机制，强化新闻的整体策划和一体设置能力；以媒体深度融合发展为契机，突破传统广播新闻生产的区隔，再造符合互联网传播规律的内容生产流程；融合体制机制，重组和盘活内部资源，实现人才队伍跨体制的融合，实现内部资源和生产流程的一体化协同；以中国广播云平台为技术支撑，聚合广播全行业资源，强化广播听众和音频产品用户的触达能力；将移动传播平台的发展作为首要目标，以图文新闻为基础，突出音频特色，集中全力打造"央广新闻"（新闻类）、"云听"（原中国广播）、"国家应急广播"（预警信息、应急工具类）三类客户端平台产品。

（二）建设央广"全媒体指挥中心"

推进媒体深度融合发展，技术是重要的推动力和支撑，央广于 2016 年年底即启动了编务会制度，依托云采编技术平台进行报题、审稿等，强化节目编排和重点节目、栏目的管理和审定，首次真正意义上打破了机构的壁垒和平台的区隔，统筹了央广各频率、部门的人员和节目资源。2017 年央广建设了融媒体指挥中心，统筹新闻策划、协调和指挥，通过多模块的系统集成，实现媒体融合的统一指挥和调度。指挥中心通过大数据技术和传播效果监测反馈系统，分析央广的节目传播表现，如：电波端的收听数据，社交媒体"两微"的发布量和阅读量，云采编选题、成稿、用户和线索等传播数据，用户下载量、活跃度等互联网端互动数据，为媒体的融合转型和运营提供了决策数据依据。

（三）联合作战的融媒体新闻生产流程

央广的融合发展工作重心是"重大主题报道"和"时政创新报道"。央广聚合优秀的策采编人才力量，建构融媒体新闻指挥中心协同新闻和财经节目中心、军事宣传中心、地方记者中心等"7×24小时"一体化作战的融媒体新闻生产流程。在重大主题报道中，广播与新媒体深度融合、协同报道，打造了"广播＋音频"的融媒体新闻产品矩阵，《习声回响》音频特色专栏立体化展现了习近平总书记的外交智慧和作为大国领导人的魅力。在融媒体中心的指挥下，央广以全新的融媒体产品为突破点，推出形式多样、颇具特色的融媒体产品。借助央广网、"央广新闻"微信公众号、"央广"和"央广网"官方微博、央广网海外社交账号，以及"云听"和"央广新闻"客户端全平台传播。

三、主流媒体内容主导传递时代最强音

移动传播全媒体时代的内容主导型媒体转型，核心在于内容生产模式的创新；强化新闻整体策划和资源整合能力，以权威发布、深度发掘、精准解读占据时政新闻至高点；关注社会热点，快速反应、深度分析、有效引导，营造舆论气场，"讲好中国故事"；运用互联网思维，遵循互联网传播特点，做实、做短、提炼新闻点①，提高网络易传性，"讲好百姓故事"，强化媒体的主体责任意识。

（一）高效精准传播引领舆论场

全国两会是一个汇集民智、反映民意、影响民生的重要政治舞台，是世界观察中国的重要窗口。做好两会主旋律报道，引领舆论关注新焦点，是主流媒体的社会责任和历史使命。央广作为国家新闻媒体，凭借国家声音媒体的强大传播力、引导力、影响力和公信力，始终立足国家高度，发挥融媒体的传播优势，壮大主流媒体的舆论阵地，传递时代最强音。

央广坚守国家声音媒体责任，通过名牌访谈节目《央广会客厅》、特别节目《代表》《两会锐地带》《两会超链接》《两会"艺"起谈》的直播、《您身边的两会》《团结奋斗向未来》和《代表委员说》等专题专栏，第一时间连线

现场记者和行业专家对两会内容进行权威解读，坚持高起点议题设置，深层次、多视角和全方位深入报道两会精神和解读重大决策部署，全面、及时、准确地传播两会声音，第一时间传递民生信号，凝聚发展信心。

同时，央广不断创新融媒体传播方式，与总台多个频道和新媒体客户端联合推出《两会你我他》融媒体特别节目，在中国之声广播频率、央视新闻频道、"央视新闻"客户端和环球资讯广播同步播出，通过全媒体平台解读两会热点，聚焦民生话题，直击会场内外，实现两会报道的深度融合。

央广充分运用融媒体传播矩阵，运用音频、视频、图形和文字等多种媒介形式组合同步报道。其微博、微信和抖音等新媒体平台第一时间发布两会最新资讯，以更为多元的信息传播方式，让广大听众和用户聆听两会之声。

央广为广大听众和用户开辟了亲"声"参与两会的 H5 互动通道《给你一只麦克风》，通过扫描活动海报以录音的方式提出自己关心的问题。部分留言在中国之声广播频率中播出并在记者采访环节中邀请相关代表委员进行反馈。

（二）主旋律高站位传承传统文化

2021 年是中国共产党成立的 100 周年，央广联合全国广播媒体共同推出 365 集音频节目《中国共产党百年瞬间》的特别报道，节目以短小精致的形式刻画出共产党人的精神谱系，在全国广播媒体、中央广播电视总台音频客户端"云听"App 及"学习强国"等平台播出。同时，央广制作并播出的建党百年相关节目和内容均在"云听"的党建频道中开设专栏，主动发挥主流媒体互联网平台的优势，打造高品质主旋律的有声产品，让主旋律宣传在碎片化收听渠道的传播更加广泛。除此之外，央广还在春节这个特殊的时间节点上着力打造了融新闻、专题、文艺为一体的《中国声音中国年》，以"回家过年"为主线，主打"伴你回家、陪你过年"，被誉为"声音春晚"。通过国家声音、我家声音、我台声音，回顾时代的足迹、体味生活的变化、烘托过年的氛围，在广播调频和视频客户端以音视频方式多渠道直播，已成为每年除夕返乡路上的温暖陪伴、在家忙年的亲情话题。自 2016 年首播以来，已经连续多年陪伴全国听众和网友共度除夕回家路，与听众共同回忆这一年的快乐与感动，家国情怀与新春祝愿承载其间。2022 年除夕的《中国声音中国年》在中国之声、经济之声等广播频率并机直播，在"云听"App 进行独家视频直播。据不完全统计，这场持续 9 小时的直播在社交媒体全平台阅读量超过 4200 万次；社交媒体全平台累计播放量达到 1.35 亿次；微博话题累计阅读量超 1.1 亿次。[①] 通过声音纪录片实现传统文化的现代化表达，其原创的系列节目《致我们正在消逝的文化印记》，选择了具有代表性的"方""工匠""地方戏曲""古村落"等正在消逝的传统文化领域，精心策划，扎实采访，大力弘扬中华优秀传统文化；精益求精，推陈出新，按广播规律用音响讲故事，以声音的魅力唤醒耳朵、直抵心灵；以独特的视角讲述现代化进程中被人们"遗忘"的传统文化，记录、传承中华民族的文化印记，探讨在现代化进程中留住中华民族的根和魂的有效路径。

四、以主流声音平台抢占移动音频领域

移动传播时代智能技术的快速发展和广泛应用，平台的智能化、集成化、即时化、用户化、数据化、链路化彻底颠覆了传统广播媒体的内容传播模式和产业运营模式，依靠移动传播技术对传统媒体优质内容赋能，培养和改变了广播听众从广播到音频产品的收听行为和习惯，平台成为内容集成、用户聚拢、营销链路的基本依托，因此，媒体平台化成为移动传播时代传统媒体融合转型的主要特征。

中央广播电视总台（以下简称为"总台"）作为党和人民的喉舌和最具影响力的主流媒体，于 2020 年率先应用移动传播新技术打造了全新的声音新媒体平台"云听"，与"央视频"共同构成了总台新媒体阵营的"一体两翼"。作为对传统广播功能的全面升级，"云听"在坚守广播基本职能的同时始终坚持传统主流媒体"内容为主"的平台内容构建宗旨，在追求高品质平台音频内容的同时注重内容产品的精神文化价值引领，在移动传播技术的赋能下，实现了对媒体化平台的内容格局、产品形态、商业模式等的创新，为传统广播媒体的融合转型提供了一个新的探索模式。

（一）传播正能量，追求高品质内容主导

"云听"始终坚持聚合高品质且充满正能量的传播内容。以开放和包容的互联网思维，打破了传统媒体做音频客户端的固有模式，不是简单地把央广的广播内容迁移到新媒体平台，而是在整合总台旗下各广播台、电视台的优质内

[①] 央广广告. 广播媒体在主旋律叙事中触达人心 [EB/OL]. (2022-03-22) [2023-08-12]. http://ad.cnr.cn/hyzx/20220322/t20220322_525772788.shtml.

容，建立专门团队研创、制作精品音频内容产品，还与全国广播电视媒体合作，联合全国广播媒体共同打造优质精品内容，让内容可控、可听，从而形成移动音频领域的内容主导。

在聚合全国传统广播直播节目内容的基础上，"云听"集成了以知识类、资讯类为主的海量垂直内容，同时兼顾广大听众及用户喜欢的娱乐类内容。而"云听"的娱乐类内容与其他音频平台相比，更以传播正能量、引导大众积极向上的价值观为核心宗旨；为了保证内容的高品质，增加了世界名著和经典爱情故事的讲述和赏鉴内容，压缩了通俗言情小说的分量。

"云听"作为传统主流媒体打造的声音新媒体平台，在坚持聚合高品质、正能量内容的同时，发挥传统主流媒体职业播音员和专业主持人的群体优势，有效地在专业层面突出了平台的专业特色，通过对音频节目的语速、语调、感情色彩等维度的精准把握，带给平台用户精神愉悦的同时，也让平台用户理解了节目传播的内容和价值。

（二）正确文化导向驱动内容精神文化引领

"云听"作为国家级的 5G 声音新媒体平台，主要功能为平台用户提供基于移动传播的场景式收听，并在信息传播多元化的移动传播时代实现真实信息的权威有效传播。平台不仅为用户提供了丰富的、高品质的内容文化产品服务，更是以符合社会主义核心价值观的价值引领，实现对公众精神世界的文化引领。通过正确的文化导向，引导公众在信息传播多元化的主流媒体与自媒体并存的移动传播时代，面对多元的、多维的、多面的信息观点做出正确的分析和判断，从而推动整个社会思想文化的健康发展、有序进步，实现主流媒体的社会责任和历史使命。

"云听"虽然是音频的新媒体互联网平台，面临与其他音频媒体平台的激烈竞争，但始终坚持正确的内容导向，不以刺激性、暴露性图片来吸引平台用户的关注，而是以简洁清晰的白色为开机界面的底色，红色的"云听"二字向平台用户传递了积极向上的主流精神文化导向。通过充满阳光、幽默风趣、饱含书香等富有个性、积极向上的配图，体现平台的精神定位和价值引领。

（三）国家主流媒体高位布局移动音频领域

在坚守传统广播媒体基本职能的前提下，"云听"根据音频用户的收听需求和音频市场的消费热点，精心设计了"听精品""听广播""听电视"三大垂类频道，打造了以音频为平台特色的新媒体音频内容聚合平台，为移动传播时代的互联网用户提供高品质声音产品的同时，呈现出健康多元的内容格局，实现了音频内容产品在激烈竞争的移动传播语境下的价值最大化。

"听精品"重点包含了有声阅读、知识付费、头部 IP 等精品内容，依据市场热点、焦点以及平台用户收听的痛点，进行内容定制生产及版权引进，打造了党建、资讯、听书、文化、历史、评书、相声小品、音乐、医养、教育、儿童、社会、财经、国茶、听剧、军事、田园、汽车、戏曲、综艺等多个类型的栏目内容。平台依据平台用户在使用过程的浏览、搜索、收听、收藏等习惯，对内容的选择、接触和理解能动化，从而满足移动音频用户的个性化内容需求。"听广播"依托总台资源、技术和渠道优势，聚合全国电台直播流的同时，对传统广播进行了重塑，将传统广播的节目内容和形式进行重新组合，从而"再媒介化"产出既有传统广播的内容形式又具备数字媒介特性的音频内容。例如"云听"推出的电波寻声、热播推荐等多种分类，为移动传播的终端用户提供了广播节目的碎片化点播收听服务。"听电视"协同"央视频"将总台优质视频内容进行音频化呈现，累加音频、视频的"合力效应"，通过对电视节目的"再媒介化"，使电视内容具备超媒性，在不同媒介中得到多元呈现和复合传播，为移动传播时代的用户提供了跨越影像、声音、文本的异质性生存空间，包括娱乐鲜声、精品好剧、诗词大会、怀旧经典、百家讲坛等兼顾大众文化与经典文化的雅俗共赏的栏目。除了以上常规的栏目，还有电视剧和各种综艺节目、音乐节目、养生节目等，极大地满足了受众的多样化需要。特别是"云听"对总台广受好评的电视节目——《朗读者》《中国诗词大会》《故事里的中国》等进行音频化重构，并进行内容切分，适配用户碎片化的收听方式，实现了由"看电视"向"听电视"的转变和音视频价值的最大化，成为音频移动端的有力竞争点，形成总台音视频移动端的"一体两翼"格局。

（四）注重价值内核，彰显主流平台责任担当

推动媒体融合向纵深发展，做大做强主流舆论，让正能量更强劲、主旋律更高昂，才能巩固全党全国人民团结奋斗的共同思想基础。"云听"作为国家主流媒体打造的音频平台，注重思想和价值的双内核构建，重视音频产品的价值性与知识性的相结合，运用互联网的思维逻辑以及运营手法，融入年轻化的元素，丰富主流价值的话语表达形式，注重音频产品的价值内核，彰显音频新媒体平台的责任担当。

2022 年"云听"设置了全国两会报道专区，其中《两会现场声》节目围绕两会热点，聚焦代表委员们的精彩发言，以几分钟的短音频原声呈现，带听

众感受现场氛围，听懂两会要点，截至2022年3月14日已经有17.39万次的播放量，受到广大用户欢迎。同时，"云听"携手中国之声，首次实现全国两会报道的全AI播报，带来"双声双融"的主流声音，以技术为骨彰显价值内核。在2020年新冠疫情暴发期间，"云听"第一时间推出了抗击疫情专区，同时集纳了一批国内外经典文学作品有声书和中小学语文课本示范阅读音频产品等独家优质内容，尽可能地满足广大中小学生居家学习的需要。此举既为"中小学语文示范诵读库"的建设提供了丰厚资源，也极大地方便了中小学生的线上学习，高度体现了主流媒体为人民服务的责任意识。不仅如此，"云听"还打破数据壁垒，与"学习强国"平台合作建设音频内容共享通路，不仅在"学习强国"上线"云听"专区，还进行了深度合作，同步创作和展播战"疫"相关音频内容，实现资源共享，扩大主流媒体的影响力。2020年春节期间"云听"联合"学习强国"平台共同制作了鼓舞全国人民士气的有声作品《英雄的中国人民一定行》、"云听"独家创作录制的广播剧《在家门口过年》普通话版和武汉话版等优质音频内容，通过中国广播联盟和"云听"音频内容分发平台，授权全国电台播出，全国超过300家电台播出了"云听"的相关内容。

五、音频国家队引领移动音频主流价值

移动传播时代主流价值传播构建"内容、人才、平台"三位一体、协同配合的新型传播格局的核心，就是适应全新的传播生态，牢牢掌握移动传播时代主流价值的主动权。央广作为中央媒体、国家电台，就是要站在全局战略思维的高度把握主流价值传播的统摄力，构建面向全国、全网的主流价值传播权威平台。

"云听"肩负着传统广播战略转型的重要使命，也是国家主流声音媒体抢占移动音频领域的重大突破。"云听"以打造自主可控、具有强大影响力的新型主流媒体平台为目标，聚焦资讯、文化和知识三大领域，以主流内容传递主流价值，不断强化舆论引导能力，在移动音频领域占据主流话语权。[①]

（一）国家声音媒体的最强音

"云听"全面聚焦移动音频领域，关注移动音频发展趋势，发出了国家声

---

① 王清江．"云听"：声音新媒体的"国家队"［J］．传媒，2022（9）：8.

音新媒体的最强音。截至 2022 年 5 月，"云听"平台累计用户量突破 1.4 亿，"云听"车载端用户数超过 4600 万，成为车联网音频第一媒体，成功引领多家地方广电音频移动平台共同成长，丰富了广播音频行业生态。随着媒体融合向纵深发展，广电系统也强化了对移动音频行业的布局，"云听"传播的主流文化价值和社会服务理念成为广播音频行业可持续发展的引领，是对整个广播音频行业生态的有效突破，具有整个广播音频领域的对标作用。

"云听"以国家声音新媒体的权威性、公信力和强大的资源优势，打破了目前移动音频领域的市场格局，向依靠商业化运作、占有超过 60% 市场份额的移动音频行业的头部平台发起挑战，并且成功打破移动音频头部商业平台的强势垄断，为整个移动音频行业的主流媒体转型而破局。

（二）声音传承主流价值文化

文化是一个国家、一个民族的灵魂，文化自信则是一个国家、一个民族发展前行的精神力量。中华优秀传统文化是中华民族的精神命脉，是中华民族的"根"和"魂"，积淀了中华民族最深层次的精神追求，呈现着中华民族最深刻的精神印记，代表着中华民族独特的精神标识，为中华民族发展壮大提供了丰厚滋养，激发了中华民族强大的民族生命力、凝聚力和创造力，推动着中华民族的不断向前发展。

声音可以被视作一种文化标识，有效地拓展文化的记录范围，使文化能够以声音的形式进行传承。由此，声音也成为记录文化与历史的最佳载体。大众对传统文化的喜爱反映出内容市场的全新趋势，"文化＋"正成为媒体发力未来内容生产的突破点之一。

"云听"的文化频道聚合了类型丰富的文化类节目，例如由中国之声、"云听"和人民文学出版社共同推出的《小说风景》，以北京师范大学文学院教授张莉对自己创作的作品《小说风景》的讲述为依托，通过"朗诵＋讲评"的形式对原著进行深度剖析，带领读者走进作家的世界，解构现今当代文学的美学逻辑和发展变迁。[①] "云听中国"频道集纳地域特色声音，打造"流文化志"；"云听中国声音博物馆"的项目、赋能智慧城市建设项目等，进一步引领了市场对"声音＋文化"主流价值传播的探索。

---

① 央广广告. 中国之声 & 云听如何创新中华文化入耳入心？［EB/OL］.（2022 – 07 – 28）［2023 – 07 – 14］. http：//ad. cnr. cn/hyzx/20220728/t20220728_525936509. shtml.

（三）版权授权保证内容安全

版权历来是媒体与商业机构的"必争之地"，版权之争的实质是利益之争。聚合海量版权及优质内容资源是音频平台发展的根本，但音频内容的版权问题是多年来困扰以广播电台为代表的主流声音媒体的难题。

2022年"云听"获总台广播频率和音频节目独家授权，总台拥有、管理的广播频率及其所含总台享有著作权或获得相关授权的音频节目由"云听"平台独家经营，意味着"云听"将代表总台就广播频率与第三方开展合作，就许可内容以搭载或接入"云听"平台的方式，与第三方开展其他形式的经营合作，终结了国家级广播节目版权被商业平台肆意侵权的局面，全渠道保障内容安全及用户享受精品内容服务的权益，做大做强主流平台。[①]

"云听"代理总台新媒体版权，有利于"云听"通过对总台已有优质内容资源的重新梳理、衍生创作和多渠道再分发；通过精细化的运营版权资产，实现版权价值开发的最大化。同时，在安全播出层面也将获得更为有力的保障，避免出现其他商业平台对总台音频内容"断章取义"等失范现象，实现互联网音频阵地的内容安全、运营有序，让听众在"云听"平台听到更多正能量、有营养的内容。

（四）智能终端连接用户场景

移动传播时代的移动音频，伴随着平台用户随时随地地收听使用而处于多样化的生活场景中，移动音频传播也因此愈发凸显场景的价值和意义。而移动音频和场景的紧密关联，既依赖于智能移动设备的赋能，也得益于移动音频的多样化物理场景。智能移动设备推进了音频多样化场景下的移动传播，而音频的伴随性收听加深了用户在场景内对音频的依赖。与其说移动传播时代争夺的是流量，不如说争夺的是场景。因此，场景成为继内容、形式、社交之后媒体的另一核心要素。

"云听"通过构建普通版、少儿版、乐龄版客户端，覆盖了音频用户在日常、生活、通勤和学习等场景上的移动收听需求；"云听"车机端布局车载市场，已装机的1600万车载终端覆盖众多知名汽车品牌。至此，"云听"实现

---

① 小熊. 广播版权保护首放大招！总台音频资源尽归"云听"，网络音频行业迎转折？[EB/OL].（2022 – 06 – 16）[2023 – 07 – 14]. https：//mp. weixin. qq. com/s？__biz = MzAxMjI3MDQ4Ng = = &mid = 2749455516&idx = 1&sn = 8a75574117c07957cf819bcce664ed2c&chksm = bda192658ad61b733a8425905a8be439634f2e48c78000609a8ac869757ef5f356d7a2dcc362&scene =27.

了对音频收听的全场景覆盖。

音频优于其他传播形式的最大优势就在于"便捷性",用户的"听"充分体现了其伴随性特点。因此,"云听"以"资讯+手机操作系统"拓展新闻资讯场景,以"党建宣传/全民阅读+智能终端"挖掘城市公共服务场景;以"知识+智能穿戴"开发学习场景,为儿童手表定制开发了操作便捷的"云听"主产品以及内容丰富的"听课文"产品,打造方便孩子使用的音频陪伴;以"助听+耳机"的"助听模式"开发敬老场景,通过声音处理技术,将人声与环境噪声进行采集、分析及差异化处理,帮助习惯佩戴耳机收听内容的老年用户实时判断周围情况并及时回应;以"有声阅读+车机端"开发驾驶收听场景,通过具有大数据分析和 AI 内容推荐技术的车机端,为车主推送有声内容。在移动传播和智能终端普及的背景下,"云听"加速应用基于车机端及智能终端的交互技术,帮助提升用户在不同场景的使用体验。

(五) 技术连接用户应用场景

移动传播时代,新技术一方面能够为移动音频行业赋予新的生命力,提升音频产品的产能和品质;另一方面新技术也为音频产品的内容和形式的创新予以赋能,为音频用户提供更为便捷多元的收听体验。

"云听"基于总台 5G +4K/8K + AI 等新技术,将人工智能、5G 等新兴技术加以运用,为总台广播频率的改版及传统广播向移动音频转型提供技术支持和平台保障。目前,"云听"已经设置了近 200 个细分频道,入库优质内容350 余万小时,推出了《三体》《笑傲江湖》等高品质有声书,打造了"云听开讲""云听声工厂""云听好书节""云听毕业季"等独家 IP。

"云听"为凸显并保留声音的温度,对多名央广主持人的声音进行反复学习模拟,推出 AI 主播并全面应用于"云听资讯"板块,由 AI 主播生产的播报内容已超 95%,实现了有声资讯生产工具的全面升级;"云听"还充分利用技术带来的产品创新空间,推出市场上可将发音检测精确到拼音字母的中文在线诵读评测产品——"云听朗读测评",满足小学阶段青少年的普通话规范、语文听读识记等大量语文教育需求,在"玩"中不断提升学习兴趣和诵读能力。①

"云听"专门组建了 5G 车联事业部,重点布局车联网市场,以应对智能

---

① 看看焦点.「耳朵经济」悄然崛起,主流媒体如何布局在线音〔EB/OL〕.(2022 - 04 - 28)〔2023 - 07 - 14〕. https: //zhuanlan. zhihu. com/p/506793759.

网联汽车迅猛发展所带来的行业与市场变化。车机端承接了智能移动端的主体功能，精选"云听"内容库中适合车载场景的优质内容，通过 AI 电台、场景电台和有声读物等产品形态，打造全时段、全内容的车载音频生态系统，为驾乘人员提供优质的车载娱乐体验。

同时"云听"考虑驾乘出行的特殊特点，运用大数据分析和 AI 内容推荐技术，基于驾驶场景和用户偏好，精准地为驾乘人员推送新闻、天气、路况、音乐、应急信息等适合车载场景的广播直播流内容，打造新型的"智能网联交通广播"；通过车机系统直接推送精准即时的应急信息，将车机系统融入国家应急广播体系。通过国家主流媒体自身强大的内容审核能力，确保车机系统推送的新闻信息准确权威，坚决守好车载移动出行市场的主流舆论阵地。

音频平台改变声音媒体的传播形态和方式，重塑了音频用户的收听行为与习惯。随着媒体观念的转变和新技术的应用，主流媒体音频平台将在价值引领、舆论引导、优质 IP、人工智能、跨界融合等方面守正创新，提升音频平台的影响力和吸引力，壮大主流舆论阵地。因此，无论技术如何发展，内容为王始终是广播媒体传播的内核。

第二节　平台主导型转型模式——以上海广播电视台为例

1994 年中国互联网正式接入国际互联网，开启了中国的互联网时代。中国互联网的发展经历了门户网站、搜索引擎、移动社交和自媒体四个阶段，特别是随着国内第三代移动通信（3G）的应用和陆续的快速升级迭代，中国网民获取资讯的主要方式从搜索引擎转移到了手机端 App，信息分发模式也从搜索引擎变为订阅关注进而升级为信息流模式；以博客、微博、微信朋友圈为代表的一批互联网平台相继诞生并得到广泛应用，宣告了自媒体时代的到来；信息生产也从 PGC 转向 UGC（用户生成内容）模式，内容产业实现数据化改造，数字化内容开始逐步替代传统内容，并形成了新的内容形态。

互联网内容平台打破了传统的内容产业链，依托互联网平台的链接和聚合能力，内容传播方式产生了深刻的变革。2011 年 9 月国内首家网络音频应用平台蜻蜓 FM 上线，2013 年 3 月有声内容音频分享平台喜马拉雅上线，分别以相对较低的成本方式获取了传统广播媒体的优质内容，依托技术赋能、资本加持来获得海量用户，驱动了广播听众由传统收端口向智能移动端口的转移。互联网音频内容平台改变了广播听众的收听方式和习惯，分流了广播听众，颠覆了广播媒体的价值变现模式，挤压了广播媒体的生存空间，弱化了广播作为主流媒体在音频领域的主流价值舆论引导权、内容传播话语权和媒体价值竞争力。

具有专业化内容生产优势的全国广播媒体，在互联网音频内容平台的冲击下，纷纷通过进驻第三方平台或自主开发客户端，扩大传统媒体的传播力和影响力，积极探索媒体融合的平台化转型路径和模式。在平台媒体化和媒体平台化成为媒介融合的典型特征和趋势的大背景下，作为上海广播电视台的新媒体转型产品——"阿基米德FM"于2014年10月10日正式上线，打造了一个面向全国广播媒体、基于传统广播节目实现社交社群的移动音频服务平台。进而以互联网平台运营的思维和全媒体内容传播的视角，对传统广播的线性直播样态及内容生产流程进行改造，以阿基米德FM作为核心中枢，为上海广播融合转型、构建智慧化视听生态提供平台支撑和赋能。

一、传统广播融合转型的路径初探

为了应对互联网技术发展及应用所带来的广播传播技术、传播方式的改变，以及广播听众媒体消费习惯和行为的改变，传统广播媒体积极探索与互联网媒体的融合发展，经历了从拓展传播渠道到构建生态平台、从盲目入驻第三方平台到自主开发手机App客户端、从"各自为战"的"单打独斗"到合作共享的"抱团取暖"、从内容的延伸传播到用户的价值运营等不同阶段和不同层面的实践探索，在颠覆和重构中摸索前行。

（一）传统广播基于延伸传播的融合探索

随着互联网技术特别是移动互联网技术和智能移动设备的发展，传统广播节目的传播出现了新的渠道和样态。网络电台、手机App客户端以及微电台依托互联网的用户链接、平台开放、集群效应、去中心化等内容聚合与分享，以及算法加数据的裂变传播技术优势，对传统广播的生态环境造成了巨大的冲击和影响。面对互联网传播方式对传统广播传播和收听方式的冲击，全国广播媒体纷纷探索融合转型，大部分广播电台采用了入驻第三方音频平台的模式，以期弥补传统广播线性传播在时间和空间上的短板；部分实力较强的广播电台特别是省级广播电台纷纷开发自有手机App客户端，实现线性直播节目网络收听的同时强化了传统广播节目的点播和回听，突破传统广播的时空局限，以增强传统广播在移动传播时代的竞争力。

选择入驻第三方音频平台的传统广播媒体，虽然拓宽了传统广播的传播路径，延伸了传统广播的再传播价值；但在媒体融合及转型发展的平台化进程中，其仅仅是拥抱了互联网而未能真正实现自身的平台化构建，反而为第三方音频平台无偿或接近无偿地贡献了传统广播媒体丰富的优质内容，为第三方音频平台的发展进行了内容赋能。

选择自主开发手机 App 客户端的传统广播媒体，虽然实现了传统广播节目向智能移动端的转移，在线性直播的基础上增加了点播和回听，并形成了相关的新闻资讯和生活服务内容体系，但由于受思维定位的影响，手机 App 客户端的开放性不足，基本上是以服务电台的广播节目网络收听为主，难以形成广播节目内容的聚合效应，客户端的用户规模和裂变效应均难以突破自身的瓶颈。因此，传统媒体自主开发的手机 App 客户端，仅仅实现了传统广播节目互联网收听的工具化职能；受资金、技术、内容、用户乃至思维的影响和制约，难以形成平台化的媒体生态重构。

（二）上海广播基于生态平台的实践探索

在全国广播媒体纷纷以入驻第三方音频平台或开发广播专属手机 App 客户端的方式，进行媒体融合的实践探索之时，上海广播电视台东方广播中心的内部孵化项目——阿基米德 FM 移动音频服务平台，作为背靠传统广播而诞生的新媒体转型产品，以向广播媒体提供音频数字化转型、打造智慧视听生态的系统解决方案为平台目标，为传统广播媒体的转型提供了可资借鉴的经验。阿基米德 FM 的创立是以解决人群的连接，实现移动互联网条件下媒介、信源、用户的三方交互为核心目的，搭建"一个能够提供社交的音频服务平台"①，而不只是提供一个便于听众查找广播节目内容，与蜻蜓 FM、喜马拉雅对标的音频聚合库。

拥有传统广播基因的阿基米德 FM，立足于 PGC 的专业广播内容，致力于广播优质内容的挖掘和再创新；聚焦每档广播节目的音频用户连接，弥补传统广播与听众无法连接的痛点，打造每档广播节目的"独立社交社区"。几年来，阿基米德 FM 已经发展成为一个用户规模突破四千万，全国百余个省市电台、一万六千余档广播节目入驻的移动数字音频平台，成为中国重要的地方广播融媒体转型平台之一。

---

① 曹虹，段苏格．东西文娱对话阿基米德：移动音频战场才刚开局，"国家队"如何逆风翻盘？[EB/OL]．（2018 - 12 - 19）[2023 - 07 - 12]．https：//www.sohu.com/a/283146311_99918922．

二、传统广播融合转型的平台化探索

传统广播媒体融合转型的核心，就是将前互联网时代媒体与听众的弱连接，通过广播节目"音频产品化"的数字内容平台构建，弥补传统广播在互联网环境下的弱连接短板，强化传统广播作为主流媒体的内容固有优势，实现广播媒体音频产品与音频用户的强连接，塑造传统广播媒体的平台化属性，构建传统广播全场景生态的音频平台化媒体，增强传统广播作为新型主流媒体在移动音频领域的竞争力和影响力。

上海广播电视台东方广播中心主任翁伟民表示："对于传统广播而言，打造自有平台是终极目标，完善引导和服务用户的内容与服务是永续任务。"[①] 因此，"以阿基米德为龙头产品的上海广播互联网平台建设，将阿基米德打造为既有上海广播特色，又有全国视野的音频平台型媒体"[②] 成为上海广播媒体融合发展的发力重点之一。

（一）媒体平台化和平台媒体化的融合趋势

伴随着互联网技术的快速迭代和数字经济的飞速发展，拥有数亿用户规模的互联网平台因其用户的信息交互、公共表达和社会化生产属性，以及依赖互联网平台"万物互联"和"实时互动"的新型传播方式和生活方式，使得互联网平台日益具有网络表达和信息传播的媒体化特征；而具有专业化内容生产优势的传统主流媒体，在融合转型过程中积极寻找和适应符合互联网传播规律的发展路径，也就是传统媒体的互联网化，期望通过应用互联网技术或与互联网平台合作来建立自身的平台化传播能力和竞争优势。因此，平台媒体化和媒体平台化，已成为互联网发展大趋势下媒介融合转型发展的典型特征。

1. 平台型媒体的开放与聚合特点

无论是平台媒体化还是媒体平台化，如果将传统媒体的融合转型置于互联网产业的整体发展脉络之中去分析，平台化则是其最大特点，也就是聚集最大量的用户于同一个平台进行互动和交流，从而使平台成为用户交互的大数据中心和社会资源的汇聚中心。因此，传统广播媒体的平台化转型，就是要通过构

---

① 崔忠芳. 上海广播：当下有为，未来可期：专访上海广播电视台东方广播中心主任翁伟民 [J]. 中国广播影视，2021（19）：22–27.

② 崔忠芳. 上海广播：当下有为，未来可期：专访上海广播电视台东方广播中心主任翁伟民 [J]. 中国广播影视，2021（19）：22–27.

建强大的内容平台，以某一个垂直领域为切入点聚合用户资源，从而建立起一个具有生态属性的平台型媒体。

平台型媒体是指基于互联网技术应用之上，具备媒体属性、能够提供信息和服务的交互空间的媒体。[①] 因此，平台型媒体是既拥有传统媒体的专业性和权威性，又拥有互联网平台面向用户所特有的开放性和交互性之数字内容实体。简而言之，平台型媒体不是单纯依靠平台方自己生产和传播内容，而是打造一个良性的开放式平台。平台型媒体与媒体型平台最大的区别在于平台自身的开放性和聚合性。媒体型平台构建侧重于信息传播方式和媒体服务的横向跨媒体延伸，而平台型媒体则侧重于媒体平台内部各种应用、功能、服务和内容的开放、包容和聚合。所以，传统媒体的平台化转型，是一种对于现有媒体形态的突破，是一种对组织结构和生产流程的重构。

2. 传统媒体融合发展的理想路径

互联网媒体的快速发展以及对媒体生态环境的重构让传统媒体意识到了数字化、网络化和平台化转型的必要性和迫切性，并且传统媒体的平台化转型已经成为业界的基本共识。尽管构建平台型媒体不是传统媒体融合转型的唯一出路，但被认为是传统媒体未来发展的重要形态，同时也是传统媒体在互联网时代融合发展的最佳路径。无论是传统媒体还是平台媒体，无论是内容为王还是渠道为王，其本质都是与用户的连接，失去了连接能力的媒体无疑也失去了其核心竞争力。因此平台型媒体的核心是重构传统媒体"连接用户、构建生态、资源聚合、数据赋能"，"链接、开放、平衡、守则"的"成员间横向成网、业务端纵向链接"。

首先，平台型媒体将传统媒体在注意力经济属性下所积累的受众，通过平台构建将传统媒体所具备的成为用户入口的条件转化为现实，真正成为用户与媒体连接的入口；其次，平台型媒体突破传统媒体的本位局限，通过合作利益共享和数据资产共享的机制，以更加开放的平等心态聚合第三方的内容资源，建立利益共享的商业模式；再次，平台型媒体重构传统媒体的生产流程，从大众传播思维转向满足用户个体的多维需要，聚合海量的用户资源和内容资源，完善价值生态；最后，大数据赋予了媒介机构高效能地认知、判断、反应和行动的能力。用数据去探究用户需求、洞察市场动态、支持快速决策、驱动技术迭代。将大数据思维和能力融入平台的所有环节，构建平台的数据能力。

因此，平台型媒体的属性和能力决定了传统媒体的平台化转型是对传统媒

---

① 王枢，徐建勋. 论传统媒体的平台化转型［J］. 新闻爱好者，2019（7）：51－55.

体生产方式、传播方式和运营方式的根本转变，而不仅仅是使传统媒体具有平台属性那么简单。传统媒体依托商业平台增加的粉丝量、提升的影响力，是以牺牲传统媒体连接能力为代价的，传统媒体作为媒体的功能被大大削弱，其结果则是"饮鸩止渴"：用户难以实现积累，数据资产难以把控，商业模式难以重构，平台建设更是"空中楼阁"。

（二）上海广播融合发展的移动音频平台

东方广播中心自 2014 年成立以来，始终致力于推动传统广播向移动互联网转型。阿基米德 FM 是背靠东方广播中心、联动全国广播优质内容、依托互联网信息化技术、定位于音频产品"独立社区"的"一个能够提供社交的移动音频服务平台"。① 阿基米德 FM 以"声音，改变生活"为主旨，从帮助广播电台实现媒体融合，为传统广播向互联网转型提供系统化解决方案出发；逐渐迭代成为不间断地为用户提供广播节目和个性化内容推送，兼有社交功能的移动互联网广播平台。几年间，阿基米德 FM 已经成为全国主要省市电台均有入驻、用户量突破 4000 万的跨平台、跨地域、跨介质的广播生态平台。

1. 个性定制

阿基米德 FM 首页可进行个性化定制，通过对用户点击行为的记录和分析，针对用户的收听偏好推荐相关的节目或者专题，以及推送部分用户的动态；同时吸收互联网平台的交互特点，发挥广播媒体的互动优势，加入了社交软件的元素，在主页以朋友圈的形式显示用户动态，用户也可以根据自身的偏好选择关注其他用户或成为好友，强化了平台的交互性，这成为阿基米德 FM 有别于其他地方广电音频平台的典型特点。

2. 位置服务

根据用户定位产生用户当前所在位置的属地广播电台节目的推送以及非属地广播电台节目的推荐；同时用户可以根据个人的收听诉求，通过下拉菜单对平台内所包含的音乐、新闻、出行、脱口秀、财经等十余个不同内容类型的电台进行选择；还可以根据用户所需要的带孩子、跑步、刚起床等场景进行分类，以契合不同的用户在不同的场景对收听内容的不同需求；从满足用户收听诉求的内容供给角度而言，整个场景化分类设计更具人性化。

---

① 曹虹，段苏格．东西文娱对话阿基米德：移动音频战场才刚开局，"国家队"如何逆风翻盘？[EB/OL]．（2018－12－19）［2023－07－12］．https://www.sohu.com/a/283146311_99918922.

3. 直播节目

作为传统广播媒体开发的音频平台，直播节目是必备内容。当下正在直播的本地广播节目和非本地的全国直播节目均为用户提供收听的选择，突破了传统广播媒体的属地传播局限，提升了广播媒体跨域传播和广域覆盖的媒体价值；用户不仅可以在平台上实现实时收听广播，还可以回听已经播出的往期节目，既满足了实时收听的用户需要，也满足了实时收听所引起的回溯收听的诉求，弥补了线性传播的时间限制，提升了广播媒体的传播与再传播的媒体价值。通过全国主要省市电台的入驻，实现海量内容资源的平台聚合，释放海量音频内容的流量价值。

4. 社群互动

阿基米德 FM 将传统广播与互联网媒体相结合，为每一档广播节目建立一个独立社区，节目组可以通过各自的官方微信接入对应的社区页面；以节目为纽带，以平台为依托，用户在收听广播节目的同时与具有相同收听和互动兴趣的其他用户聚拢在一个个兴趣社区或节目部落，在一定程度上增强了有共同爱好的用户之间的互动和交流，提高了用户对平台的使用意愿和使用时间，增强用户黏性。相较于传统广播的留言互动模式，这更具归属感和社群属性。

（三）阿基米德 FM 的广播生态平台

阿基米德 FM 实现了传统广播与互联网平台的结合，弥补了传统广播在空间上区域覆盖和时间上稍纵即逝的传播短板，且将互联网的交互元素融入平台，用户通过平台实现实时收听及回溯收听本地及非本地广播节目的同时，还可以与主播及偏好相同的用户进行互动交流，提升了平台用户的体验感和使用黏性，打造了一个跨平台、跨地域、跨介质的广播生态平台。阿基米德 FM 通过每个广播节目所建立的独立社区，实现内容与用户的连接；依托上海广播，面向全国广播，基于利益共享聚合海量音频资源；突破内容形态边界，融入复合生活体系，打开音频行业的用户需求空间；[①] 应用新技术和新模式强化全网数据解析和组合能力，为平台产品节目的内容生产和创新转型提供强力的数据支持。

1. 打造音频用户入口

阿基米德 FM 作为聚合传统广播内容、探索音频数字化转型的移动平台，

---

① 曹虹，段苏格. 东西文娱对话阿基米德：移动音频战场才刚开局，"国家队"如何逆风翻盘？［EB/OL］.（2018 - 12 - 19）［2023 - 07 - 12］. https：//www. sohu. com/a/283146311_99918922.

其核心目的就是解决人群连接的问题。传统广播是线性传播媒体，依据不同时间段收听人群及场景的不同，进行不同定位的广播节目的播出编排；同时，广播频率类型化和直播化的出现，一直在追求直播过程中内容与听众的互动，无论是 2G 时代的短信互动还是 5G 时代的万物互联，广播都具备着场景和互动的优势。但在移动互联网时代，广播与广播听众的弱连接，则成为广播乃至整个非互联网媒体的短板和痛点。

阿基米德 FM 作为一款移动互联网音频平台，将传统广播的场景和互动优势，与互联网平台"开放性基础设施"的特点相结合，构建了一个音频领域的以链接为核心能力的开放性技术设施；依托阿基米德 FM，提升音频用户与音频内容的链接效率，触达音频用户更多的生活协同场景。它打破广播节目按照频率类型分类的传统划分模式，将广播频率不同时段的广播节目细化拆分为独立节目，每一档节目成为用户进入平台的一个入口，使用户能够在特定场景下与节目进行有效便捷的连接，满足其需求从而实现精准营销。同时，平台在每个栏目下开设评论与互动区，而听众因共同的兴趣集合在一个评论与互动区内，在一定程度上会增强有共同爱好的用户之间的互动和交流，提高用户对平台的使用意愿和使用时间，增强用户黏性。通过每一档节目所构建的独一无二的节目社区，建立起节目内容与用户的真实连接并且聚焦核心用户。

阿基米德 FM 平台上聚合了 16000 余档广播节目，为音频用户提供了音乐、新闻、出行、脱口秀、财经、服务、体育、餐饮、旅游、育儿、教育等内容的近 70 个垂直化、个性化、碎片化的社区应用，并辅以音视频、图文等形式，以用户最容易接受的组合方式予以呈现。用户可以从自身的兴趣、需求和习惯出发，自主选择相关社区的关注、订阅和使用。由于广播媒体本身的注意力经济属性，全国各地的广播节目经过多年的深耕和经营，已经积累了海量的用户和粉丝，阿基米德 FM 的移动音频服务平台为全国广播媒体的听众转化提供了入口。

2. 强化平台数据能力

阿基米德 FM 作为一个提供移动音频社交服务的数字平台，用数据探索用户需求，用数据洞察市场趋势，用数据赋能节目优化，用数据驱动平台升级，将大数据思维和能力融入平台的每一个环节和细节成为必然。阿基米德 FM 还建立了专门的数据实验室，发挥平台对数据的追踪和记录能力，通过对平台聚合的广播节目和用户收听行为数据，发布平台聚合广播节目的收听、互动、分享等数据结果，分析节目社区的表现趋势。入驻阿基米德 FM 平台的广播节目则可以后台看到每天的收听率报告，从六个纬度进行考评，包括社区活跃度、收听时长、直播互动的热度、粉丝数等，广播电台能第一时间了解自己的节目，为节目组改善自身节目质量、改造生产流程提供帮助。

通过平台节目时段用户数据的精细化分析，进一步加强对传统广播节目的数据挖掘与利用，同时不断加强数据解析和重构能力的培养和提升。对传统广播的节目提供精准化编排和优化的支持，且对传统广播的内容生产和流程重塑提供了大数据赋能，为广播节目的创新转型提供了权威、专业、精细的数据支持。阿基米德后台集用户管理系统、数据分析系统、社区管理系统为一体，实时呈现节目的平台收听表现。入驻平台的节目主持人、编辑、监制都可以登录后台使用社区管理及用户管理系统，即时查看用户的留言等，系统呈现多维度的用户画像数据。广播节目组清晰地了解自己节目的用户构成与用户定位的匹配度，有助于快速、便捷地关注到节目忠实用户的想法和声音。同时，节目组还可以了解节目用户的年龄、地域、喜好甚至消费能力，形成用户画像，进而推动信源、媒体、受众三方交互，互为传播，极大地丰富了节目内容外延，拓展了传播力。

3. 创新广播商业模式

传统媒体实现平台化转型，必须建立起真正的平台型商业模式和利益机制，既包含了合作伙伴间利益共享的机制，也包含了共享数据的技术架构。传统媒体搭建平台在技术层面相对易实现，但在机制层面则成为传统媒体较难跨越的鸿沟。大部分传统媒体所打造的内容平台，受机制以及平台开发投入等因素的影响，实现本台内容的优先传播成为必然，因此平台方只愿意将本台的内容，而不愿意将第三方的内容放在用户界面相对重要的位置，难以形成合作伙伴间利益共享的机制。平台是一种多方获利的机制，承载第三方媒介产品和信息服务的核心关键在于利益共享的商业模式。

阿基米德 FM 虽然是上海广播电视台旗下的移动客户端平台，但从 2015 年起就走出上海、走向全国，与各传统广播电台进行新媒体战略合作，已有近两百家省市级电台以"入驻阿基米德节目社区后，其产生的所有收益全部归所属台，不做任何分账的方式"签署平台入驻协议。阿基米德 FM 根据入驻平台节目的不同需求提供一些通用型插件服务，例如：交通节目中找车位、预约验车，养生节目中预约挂号，热线节目中完成水电煤费的交付；引导用户由关注一个自己喜欢的广播节目到对与节目相关的整个行业服务的关注。除此之外，阿基米德 FM 还会释放更多的 API 出口，各节目组可针对自身的需求，嵌入自己节目用户所需要的功能，进而获取属于自己的收益，让节目组和用户实现双赢。同时，阿基米德 FM 将传统广播的线性传播方式立体矩阵化，从而实现了精准化传播的目的，解决了传统广播在管理、运用移动互联网时代用户连接所产生的用户数据的短板。不同的节目时间、不同的节目定位、不同的节目主播催生更为细化的节目类型。针对用户精准聚焦后，更加突显节目服务模式，通过聚合用户，促进广播对用户的精准服务，帮助品牌主实现广告的精准投放，实现有效传播和精准营销。因此阿基米德 FM 基于互联网数据资产创建了广播节目精准定位、音频用户有效精准传播、广告投放精准营销的商业模式。曾经创造了一档节目在 20 分钟内卖掉七辆路虎汽车，价值 14.6 万元的北极旅游产品在节目中一早上卖掉 34 单的记录。

4. 完善平台应用生态

阿基米德 FM 入驻让利的开放平台创新模式，突破了传统广播的封闭式创新，聚合了全国广播媒体的内容资源；智能拆条技术赋予传统广播获得海量短音频的生产能力，释放了碎片化生态的最大价值，破解了广播媒体自身生产能力有限、产品种类较少与用户多元化、个性化的无限需求之间的矛盾，以海量的平台内容资源满足用户对音频媒介产品和信息服务的多元化需求。通过利益共享的海量内容资源、社群互动的连接方式、平台媒体的聚合属性，以内容、用户和广告主为平台节点，通过节目社群实现用户对内容的连接黏性，使平台成为三方连接的核心枢纽，从而实现跨平台、跨地域、跨介质的广播音频生态平台的构建和完善。

在内容生产层面，阿基米德 FM 通过技术加持实现内容的指数级裂变传播，利用节目合作机制和智能语音合成持续产出海量音频内容；运用大数据挖掘分析和舆情热点监控，有组织地进行热点监测、选题策划、持续跟踪、跟进报道、爆款预测和推荐，有针对性地组织内容生产、创新节目生产；运用平台的连接能力和传播能力，连接和联动互联网商业平台，反哺传统广播节目，形成以广播为基础的音频生态平台。在传播路径层面，阿基米德 FM 作为官方新媒体平台，推动上海广播电视台各种内容通过阿基米德技术统一分发到互联网、车联网和物联网等平台，通过多端覆盖和触达实现传播人群覆盖和触达的倍增。在价值变现层面，阿基米德将由 M 生活及社群广告组合而成的互联网营销服务打包成"阿基米德电台包"，与传统广播广告投放一起进行联合售卖，创新"节目 + 平台"广告运营模式，形成调频与平台、效果广告和注意力广告结合，形成全场景广告投放模式，放大广告效益。2017 年 5 月上线的 M 店平台为 24 小时的广播广告投放模式，让广播广告不再限于调频的声音推荐，而是通过平台首页、社区福利推荐、24 小时社区店铺商品展示等，将广播的引流能力转化为销售效果，实现主播后台选品进店，节目播出内容导流 +

口播广告、用户收听、平台展示、M 店下单的全链路连接，突破广播频率广告资源的限制，带来广播广告营收的实质性提升。M 店上线当天就创造了 14 万人次抢购上海广播电视台提供的 3000 份感恩大回馈特供商品的案例。

三、传统广播平台化转型的技术加持

媒体融合是一场由技术革命所驱动的传统媒体转型，从成立新媒体中心到打造"中央厨房"，从建设融媒体中心到平台化转型，技术创新构成赋能主流价值引导的重要手段，成为驱动媒体融合转型发展的重要支撑，优化平台用户体验、聚拢流量的重要手段。

在传统广播媒体融合发展的转型过程中，技术始终是制约和限制广播融合发展的一个重要因素。受各种历史原因的影响，绝大部分广播媒体的融合转型采用了技术外包的方式，而阿基米德 FM 则始终坚持必须拥有自己的技术团队，因此阿基米德 FM 的创立初期就组建了自己的技术团队，并且技术团队的员工数量始终占公司员工总数的 50% 以上，为整个平台的升级迭代提供了强大的技术支撑。目前阿基米德 FM 已经形成自己的全链技术开发体系，且获得多项自有技术专利，为广播媒体的融合转型提供了技术支点。

（一）内容解析能力

传统媒体传播的内容大多是以线性叙事为主的完整的信息，而移动互联网传播内容的碎片化直接导致了用户注意力的碎片化，碎片化的时间催生碎片化的需求，碎片化的市场需求成为移动互联网时代的典型特征。传统广播进行移动互联网转型时，势必会面临叙事完整的信息供给与碎片化市场需求的错位。因此阿基米德 FM 自主研发了自动拆条技术，实现自动重构音频的能力。将一个完整的传统广播节目（例如一个小时）生产出来后，面临二次传播尚未形成的情况，按照不同的主题、不同的算法进行自动拆分（剪辑），进而形成二次传播和分享。这个过程需要反复地进行语调分析、机器学习，不仅需要自动拆条，还要自动分类、自动标签、自动摘要、刀口设置等，共同构成大数据 AI 的基础，形成广播获得海量短音频的生产能力，释放碎片化生态的最大价值。

（二）用户洞察能力

数字经济时代，强大的用户需求洞察能力已经成为满足用户价值需求、优化用户体验、持续保持竞争力的关键因素。依托"AI + 大数据"建立全景用户视图，利用聚类分析、神经网络、决策树等算法，对用户进行标签分析，形成丰富的用户信息全景视图，针对不同用户、结合不同应用场景进行差异化精准推送则是平台必备的技术能力。

互联网移动音频环境下，用户在不同的家庭空间和时间内，其消费的音频内容千差万别，即每一个人在不同时间不同场景的内容需求存在明显差异。阿基米德 FM 通过首页内容个性化推荐功能，利用数据模型基于用户的地理位置、兴趣爱好、使用痕迹等进行分析，为用户提供个性化的内容推送。即通过计算用户画像（包括性别、年龄、地区等）、内容标签，将用户画像与内容标签匹配，计算内容实时热度。通过算法实现用户画像与内容标签的精准匹配，从而实现对不同用户的内容精准推送。

（三）数据整合能力

广播媒体的融合转型需要对传统媒体的生产流程进行重构，以达成对内容产品的重构，则必定将内容生产的源头置身于整个移动互联网，形成对全网新闻信息趋势的捕捉能力。通过议程设置，引导舆论的走势和发展。阿基米德 FM 重点构建成熟稳定的大数据应用模式和实时处理机制，优化数据新闻的生产与传播形式，为平台节目的内容生产提供强有力的数据支撑，为节目的创新转型提供专业、精细的数据支持。

（四）自动架构能力

基于移动互联网技术和思维的传统媒体融合转型，需要将媒体置身于整个互联网基础设施中，实现与互联网基础设施的有效连接。阿基米德 FM 在成功实现多媒体采集后，将持续完善多媒体编辑和发布的功能，旨在架构"N 进 N 出"的云平台能力。广播云平台输入端既有本台记者的发稿也包括其他媒体的新闻信息，同时还包括主流媒体在网络平台上的实时更新。输出端不仅包括传统广播电台，还包括阿基米德 FM 和微博、微信、头条、抖音等社交平台，以及智能音箱、智能家居和智能汽车等生活消费场景，达成传统广播媒体融合转型的平台化内容全场景触达用户。因此，未来阿基米德 FM 仍然会基于大数据和人工智能技术，从研究媒体传播规律、提高内容生产效率和传播效率出发，继续深入推进智媒技术的研发。

四、对传统广播平台化转型的再思考

移动传播时代广播媒体的生态环境已经发生变化，广播媒体积极应对生态环境所产生的变化，积极探索媒体融合转型模式。阿基米德 FM 作为上海广播电视台东方广播中心依托互联网信息化技术，以社交建立连接，专注于移动社交的音频服务平台，已经具有了强烈的互联网平台属性，是目前广播媒体融合转型案例中最互联网化的平台之一。具有如下特点：

（1）链接性。以节目社群建立用户连接，以节目互动增加用户黏性，实现了由广播听众到音频产品用户的转化，为音频产品用户提供了平台入口；通过平台数据的采集和挖掘，形成平台数据的用户洞察能力，实现了音频内容"千人千面"的用户精准推送。

（2）开放性。打破了传统广播媒体融合转型的自我优先思维，以提供互联网平台基础设施的方式，向全国广播媒体开放，以内容方享有全部收益的平台入驻模式吸引全国广播媒体节目向平台聚合，形成海量音频内容资源的平台聚合效应。

（3）平衡性。聚合全国广播的节目内容，以节目互动为基本连接，平台中的内容、互动、数据、推送、电商等元素动态平衡，相互依赖，共存共生；形成热衷于节目互动的规模化核心用户群，提升节目的广域传播价值和音频产品用户收听节目参与互动的愉悦度，由此产生与平台间的黏性。

（4）服务性。通过制定平台入驻规则，实现平台聚合节目内容的利益保障；通过提供用户画像等用户洞察数据实现节目内容的优化；提供自动拆条、标签、摘要等技术工具，提升内容的再传播价值；提供电商平台，拓展内容营收路径。

阿基米德 FM 通过拥有自己的技术团队，保持了平台的持续迭代和升级，最大限度地实现互联网平台化，进行了广播媒体平台化转型的积极探索，获得了宝贵的转型经验和教训，为广播媒体的进一步深化融合转型，提供了极其珍贵的研究案例。所以，移动互联网时代，广播应给自己搭建一个什么样的平台，应做一个怎样的变现模式，应具备一个怎样的广播思维，依然是值得我们深入思考的。

第三节　技术主导型转型模式——以安徽广播电视台为例

科学技术始终是广播不断创新的驱动力。20世纪初，电报的发明极大地提高了广播记者的新闻报道效率，使广播新闻比报纸更加迅速及时地到达千家万户。热线电话促进广播电视与听众的连接，使得节目直播大规模发展。进入21世纪，互联网、物联网、大数据、云计算、虚拟增强现实、区块链等新兴技术迅猛发展，使原本边界清晰的广播突破声音的局限，重新整合媒体资源，重构音视频全媒体新业态。科学技术正主导着广播发生深刻的变革。

技术主导型转型模式的底层逻辑是技术系统的融合创新，从云、网、端层面构建新型广播技术架构，包括以大规模、分布式云计算为主的智慧媒体云，以互联网、车联网、物联网为主的新型广播网，以及为用户提供界面、模块、内容、应用等媒体服务的智慧广播端。

技术主导型转型模式具有以下特点：第一，传播即创新，新技术促进不同领域加速融合，广播跨界创新往往在行业交叉领域有所突破；第二，传播即连接，数字连接促进广播与用户之间的数字交往与信息流通；第三，传播即共享，新技术赋权增强用户使用媒介的主动性，信息为网络行动者所共享。

安徽广播电视台坚持技术创新，以技术创新引领内容创优，不断提升技术支撑能力，积极推进智慧广电建设。按照"主力军全面挺进主战场"的要求，以互联网思维优化资源配置，将更多优质内容、专业人才等资源要素向互联网主阵地聚合、向移动端倾斜。从媒体实践层面，安徽广播电视台的技术主导型转型模式包括实施广播节目视频化转型、建设皖云省级技术平台、开发移动车联网项目等。在技术引领下，广播频率攻坚克难，加快推动体制机制、政策措施、流程管理、人才技术等方面深度融合，打造具有强大影响力和竞争力的新型主流媒体，占据舆论引导、思想引领、文化传承、服务人民的传播制高点，为建设经济强、百姓富、生态美的新阶段现代化美好安徽凝聚精神力量。

一、移动视频技术开拓广播新生态

广播节目视频化是指以视频节目为抓手，构建广播全媒体传播新生态。广播节目视频化并非简单的"电视化"，而是通过数字视频技术拓展内容资源，转型为新型的全媒体广播。广播节目视频化转型是传播理念、生产流程、工作模式的融合创新之举，进而推动商业运营模式、机制体制的创新和全媒体人才队伍建设，催生具有互联网基因的"新广播"。

2020 年 7 月，安徽广播电视台广播节目视频化工作领导小组成立，明确广播节目视频化发展方向。安徽广播电视台综合广播、音乐广播、生活广播、交通广播先行试点，依据自身特色，分别以新闻、时尚、民生、陪伴为宗旨，为各频率重新定位，推动广播节目向视频化转型，通过节目视频化手段，创新内容生产和运营方式。安徽广播电视台各频率按照"统一规划、分步实施、特色推进"的思路，有计划、分批次启动广播节目视频化工作。在前期试点成功的基础上，通过结对互助的方式，对未开通视频化节目的频率给予设备、技术方面的支持。2021 年，小说评书广播、经济广播、农村广播、戏曲广播、旅游广播等相继开通视频节目，广播节目视频化项目全面开启，全台所有广播频率实现音频、视频"双轮"驱动。

广播节目视频化项目对于广播人来说是一个崭新的课题，面临着技术、人才、管理、资金等一系列挑战，各频率克服困难，持续推进、深化、细化相关工作，形成了可供延展和复制的广播工作模式和市场运营模式。广播节目视频化作为安徽广播电视台融媒改革的重要组成部分，对促进融合创新与高质量发展具有十分重要的意义。经过三年的努力，安徽广播节目视频化项目日渐成熟，成效显著，受到业界学界的一致肯定，成为广播融合创新的安徽模式。

（一）拓展直播节目新资源

广播节目视频直播向移动端转移。移动直播报道的价值在于以零时差呈现新闻现场，记者报道与新闻发生发展同步。传统广播音频直播只能以声音的方式呈现现场，而移动视频直播是广播飞跃发展的又一里程碑。广播音视频同步直播、跨媒体多平台直播、图文声像多形态直播，广播开辟了多元化视频直播形态，形成全时段、全程化、全媒体的视频直播矩阵。广播视频直播节目类型包括演播室音视频直播、重大新闻和突发事件现场直播、慢直播、户外活动直播等。广播电台通过多方协作，开拓直播资源，丰富视频直播内容和形态。

1. 改造广播视频直播室

移动视频直播需要搭建直播室。受资金、空间等条件限制，安徽广播电视台的广播视频直播室是将原先的导播间进行改造而成。改造的方式是设计直播背景、道具、主持人和嘉宾位置、话筒和拍摄设备等。安徽广播电视台以较小的成本、简约的方式，将原来的导播间改建为广播视频直播室，常规节目均可音视频同步直播。广播视频直播室营造沉浸式节目氛围，例如，音乐广播改造的导播间设置灯光、沙发、吉他、摄像机、收音机、墙面灯光等物品，呈现时尚、青春、灵动的风格特点。戏曲广播配置戏曲蟒袍、靠旗、盔头等行头道具，将受众带入戏曲艺术时空。广播视频直播室可以直播或录制视频节目，也可结合热点发布爆款短视频。

广播视频直播室的改造，为广播打开了内容生产的新局面，标志着广播迈入全媒体生态圈。在常规节目中，广播通过官方客户端、抖音、快手、微信公众号、微博账号等多渠道进行音视频同步直播，扩大节目的传播力、影响力。在主题主线报道、重要会议、重大活动报道、突发应急事件报道中，广播不仅开通音视频直播，还在户外进行移动视频直播，以灵活多样的形式、年轻的话语方式持续巩固主流思想文化阵地，不断彰显广播在新时期美好安徽建设中的舆论引领作用。

2. 策划视频直播节目群

改造直播室是从硬件设施上改变广播的传播格局，节目的重新定位与策划制作则是从具体措施上实现广播的融媒传播。安徽广播电视台广播频率根据自身优势资源重新定位，依据定位宗旨，设计视频直播节目类型与形式，增强广播全媒体内容生产的原创力。

安徽综合广播坚持以内容为王，力求实现新闻的专业性、时效性和服务性，根据节目视频化布局，设计编排包括以《全省新闻联播》为主的时政新闻版块、以《政风行风热线》为主的"新闻＋政务"版块、以《就业赢未来》《银发好时光》为主的"新闻＋服务"版块、以《新闻早高峰》《新闻纵贯线》和《新闻晚高峰》为主的资讯节目版块、以《生活百科》《年代金曲》《面孔》《音乐伴你行》为主的杂志节目版块。以上重点节目均实现常态化视频直播。广播节目视频播出后，可以通过后台数据分析用户群体的分布特征及其多样化、个性化需求，以用户数据、用户画像作为策划参考，做到精准生产、精准传播、精准服务。

重大新闻和突发事件均采用音视频同步直播形式。例如，2023年全国两会期间，安徽综合广播推出《从春天出发——2023年全国两会云对话》，记者通过5G视频连线专访全国人大代表和政协委员，回应群众关切，将会场内外连接起来。安徽综合广播改进日常采访报道流程，组织骨干力量，按照先网后台、移动优先的理念，全面开启深度融合报道的新格局。除直播室直播外，安徽交通广播整合高速、国省道、市区重点路段视频以及其他视频资源，扩展视频节目的内容。安徽交通广播充分发挥应急广播功能，在疫情、极端天气、洪涝灾害发生时，快速调动媒体资源，线上线下联动，及时进行突发事件、应急报道的直播。

3. 开拓户外视频直播资源

安徽广播电视台坚持以移动优先，采用直播室音视频同步直播、户外慢直播、户外活动视频直播等多种直播方式，探索视频直播节目新形态。慢直播、活动直播都是在户外布设摄像机位和拍摄场景，利用微信、微博、抖音、快手、哔哩哔哩等社交网络，形成跨平台、多渠道的视频直播矩阵，以触达更多的移动端用户。广播节目视频化不同于电视，电视的生产流程是"重装备"，摄像、记者、导播、编辑、播音主持各有分工，而广播节目视频化则是"轻装上阵"，一部手机便可以实现音视频同步直播，在重要的宣传报道中，能够快速反应、因地制宜，以便捷的方式进行直播报道。

广播走出直播室策划大型直播报道。2023 年 6 月，马钢新特钢项目投产，安徽综合广播推出《马钢新特钢投产特别融媒直播——锻造钢铁脊梁》，将直播台设在马钢特钢公司智控中心指挥大屏前，直播中运用访谈、连线、短片、评论等手段，通过"安徽之声"官方视频号、新浪微博和"见马鞍山"移动客户端、抖音号、视频号等新媒体矩阵同步传播，省市台联动、多媒体联合，有效放大传播效果，产生叠加效应，近一个小时直播活动新媒体矩阵在线观看人数达到 115 万。

广播积极开拓视频直播的合作资源。安徽交通广播与交通部门合作，广泛采集视频直播资源。第一，除常规节目直播外，安徽交通广播整合高速、省国道、市区重点路段的视频资源，充实节目的内容。第二，充分发挥应急广播功能，在疫情、极端天气、洪涝灾害等突发事件、应急报道中，即时发布视频直播，回应受众关切。第三，交通广播整合媒体资源，追踪全国热点事件，制作精品爆款节目。安徽交通广播的视频节目聚焦主题主线，在重大主题宣传中发布一系列内容精良、形式创新、传播有力的优秀节目，例如《安徽好好》《你好十年》等融媒作品，迅速在各地市形成刷屏式转发，《合肥请您来》MV 原创歌曲得到全国各大高校就业官微的接力转发。广播节目视频化的开展，提升了交通广播的宣传影响力，官方微博、头条号、抖音号、视频号等聚集千万粉丝量，新媒体矩阵的关注度、传播度和影响力不断攀升。

广播开通富有特色的户外慢直播。安徽音乐广播在黄山风景区开通《听黄梅，云观山》慢直播，听众可以一边欣赏云海、奇松、怪石，一边听音乐、黄梅戏，慢直播获得众多粉丝的青睐。此外，节目活动现场的视频直播也获得合作单位与网友的高度认可。例如，安徽音乐广播与省委网信办共同开展的"江淮净网·守护成长，共筑山清水秀网络空间"六一网络公益普法访谈视频直播，与江汽集团共同开展的牵手关爱留守儿童线下活动直播，网络浏览量、转发量、评论量都很高。

（二）创新视频节目新形态

国家广播电视总局发展研究中心发布的《2023 中国视听新媒体发展报告》显示，截至 2022 年年底，我国网络视听用户规模达 10.4 亿，网民使用率为 97.4%，短视频和网络直播正成为拉动视听新媒体行业增长的重要赛道和强劲引擎。[①] 短视频节目突破了广播音频的局限，提高了新闻传播效率，扩大了受众覆盖面，增强了用户黏性。

短视频策划制作精彩纷呈。广播频率加大移动短视频新闻策划、制作与推广，在提升报道时效、报道水平上下功夫，推出一批优质的短视频新闻作品。在喜迎二十大报道中，安徽综合广播推出《城市名片·皖美 60 秒》短视频项目，选择安徽 16 个城市的城市名片作为主题，每个城市围绕一个最能代表当地特色的风景名胜作为拍摄主体，以主持人的视角和具有代入感的旁白，展现各地之美。《答卷——迎庆党的二十大融媒微访谈》系列短视频以习近平总书记接见过的安徽干部群众为采访对象，报道他们牢记嘱托、砥砺奋进，走好新时代长征路的新担当、新作为。安徽交通广播《邂逅皖味》系列短视频挖掘安徽传播特色美食，聚焦乡村振兴宣传，传播安徽优秀传统文化。广播节目视频化项目鼓励创作动漫、H5、手绘长图等融媒体作品。广播节目视频化技术的应用，推动广播内容生产深度融合，激发广播采编人员的创作活力，使得精品节目不断涌现。

（三）竞争融媒创优新赛道

广播作为新型主流媒体，承担着举旗帜、聚民心、育新人、兴文化、展形象的使命任务，应切实做好传播党的思想文化宣传的主力军、主渠道、主阵地。广播节目视频化项目充分发挥融合优势，创新报道手段和传播形态，制作出一批内容精良、形式创新、传播有力的精品节目。

中国新闻奖、中国广播电视大奖等获奖作品是广播电视创作的标杆。新修订的《中国新闻奖评选办法》将原有 29 个奖项优化为 20 个，其中基础奖项

---

① 界面新闻.《2023 中国视听新媒体发展报告》发布：短视频用户规模达 10.12 亿 ［EB/OL］.（2023－06－22）［2025－04－25］. https：//news. cctv. com/2023/06/22/ARTIjwLK2e0l60C7KlbhRaOY 230622. shtml.

14 个，专门奖项 6 个，不再按报纸、广播、电视、网络等不同传播介质分类设奖，打破作品形态和传播介质，优化奖项结构，以进一步适应媒体深度融合的新要求。对于广播来说，虽然单一音频节目的奖项减少，但与此同时，增加了广播与报纸、电视、网络媒体共同评奖的机会，有利于广播参与新奖项的评选，有利于广播突破声音媒体的壁垒，进一步融入全媒体生态圈。广播节目视频化转型为广播打开了创新创优的新赛道。

视频技术的应用，推动广播创新创优工作迈上新台阶。2022 年 6 月 27 日，习近平总书记给太和县种粮大户徐淙祥回信，向当地的乡亲们表示问候，对全国的种粮大户提出殷切期望。安徽综合广播精心策划，派出由编导、主持人、摄像组成的视频节目创作团队，对徐淙祥进行视频采访，制作播出网络视频访谈节目《总书记与种粮大户的三次对话》，生动再现了总书记走进田间与村民亲切交谈的画面，温暖感人。安徽综合广播《寻找田春山》等多个视频作品入围中国新闻奖初评，《风吹麦浪》获得 2022 年度安徽新闻奖一等奖。以上脱颖而出的优秀作品，得益于广播节目视频化转型的媒体实践。

（四）开辟节目经营新模式

节目视频化突破广播音频传播瓶颈，使广播不仅可听，而且可看、可用、可互动，拓宽广播的网络运营空间。在频率广告创收严重下滑之际，视频技术开创"广播 + 政务 + 商务 + 服务"的经营新模式、新业态，新媒体经营创收逐渐增长，使得广播在严峻的挑战下得以生存与发展。

1. 广播 + 政务

广播作为主流媒体，是新闻信息的生产者和传播者，也是国家治理的重要参与者和推动者，在社会治理网络中，发挥引导群众、服务社会、参与建设的重要功能。广播频率整合媒体资源，探索广播节目视频化转型在政务合作中的有效路径，唱响主旋律，传播正能量，坚持社会主义核心价值观，坚持正确舆论引导方向，强信心、聚民心、暖人心、筑同心，满足公共服务和社会民生需求，满足人民群众日益增长的精神文化需求。安徽综合广播加强与政府职能部门的宣传合作，例如，拍摄政务宣传短视频，定制公益广告融媒传播方案，承办赛事评比活动，代运营新媒体账号。"记者打卡生态村"短视频、"用药那些事儿"用药科普系列短视频、"碳达峰碳中和"科普公益课堂、"我的退役故事"融媒报道、"诚信公益短视频展播"等一批短视频节目获得相关合作部门和广大受众的好评，提升了广播的传播力、引导力、影响力和公信力。

2. 广播 + 商务

广播节目视频化转型有助于吸引广告客户投入资本，增加广播经营创收，加快融入市场竞争的步伐。移动视频节目良好的传播效果是商务合作的砝码，对广播经营的促进作用极其明显。短视频的流量、内容主播的影响力、垂类视频节目质量、爆款视频刷屏量等数据，都得到商务伙伴的关注和重视。交通信息、汽车、教育、医疗、旅游、文化等垂类视频受到青睐。广播开展电商直播活动，加大优质农特产品、特色小吃、手工艺品、旅游资源宣传推介力度，助力乡村振兴。2022 年，安徽广播电视台经济生活广播频率运营中心联合肥西县、太和县在抖音号进行直播带货，联合多家特色农产品企业开通抖音小店，广播节目主持人化身带货网红，扶贫助农，推广农业特产，实现合作共赢。安徽音乐广播节目《嘻哈搜货》荣获中国融媒创新发展十佳品牌案例，用户量、销售额、利润额三个指标在国内电台中均排名前列。广播商务合作不仅是经营创收的需要，也为优质内容生产提供良好的条件。安徽戏曲广播与安徽黄梅戏剧院联合录制 30 期系列视频节目《我与黄梅》，不仅实现了商业变现，而且为黄梅戏优秀传统文化的保护与传承留下珍贵无价的影像资料。

3. 广播 + 服务

视频节目增强广播的公共服务功能。安徽综合广播针对青年群体的就业需求，开办《就业赢未来》节目，为人才和用人单位搭建供需平台，提供就业创业服务。《银发好时光》满足老年受众需求，传播积极老龄观，助力老龄健康，成为老年群众的贴心节目。安徽交通广播加强视频与产业的结合，依托庞大的粉丝群体，挖掘视频节目价值，培育广播的私域流量。经济生活广播频率运营中心将小说评书广播整体转型为老年广播，筹办全新的老年广播频率，以老年人群为目标受众，实现精准定位、精准传播、精准服务，弥补老年人群媒体服务的空白。

（五）制定广播管理新机制

广播节目视频化项目的实施得益于强有力的管理制度保障。安徽广播电视台制定一系列媒体融合发展规划文件和管理措施，进一步完善新闻采编制度，高度重视节目创新创优，加强采编人员的业务管理与业务培训，严格规范新闻采编播流程，培育融媒体工作室，以高质量、高标准做好新闻宣传工作。广播频率实施精品战略，集中优势资源加强优质节目研发，提升核心竞争力。对于同质化严重、产能落后的节目，台内做好统筹协调。加强版权知识学习与培训，提高版权意识，创作具有独家版权的内容产品，多出精品。

培养融媒体新闻传播人才。广播节目视频化项目的实施，需要提高采编人员在策、采、编、发等各方面的工作能力。第一，视频拍摄技术是广播人必须掌握的工作技能，包括手机拍摄、单反拍摄、无人机航拍等；第二，提高视频剪辑技术，应用相关软件进行音视频剪辑与合成；第三，提高全媒体策划、写作与图文编辑技术，适应微博、微信等社交平台传播；第四，提高多平台、跨媒体直播业务能力，适应全媒体传播环境。安徽广播电视台组织采编播人员参加业务培训和交流，举办创新创优节目评析会，提高新闻报道和视频制作水平。经过一段时间的摸索、培训和学习，各频率涌现出许多新媒体技术能手，他们可以写脚本、策划、拍摄、剪辑，锻炼了采编队伍，培养出一批全媒体新闻传播人才。

培育新媒体内容主播。内容主播是媒体品牌的代言人、优质内容的创作者。各频率需围绕平台定位培育内容主播。2023 年，安徽交通广播试点内容主播项目制，推出中医节目《健康 908》的内容主播账号，对旅游节目、维权节目等账号进行孵化。安徽戏曲广播重点培育移动社交平台的内容主播，为戏曲节目主播设计服装、灯光、舞美、道具、化妆等，维护主播形象和节目品牌。

实施项目制管理。广播节目视频化的实施带来思想意识、工作方式、组织管理、内容生产、媒体经营等方面的转变。项目制管理可提高团队合作效率，增加社会合作机会，以创新带动创优。例如，安徽音乐广播重组创作团队，设立新媒体部、融媒体工作室，成立项目组，打破科层建制，选用普通员工担任项目负责人，施行目标管理，对项目工作进行计划、组织、指挥、协调，确保准时优质地完成。项目制是一种现代企业化管理思路，可以激发团队创新活力，团队分工明确、团结协作、工作高效，每位成员都能够实现自我价值，拥有成就感、愉悦感。

二、云端技术平台重构广播新格局

智能媒体云是利用云计算、大数据、人工智能、区块链等新技术，聚合网络媒体资源，向用户提供海量存储、分布计算、按需配置的个性化服务。云平台包括向公众开放的公共云，以及不向公众开放的组织内部数据资源的私有云。广播智能云平台数据资源可无限扩展，以互联互通平台为基础，发挥网络协作优势，实现新闻资源的共享与协同。

皖云省级技术平台建成。2019 年 7 月，由安徽省委宣传部主导，在海豚云基础上组建安徽皖云省级技术平台，为各县融媒体中心提供技术服务，解决县级融媒体中心发展的痛点和难点，逐渐扩容接入市级融媒体。皖云聚集省属媒体资源、技术资源和采编资源，目前有业务系统、宣传管理、综合服务、新闻协作四大板块，以及采编系统、直播系统、新闻通联、客户端管理等 28 个子系统，覆盖县级融媒体策、采、编、审、发、评、考全流程，形成电视、广播、报纸、移动互联网等各终端分众传播、分类覆盖的全媒体布局。

皖云实现智能技术管理。皖云将人工智能技术广泛运用在媒体融合生产与发布的各个环节，例如，智能采编、智能短视频生产、智能审核校对等。皖云自主研发、统一建设县级融媒体中心客户端，实行统一管理、统一发布、统一删除、统一运营，全面打通数据后台，确保县级融媒体客户端运行安全稳定、可管可控。

皖云重构广播运行机制。皖云平台采用"私有云平台＋公有云服务"的建设方式覆盖安徽全省，为省域内县级融媒体中心提供云端互联互通和信息共享服务。皖云搭建全省新闻通联平台、宣传报道调度协作服务系统和新闻指挥调度中心，加强省台与市区县媒体的业务联系，建立云策划、云约稿、云传输、云共享四个管理机制，加快构建省域一体化传播格局。省级技术平台的建设为不同业务系统动态分配资源提供解决方案，避免了县级融媒体中心系统老旧、升级扩展困难、维护成本高等问题，为县级融媒体中心提供计算、存储、通联、报道等媒体功能。

皖云重塑广播采编流程。皖云新闻通联平台可以实现市区县媒体向省台地面频道高效传输供稿，建立满足共享抓取需求的市区县供稿素材资源云稿库，实现一体策划、一次采集、多种生成、多元分发，做到内容共创、资源共享，提高宣传能力、扩大宣传效果。云平台为采编流程管理提供强大的平台支撑能力，从媒体生产、媒体管理，到媒体分发、媒体分析等各环节，构成全媒体全生命周期的信息计算体系。

三、智能网联汽车连接广播新时空

网联化、智能化车载移动传播成为广播未来发展的新趋势。艾媒咨询《2022—2023 年中国车载音频行业发展年度研究报告》显示，2022 年中国车载音乐市场规模达 169.8 亿元，车载音乐市场将持续扩大，2025 年有望突破 350 亿元。日常生活、上下班通勤和自驾旅游是较多收听音娱内容的场景。智能汽车是由单纯交通运输工具逐步向智能移动空间转变的新一代汽车，成为汽车产业发展的战略方向。发展智能汽车不仅是解决汽车社会面临的交通安全、道路拥堵、能源消耗、环境污染等问题的重要手段，更是深化供给侧结构性改革、实施创新驱动发展战略、建成现代化强国的重要支撑，对不断满足人民日益增长的美好生活需要具有十分重要的意义。智能网联汽车是新一轮产业布局的必争之地。广播积极探索与智能网联汽车企业强强联合，优势互补，开展产业布局，力争在传媒竞争中占据主动地位。

八方电台进驻智能网联汽车终端。八方电台是安徽广播电视台于 2021 年 11 月启动的车联网移动传播平台。八方电台的寓意是信息来自四面八方，传播面向四面八方。八方电台技术架构包括建设数据后台、搭建车载传播渠道、通过车载终端为驾乘人员提供信息和娱乐服务。八方电台与车企协同合作，在车辆上进行前置安装，目前八方电台已与江汽、奇瑞、斑马等车机系统开展合作。车载终端的用户数据可以回收和分析，为改进服务提供依据，同时确保广播电台使用数据的安全性、可控性和自主性。八方电台与软件企业达成合作，将八方电台 App 或小程序入驻车联网系统，借助智能网联汽车的强大技术开发实力和智能车载信息系统，扩大广播用户覆盖和市场辐射。八方电台作为安徽广播电视台的车载应用，目前拥有其直播流内容版权的独家授权，包括 9 套广播节目直播流和各广播频率生产的内容专辑。然而，传统广播节目不宜照搬到车机端，车机端的内容生产必须符合车载空间的信息需求。

智能车联网广播将主流媒体的传播优势转移到车机端。广播既要发挥主流媒体的内容生产优势，承担主流媒体的社会责任，又要立足市场，寻求差异化竞争，必须不断提高车机内容生产能力，满足车载用户的实时信息需求。智能车联网广播是在"人—车—路—网"之间实现智能化信息交换处理的网络系统，因此，车机端广播在内容设计、界面功能、语音交互等方面与传统广播有所不同。第一，智能语音入口是信息交互的必要环节，用户通过语音发布指令，实现人与车的信息交互，智能语音技术解放双眼和双手，提供更高的安全保障。第二，车机端内容应符合车载传播时空特征，如上下班通勤、外出购物聚餐、短距离游玩、外出办事和长距离自驾游，用户在不同场景中有不同的信息需求，车机端内容生产必须满足其实时变化的信息需求。智能网联汽车将卫星定位导航、智能语音服务、影音娱乐等功能置于车载系统，结合智能网联汽车技术优势，根据车辆位置实时、精准推送移动服务和应急服务信息。第三，信息服务应能够个性化定制。音频的时长、内容、分类、聚合、搜索、链接、语言风格等可根据车载用户需求定制，依据大数据分析车主和乘客的偏好从而推送音频，用户也可以生成自己专属的音频流。

广播车联网建设目前仍处于起步阶段，周期长，投入大，面临的困难和瓶颈仍较多，包括资金、人才、运维、版权内容等。未来已来，随着自动驾驶和智能语音技术日益成熟，人车交互甚至人车合一将成为可能，也将为广播带来颠覆性变革。

总而言之，技术主导型转型模式利用新兴技术为广播植入互联网基因，并建立了广播与数字化全媒体、网络媒体、平台型媒体、智能媒体、车载移动媒体、云端媒体的连接。广播利用数字视频技术，改变了长期以来声音传播的局限，拓展全媒体内容传播生态圈。技术主导型转型模式打通线上线下，通过微信公众号、微信视频号、微博等建立起与用户的广泛连接，用户可以点赞、评论、转发、收藏节目，通过弹幕、短信、电话与主持人和听友交流。广播融媒平台不断拓展社交功能，满足用户需求，增强用户黏性，为用户提供独特的视听体验。新型广播网络突破传统介质的局限，不断开拓应用新场景，除智能语音技术外，还采用虚拟现实技术、环绕立体声与视觉技术等，营造出强烈的现场感，带领用户置身于元宇宙虚拟场景中。综上所述，科学技术的迭代进步日新月异，广播技术创新永远在路上。广播人以自信勇毅的精神立于融媒改革的巨浪潮头，以技术创新引领内容创新，赋予技术价值和温度，让有声的世界更加多元、精彩、美好。

第四节　管理主导型转型模式——以深圳广播电台为例

1978 年，随着改革开放的伟大历史转折，我国广播事业进入了现代化建设和产业化转型的新时期。踏上发展的快车道，传统的体制模式和滞后的管理机制暴露出不能适应现实的尴尬与困境。广播媒体迫切需要更新观念，引入科学的经营管理理论，对组织结构和管理体系做出深刻的调整和完善，建构起适应社会主义市场经济的高水平体制机制，为转型发展提供保障。

身处改革开放的先锋之地，得天独厚的条件使深圳广播电台始终走在我国广播改革的最前沿。1986 年 10 月 12 日深圳广播电台试播，1990 年 6 月 18 日正式播出。2004 年，深圳电视台、深圳广播电台等单位合并组建为深圳广播电影电视集团。为方便阐述，此处仍以深圳广播电台指代深圳广播电影电视集团旗下的广播版块。目前，先锋 898、飞扬 971、生活 942、快乐 1062 四套频率组成深圳广播电台的声音矩阵。当地可以收听到中央广播电视总台、广东广播电视台的多套电台节目，以及香港多家电台的节目，广播市场竞争非常激烈。多年来，深圳广播电台稳居本地收听市场主导位置，成为珠三角地区乃至港澳地区最主要、最具影响力的媒体之一，无论是新闻、文艺、社教类节目的综合实力，还是市场创收能力，深圳广播电台都处于全国广播电台的头部方阵。

历经几十年的发展，深圳广播电台打造了以品牌战略为龙头，内容制作团队、线下活动运营团队为双翼，受众群和综合社会影响力为支撑的"广播＋"生态圈，市场份额持续增长。深圳广播事业从无到有、从小到大、从弱到强，一直奋进在改革创新的路上。

一、管理现代化：体制改革释放内部活力

深圳广播电台创立初期，在节目设置理念、形态风格、播出内容以及管理体制上，均处于无序、粗放的状态。"敢闯、敢试、敢为"的深圳精神激励着广播人，1990 年，深圳广播电台以广播新闻改革为突破口，开始早中晚三档重点新闻＋全天 24 小时正点新闻直播，充分发挥广播媒体特色，扩大了社会影响力；进一步配套改革管理体制、人事制度、分配制度等，调动员工的积极性和创造力，催生一批"名牌节目"，涌现一批名记者、名编辑和名主持人，实现社会效益、经济效益双丰收，从而走出低谷，顺势起飞。

在管理体制上，深圳广播电台总的改革指导方针是"目标管理"和"绩效考核"，改革的重锤砸向"干好干坏一个样，干与不干一个样"的"大锅饭"：实行中层领导以下全员聘用制、总监负责制和年终考核末位淘汰制，彻底打破"能上不能下、能进不能出"的人事制度弊端；打破行政事业单位工薪级别的束缚，实行参照岗位系数、社会效益第一、"两个效益"统一的绩效考核薪酬制，具体措施：按照岗位的职能要求、难易程度、责任大小等若干方面的因素分项剖析、综合评估、核定工作量，为竞争上岗、科学管理、人员聘用、分配制度打下基础，产生了内在的、进取的、优质的活力。①

内部管理体制改革极大地解放了深圳广播电台的生产力，一方面，催生了技术创新的激情，1993 年深圳广播电台从英国引进一套 HDX－2000 电脑硬盘录音和播放系统，实现广播广告的自动化管理；另一方面，节目质量极大提升，打造出一批名牌节目和活动，包括《夜空不寂寞》、《月亮湾》听众联谊

---

① 石建华. 搞活内部机制的几个做法 [J]. 中国广播电视学刊, 1996（3）：34－36.

等。十年发展，深圳广播电台在由财政全额拨款到差额补贴再到自收自支的事业单位企业经营的管理体制变更中，"两个效益"硕果丰盈：1992 年，专稿《身份证大搬家》荣获第三届中国新闻奖一等奖，还引起公安部高度重视，就身份证管理专门制定和颁布了法规性文件；20 世纪 80 年代末 90 年代初，深圳广播电台经济创收约 30 万元；至 2002 年，经济创收跃上亿元大关。

在全国广播系统，深圳广播电台无疑是勇立改革创新潮头的弄潮儿，这和深圳广播电台现代化的管理意识密不可分。现代管理意识是适应现代市场经济竞争环境的管理理论、观念和方法，是现代管理思维模式驱动的管理能动性。

首先，领导者要有现代管理意识。领导者在组织内是举足轻重的人物，起着关键的作用。深圳广播电台原党委书记、台长的刘明撰文："现代管理意识，要求领导者具有战略眼光。要把工作重点放在深化广播改革上，迎接电视、报纸等其他新闻媒介的挑战，研究预测广播未来的发展趋势，统筹规划，合理布局。①"其次，建立和完善各种制度。深圳广播电台始终把制度建设作为强化内部管理、保证内部机制运作的硬件，要求全台上下依规办事，以法治台。《关于实行全员聘用的若干规定》《关于量化工资的暂行规定》《关于节目管理和节目运行程序的规定》《关于对领导班子成员的要求的规定》《关于职业道德的具体规定》等各项规定对深圳广播电台的运作起到积极的保障作用，使新闻宣传、经营管理等规范、有序。最后，制定前瞻性战略规划，在发展中准确定位、自觉转型。战略的作用主要在于为组织的发展指明方向，为组织整合和优化资源提供依据和动力，提升组织的整体管理效能。1995 年 12 月，《深圳广播电台深化改革思路和构想》方案出台，提出了发展的战略构想和目标：经过三年或稍长一点时间，把深圳广播电台建设成为服务特区、辐射珠江三角洲以及港澳地区，具有中国特色、特区风格和行业特点的重要舆论阵地；建成以传媒业为主体的事业和企业共同发展的广播集团实体。此后，深圳广播电台进入全方位快速发展和对外合作的黄金时期。

二、管理科学化：体制创新打造广播品牌

20 世纪 90 年代，我国广播媒体的产业属性得到确认，体制机制创新深化、科学化经营管理成为主要任务。广播经营管理模式从扩大规模数量为主转向提高质量效益为主，通过低成本扩张、强化内部管理、提高劳动生产率等方

---

① 刘明．鹏城之声：纪念深圳广播电台建台十周年［M］．深圳：海天出版社，1996：5.

式，逐步走上注重内涵的集约化经营道路，呈现出频率专业化、管理频率化的发展趋势。

市场经济深入发展、受众需求丰富多元以及世界广播的发展，都促使我国广播媒体转型频率专业化经营。频率专业化，实质上是媒介产品在传播过程中实施的一种目标市场营销策略，它面向较确定的目标受众进行一定规模的传播，以满足特定受众的信息服务需求①。从媒介生态学的角度考察，"任何一种媒体都必然有其特殊的时间与空间的生态位，亦即有其特殊的生存与发展土壤和条件，以及它在这一状态下的特有行为和作用，很少有两种媒介能长期占有同一个生态位"②。运用媒介生态位策略的频率专业化建设可以规避广播媒体之间的无序竞争，打造卓越品牌，形成核心竞争力，带动广播产业化的整体发展。

频率专业化必定呼唤管理频率化来提供体制、机制上的支撑。管理频率化就是广播媒介下属的各套节目以频率为单位，实行新的人事管理、财务管理和收入分配制度，"按需设岗、竞聘上岗、以岗定薪"，逐步拉开收入差距，实现"有能力者上，无能力者下"，充分调动员工的主观能动性。频率专业化与管理频率化相互依存，共同培育品牌，拓展市场空间。

深圳广播电台四套频率曾经出现"跑马圈地"现象，就是尽可能地扩张节目内容范围，争相制作市场潜力大的节目。但在后续运作中发现，节目定位宽泛，既不利于听众形成对频率品牌的认知，也无法提高节目的制作水平和质量，更难以挖掘市场的潜力。最终，四套频率主动"收缩战线"，做专业化的广播，专注于以自己的广播品牌与市场相结合③。经过探索，深圳广播电台四套频率形成了各自鲜明的品牌特色。

1994 年 12 月 28 日，深圳经济广播电台（FM97.1）正式播出。2001 年 11月，深圳广播电台管理体制由总台集中统一管理转变为分频率管理和经营。由于音乐类节目具有庞大的受众基础，而相比其他媒体，广播在音乐方面占有绝对优势，因此深圳广播电台决定把 FM97.1 定位为专门的音乐频率。2001 年12 月 3 日，飞扬 971 音乐频率正式播出，"以音乐为底色，以娱乐为先锋，打造中国最欢乐的音乐广播"。短短几年时间，飞扬 971 通过品牌经营获得了高质量发展。媒体品牌体现的是个性特征，是媒体相互区别的重要标志。品牌建

---

① 张金辉. 现代广播媒体经营管理的内容、特征及对策研究 [D]. 成都：四川大学，2005.

② 邵培仁. 传播生态规律与媒介生存策略 [J]. 新闻界，2001 (5)：26 - 27，29.

③ 李静. 品牌战略铸就产业辉煌：三大品牌打造深圳广播的金字招牌 [J]. 中国广播，2009 (1)：36 - 38.

设的系统工程，包括品牌定位、品牌塑造、品牌衍生等方面，其中，人才是第一资源。飞扬971在尊重员工个性的基础上发挥管理者的领导能力和团队建设能力，打造了一支执行力强、业务过硬、积极创新的队伍。飞扬971的主持人往往身兼数职，参与频率管理和节目策划，既降低了频率的运营成本和节目制作成本，也形成了飞扬971的团队非常精干的特点。[1]在绩效考核上，飞扬971鼓励全员创新。二次分配时提取一定比例作为"创新基金"，奖励、重用创新人员，体现出对创新的激励。因此，创新活动成为飞扬971品牌经营的主要手段，"制造全民热议话题、不断打造热点高潮"，从而体现音乐频率的专业化、规模化和参与性，产生巨大的品牌效应。例如，飞扬971深度参与的"深圳原创音乐发展促进计划"，旨在全面促进深圳原创音乐的创作与传播，成为深圳文化立市的品牌项目之一，也是我国最具影响力的原创音乐活动品牌和造星平台之一。

深圳广播电台分频率经营以后，各频率实行目标责任、成本控制、利润上交的管理模式，强化了节目的经营意识和成本意识。以节目为中心，创新合理机制，科学有效管理，使优者越做越强，劣者定期淘汰，深圳广播电台"定位明确、布局合理、互相配合、有序竞争"的频率管理体制日趋成熟，形成了整体竞争优势，为产业化经营奠定了基础。

2004年6月28日，由深圳电视台、深圳广播电台、深圳电影制片厂、深圳有线电视台为主体组建的"深圳广播电影电视集团"（以下简称为"深圳广电集团"）挂牌成立。至此，深圳广播电台独立运作的历史告一段落，广播媒介的改革在集团这个更大的平台上继续创新。

三、管理生态化：体制整合保障转型全媒体

新世纪，随着科学技术飞速发展，各类新媒体、新传播形态不断涌现，媒介生态环境发生了质的变化，媒体融合发展成为必然趋势。全媒体转型是推动传统媒体可持续发展的现实路径，是做大做强现代传媒集团的主力引擎。2010年，借助"三网融合""数字化转型"等契机，深圳广电集团在行业内率先提出"全媒体核心战略"，打造包含广播、电视、平面、户外、网络等多种媒介形态的传播体系和产业体系，并具体依托城市联合网络电视台、中国时刻网、IPTV、高清数字内容集成平台和全国3G手机电视内容服务平台等实现其战略

---

[1]　余苗. 深圳的飞扬971［D］. 厦门：厦门大学，2009.

布局，在广电领域引发了巨大反响和高度关注。[①]

全媒体业务的铺展和实施对深圳广电集团原有的组织机构提出了调整和重组要求。根据自身实际情况，深圳广电集团的管理模式从频率（道）制切换到中心制，将分散的新闻类资源整合到融合新闻中心，实现规模化、集约化生产。以全媒体融合中心的构建为突破口，搭建全集团共享的扁平式、开放式的运作平台，在这样的组织框架下，实施统一采制、统一调度，构建全媒体生产传播新格局。

在推进全媒体融合转型进程中，能不能真正建立起完全适应全媒体传播环境的采编队伍和配套机制，是决定传统媒体融合发展成功与否的关键所在。深圳广电集团针对性制定了全媒体记者的培训、考核和激励制度，极大提高了新闻生产效率和质量。以此为契机，深圳广电集团进一步变革节目管理与考核机制，推行"'两微一端'运行管理机制"以及"跨平台稿件使用及考核机制"等，配套整合组织架构、队伍配置、采编流程、考核方式、奖惩机制等，重构业务流程、技术平台和运行空间，围绕整个广电生态进行系统化的、提升整体生态价值的改革，以优化自身结构，提高生产力，释放产能，从而更好地适应新的媒介竞争环境。

随着改革的不断推进，生态化管理手段成为媒体提高管理水平的重要途径。生态化管理理念于20世纪70年代在美国提出，90年代以来，成为现代市场经济条件下企业管理的全新范式，是协调经济发展和生态平衡的重要理念。生态化管理不仅强调企业发展与生态环境的平衡关系，也强调管理过程中的整体性和系统性，努力使企业管理者认识到社会发展过程中的各个要素之间是相互依存和互相影响的。[②] 媒体生态化管理是基于实现媒体生态化运作目标而设置的管理机制，涉及诸多因素，相互联系、相互影响，形成一定的关系结构和功能作用。

时代大潮中，广播媒体的融合发展，并不是让声音传播淹没，甚至消失于网络世界，而是通过"取自于网络"与"呈现于网络"来强化传统广播的核心竞争力，张扬广播人的激情和活力，永葆广播的媒体价值。因此，深圳广电集团旗下广播电台一方面按集团媒体融合的各项要求带动工作架构的重组和工作流程的改造，另一方面在新的媒介生态环境中认真分析广播和其他传媒形式之间的生态位差异，根据自身特质进行良性调节和大胆创新，通过资源聚合、

① 王建磊. 深圳广电集团全媒体发展报告 [J]. 中国数字电视, 2012 (10): 33-36.
② 张吉纯. 企业生态化管理的概念与有效途径分析 [J]. 商情, 2015 (32): 29-30.

跨界发展，打造"广播 +"生态圈。

2012 年，深圳广电集团旗下广播电台启动新一轮改革，以"制播分离、主持人中心制"作为机制设计的核心。"制播分离"明晰了制作与播出机构的相互关系，"主持人中心制"确立了主持人在节目生产、运营过程中的核心主导地位，从而理顺了内容生产链条，激活了内容生产力。根据上述制度设计，实行全员全岗竞聘，除总监、副总监外，所有管理岗位和业务岗位均实行竞聘再上岗。上岗后，无论是主持人，还是编辑、记者，都按质取酬，奖罚明确；新节目设三个月孵化期，所有节目半年分析考核一次，指标持续处于末位的节目坚决淘汰。[①]

新机制直接带动和激励了主持人提高节目质量的积极性，培养了一批品牌节目主持人 IP，成为深圳广播电台的核心资源，并在此基础上深度运营，开发成具有广泛社会影响力的品牌节目 IP 和品牌活动 IP，如《898 早新闻》、深圳读书月经典诗文朗诵会等。有口皆碑的品牌节目 IP 通过深耕细作、全媒体运营，成为具有更大价值的互联网声音产品；深入人心的品牌活动 IP 则促进了线上线下的互动，二次传播广播元素，产生良好的社会价值和市场价值。高质量 IP 集群，推动立体式创新，放大规模效益。

媒体的竞争归根结底是人才的竞争。在全媒体转型的趋势下，广播媒体在业务领域必将实现巨大的拓展，对于人才的需求与要求也大幅度提升。但是近年来，广播媒体人才流失呈现出速度加快、层次提高、多元综合的趋势，直接导致内容创新缺失，内容生产出现同质化、单一化。要保证优质内容的持续生产，就需要一种破局机制来保驾护航，工作室制度应运而生，成为广播媒体新一轮体制机制改革的切入点。

工作室制度被称为"一种目前最适合体制内的创业方式"，类似于管理学中的"跨职能团队"，即由来自不同职能领域的专业人员，打破组织内部横向界限，合作完成多样化任务。经过几年探索，工作室已经成为广播媒体内部突破现有机构、部门、编制、身份限制，促成人才良性流动，实现内容、产品、运营、技术服务、项目活动等各专业岗位协同合作、创造价值的全新组织单元。

2019 年 4 月 29 日，深圳广播电影电视集团举行四大中心及九个工作室授牌仪式，这是深圳广电集团深入推进改革、优化体制机制、激发创新活力、提高效率效能、促进媒体深度融合、打造新型主流媒体所采取的又一重大举措。

---

① 李静. 广播主持人中心制及多媒体广播的实践探索［J］. 中国广播电视学刊, 2012（10）:
19 - 20.

广播中心的定位是整合新闻频率、交通广播（含生活频率）、音乐频率，统筹四套广播频率的内容生产和运营管理。融媒体数据新闻工作室和八个广播主持人工作室，则是集团适应媒体深度融合的需要，挖掘节目团队品牌价值，进一步提升影响力、传播力的创新举措。

这些工作室是相对独立的运作机构，由专业权威或业务骨干组建团队，自主开展节目生产、项目运营和营销传播等活动。深圳广电集团赋予工作室独立的选人用人权、自主运营权、资金支配权、资源使用权，优化绩效分配方式，明晰责权利关系，同时在导向管理、安全播出上进行严格管控，并建立健全相应的服务体系，对工作室实行动态管理与考核。

交通广播旗下有三个节目工作室，包括《伴你同行》节目工作室、《快乐家居》节目工作室，以及《就是爱吃货》节目工作室。《伴你同行》是交通广播下班晚高峰的品牌节目，是一档路况播报节目，也是一档陪车友度过漫漫堵车长路的伴随性节目，还是一档搞笑脱口秀互动节目。成立《伴你同行》工作室后，节目组跟听众的互动更加深入、开放，开展了包括主持人见面会暨音乐脱口秀晚会，浪漫游轮之旅，为希望小学做公益、献爱心等活动。《伴你同行》不仅仅在下班路上陪伴大家一起同行，也在人生路上陪伴大家感受美好的人和事，使公众获得更好的体验。

工作室建设涉及人财物的优化配置、激励考核机制的配套建设等系统工作，改进了广播节目的生产流程，创造了一个与日常广播生产协同发展的新生态圈，也给传统广播生态带来了一种新的改变，是深圳广播电台综合改革的一个缩影。三十多年持续深入的管理转型，使深圳广播电台充分调动了生产力中最积极、最活跃和最具有能动性的"人力"要素，实现全体员工围绕内容生产的"不推自转"，"广播＋"有了人的激情，就能带来可持续的发展前景，创造发展新生态。

2021年10月12日，深圳广播电台迎来了开播35周年庆典。35年来，深圳广播电台从单频率发展为全媒体，从紧守主阵地到稳居对外传播高地，未来将继续向着打造全国先行示范的主流融合媒体大步迈进。站在广播发展的新潮头，声音传播的力量和魅力永不消失，深圳广播电台的精彩将在新起点上传承和弘扬。

第五节　融媒体中心推进进程中的区县广播转型模式

习近平总书记在党的二十大报告中强调"加强全媒体传播体系建设，塑造主流舆论新格局"①，为新阶段我国媒体融合工作制定了任务目标。来自政策层面的谋篇定向，强调了全媒传播体系对中国式现代化推进的重大意义。在现代化潮流的驱动之下，城市吸纳着社会知识资源和精英劳动力资源，形成了必然的文化中心状态，而在现代化程度相对较低的县城和乡镇，人民的精神文化需要同样不容忽视。县级融媒体是"讲好中国故事"的最小节点，是实现社会现代化治理的"最后一公里"，是全媒体传播体系深入基层的"神经末梢"。依托县级融媒体推动社会治理与公共服务，优化文化传播与信息传递，凝聚民心民意，在如今显得尤为重要。

截至 2022 年 8 月，我国已有 2585 个县级融媒体中心投入运行②，广播也积极融入这一场基层媒体体系的建设之中，在技术的驱动之下进行内容生产、传播渠道等各个层面的革新。广播承载着一代人的媒介记忆，与本土受众的亲近性更让广播在县域内拥有广泛的用户基础。在技术革命驱动的媒介生态转型中，充分发挥既有优势，提升媒介的灵活度和体验感是题中应有之义。

一、从嵌套到融合：区县广播转型的逻辑转向

我国的人民广播事业源于 20 世纪 30 年代红通社的无线电通信报务活动，政治传播的使命从最初便嵌入广播肌理。1940 年 12 月 30 日于延安的王皮湾村开播的延安新华广播，标志着人民广播的正式诞生。延安新华广播电台完善了中国共产党的传媒系统，奠定了新中国广播事业的基础。1950 年 4 月，中央人民政府新闻总署发布了《关于建立广播收音网的决定》，决定在全国范围内建立广播收音网③，广播的触角也开始逐渐延伸向基层。两年之后，"九台经验"在全国范围内广泛传播，在农村发展有线广播网也上升为国家层面的战

---

① 共青团中央.党的二十大报告全文来了！[EB/OL].（2022 - 10 - 27）[2023 - 12 - 02].https：//baijiahao.baidu.com/s？id = 1747845294347170289&wfr = spider&for = pc.

② 金燕博，丁柏铨.落点·触点·支点：县级融媒体中心建设中的"深融合"[J].传媒观察，2022（10）：68 - 74.

③ 欧阳宏生，朱婧雯.论新中国 70 年广播电视传播理念的嬗变：基于媒介社会学框架之再梳理[J].现代传播（中国传媒大学学报），2020，42（1）：89 - 96.

略问题，有线广播成为这一阶段农村收音网的主要方向。^① 1956 年 1 月，中共中央政治局公布的《一九五六年到一九六七年全国农业发展纲要（草案）》（以下简称"农业四十条"）中明确要求"普及农村广播网"，要求"大部分农业、林业、渔业、牧业、盐业和手工业的生产合作社都能收听广播"。至此，农村广播网开始被广泛搭建，被安置在电线杆、屋顶、田间等空间的大喇叭成为一个时代媒介记忆，而且其成本较低、门槛较低、触达率较高、灵活度较高的特质也有利于政策的有效传达和信息的及时传递。随着改革开放的逐渐推进，中国政治体系改革的"中央—地方"分权体系日益深化^②，基层的积极性被更大限度地调度，而对于广播电视的建设也逐步凝聚着行政力量与本土特色，让政治宣传、信息提供、公共服务等职能得以最大限度地生发。1983 年"四级办广播"的方针引发了中央和地方建设传统媒体的积极性，一时间，县域内的广播电台纷纷成立，电台数量和广播覆盖率都在行政力量的驱动之下得到了提升。以声音符号为主要感知对象的广播按照特定的体量标准，确立了新闻的主体地位，并在"扬独家之优势，汇天下之精华"的方针指导下发掘自身媒介特性，通过广播评论聚焦社会热点、拓展节目深度，通过音乐音响增强现场效果凝结情感。北京人民广播电台的《新闻追踪》、陕西人民广播电台的《新闻瞭望》都以此取得了满意的成效。在 1998 年复旦大学新闻教育改革课题组对于江淮地区基层广播电视的调研中显示，所在地的广播覆盖率平均达到 174.3%，广播日均播出时间为 11.25 小时，无线电视每天播出 20.36 小时，足见基层广播事业的良好势头。^③ 相比增量的势头，县级广播的原创水平还有待提升。财政保障、组织结构、人才素质等多个因素都制约着广播文化事业的发展。在传统媒体占有垄断地位的时期，广播依靠广告创造收益，但由于部分县域广播的决策者目光较为短浅，只是将工作精力放置在售卖频率资源和节目时段上，导致节目的质量未能得到长效保证。而"利益先行"的掠夺式经营和广告也使得打造精品、鼓励原创的氛围未能真正建立起来。县域内不同媒介生产内容的雷同实际上也是对于已有资源的一种浪费。

2018 年 8 月，习近平在全国宣传思想工作会议上指出："要扎实抓好县级

① 沙垚，张思宇. 作为"新媒体"的农村广播：社会治理与群众路线 [J]. 国际新闻界，2021，43（1）：120-137.
② 周逵，黄典林. 从大喇叭、四级办台到县级融媒体中心：中国基层媒体制度建构的历史分析 [J]. 新闻记者，2020（6）：14-27.
③ 复旦大学"新闻教育改革"课题组. 探寻基层广播电视人才培养与使用的科学之路（调查报告）[J]. 新闻大学，1999（3）：90-94.

融媒体中心建设，更好引导群众、服务群众。"① 2018 年 11 月，中央全面深化改革委员会第五次会议审议通过了《关于加强县级融媒体中心建设的意见》。2020 年 9 月，中共中央办公厅、国务院办公厅印发《关于加快推进媒体深度融合发展的意见》，将媒体融合改革进一步推向了一个新高度，并提出了"完善中央媒体、省级媒体、市级媒体和县级融媒体中心四级融合发展布局"的要求。县级融媒体建设将过去分门别类的媒介形态在一个新的基点上重新聚合，实现时间、场景和社会现实的重构，基层社会的媒介化进程在技术的助推下开始起步，广播也从当时单纯的嵌入转向融合发展。

最初县域内的广播生产更多的是依靠文本到音频的转化，技术力量相对薄弱，参与人员分散且专业化程度较低。而在县级融媒体中心建设的驱动下，"流程再造"和"资源重组"成为必然趋势，广播在新的传播生态中发挥自身力量，在信息采集、内容编辑、传播营销多层面构成闭环。与报纸、电视、新媒体一道助力基层媒体事业在政务、服务、业务三层面融合，打破媒介形态和机构的壁垒，最大限度地保证资源的充分利用和效率的有效提升。长兴县级融媒体在探索中敢于挑战，通过整合平台渠道资源并对采编团队进行升级和优化，打造了媒体信息采集策划、全媒体新闻采访以及全媒体编辑刊播三大核心。通过精心优化内部分工，最大限度减少了资源浪费。同时，中央指挥中心根据不同媒介特点，精准推送经过策划的信息。这一组织架构和工作流程确保了信息的及时准确传播，更大限度提高了工作效率。② 安吉广播以"用心吐字，用爱归音"为理念，通过音频内容全面覆盖基层群众的日常需求，在传播中深化情感共鸣，为县级广播注入更为丰富的内涵。通过"爱安吉"融媒体板块的运营，推动了实时广播直播和多媒体乡村内容浏览，解决了县域资讯客户端黏性不足的问题。③

二、从供给到服务：区县广播转型的思维进阶

县级融媒体中心自诞生之初即具备基层架构属性，它构建了政府与民众之间的沟通桥梁，成为城市和乡镇之间紧密联系的纽带。基于县域空间位置集聚

---

① 新华网. 扎实抓好县级融媒体中心建设［EB/OL］.（2018 – 11 – 08）［2023 – 12 – 02］. https：//baijiahao. baidu. com/s？id = 1616527899259684314&wfr = spider&for = pc.

② 长兴传媒集团总裁许劲峰：从新闻立媒到内容立媒［EB/OL］.（2020 – 01 – 16）［2023 – 07 – 12］. http：//gdj. zj. gov. cn/art/2020/1/6/art_1228991990_41467833. html.

③ 施亚军. 县级融媒体中心建设中声音传播的创新路径：以浙江安吉新闻集团为例［J］. 中国广播，2019（12）：85 – 87.

的地缘群体与县级融媒体平台存在自然的相互依存关系，在政治、经济、文化等层面与县域平台呈现出更为紧密的共性，为打造具有本土特色的平台提供了独特的优势。广播，作为县级融媒体中心的一部分，也需构建良好的连接，确保当地公共决策得以透明呈现，群众声音得以充分倾听。在广播事业发展初期，通过信息供给满足受众的文化娱乐需求成为广播节目内容呈现的主要基调。无论是 1958 年 5 月首播的《长篇小说连播》还是 1961 年 5 月创办的《阅读和欣赏》，均以播音员深入浅出的讲解传播知识，启迪思想。1963 年推出的《向雷锋同志学习》以声音的形式展示了榜样的力量，激励全国人民为新中国的建设贡献力量。然而，值得注意的是，尽管早期的广播节目意识到了受众的存在，但仍通过自上而下的灌输方式实现信息供给，"我播你听"的状态未被打破。而随着数字技术在社会生活的深度渗透，社会资源也史无前例地被最大限度地嵌入互联网之中，人民群众开始呼唤更垂直化的媒介消费。区县广播要做的不仅是根据地域文化和政治特点为当地听众提供信息，还应注意到听众已转化为用户，要以更垂直化的内容为当地群众提供生活的便利。区县广播应深化文化服务的职能，传递新闻资讯，提供公共信息，将地域特色与舆论巧妙结合，激发群众的参与热情。要着力挖掘真正有益于人民的媒体功能和信息内容，在时政新闻、地域特色、公示公告、百姓民生等多个层面蓄力，更好地提升服务成效。除此之外，县级融媒体中心还应充分发挥资源整合能力，与当地政府部门做好沟通，聚焦当地的民政、交管、社会保障等信息，运用大数据有方向有目标地提升政务服务质量，增强基层社会认同，在唤醒当地群众归属感的同时，实现文化宣传。

例如，崇礼综合广播在县级融媒体建设的助推之下不断发力，结合"冰雪创城"的主张与冬奥会服务大局，传递崇礼声音，先后开办了《爱崇礼·我为冬奥做贡献》《阳光体育》等自制节目，结合崇礼当地特色宣传冬奥文化，品味冰雪之城的独特魅力。长兴广播的《情满旅途·温暖回家路》不仅将春运的情感传递给受众，还开通了长兴高铁站、长兴火车南站、长兴汽车客运总站的用车服务，让广播裹挟年节的温暖为回乡人打通最后一站。尤溪1066 广播电台锁定目标用户为 25～50 周岁的私家车车主，为全县 45 万人、5.8 万辆私家车主提供覆盖式服务。綦江人民广播电台以人民调解为主题，创办《綦法访谈》，邀请 15 个专业性、行业性人民调解委员会代表做客电台，将涵盖医疗纠纷、道路交通事故、劳动争议等多个领域的纠纷化解在基层。卢龙县广播电台 FM103.1 开辟了《问政卢龙》这一声音窗口，聚焦当地住房问题、出行问题、垃圾清理问题等，通过与政府相关人员的连线，及时回应百姓疑虑，为当地民众提供了一个深入了解政务、解决社会问题的重要渠道。

三、从摸索到巩固：区县广播转型的经验坐标

信息革命引领了信息生产和传播方式的深刻变革，日益繁荣的互联网不断演变成信息的聚集地、舆论的策源地以及思想碰撞的主战场。区县广播要持续扩大在地影响力，就需优化其顶层设计，打造一个涵盖基础功能、延展功能和高阶功能的多层次融媒体框架。[①] 辽宁东港模式、浙江长兴模式、河南汝州模式等，均扎根于本土实际，立足于市场独特性，适应现阶段传播生态，在实践中巧妙地探索出适合各自发展的舆论引导与文化传播路径。这些地方性模式的形成不仅是对传统媒体模式的创新，更是对当地社会需求的深刻理解和回应。

（一）辽宁东港模式：贴地飞行，覆盖农村舆论阵地

作为基层媒体平台，县级融媒体中心找准自身定位尤为关键。在县级融媒体建设的大背景下，要巩固壮大主流思想舆论，提高县级媒体的传播力、引导力、影响力、公信力，要打通基层宣传工作的最后一公里，就要让广播的声音在广袤的农村大地响起，切实打好本土化这张牌，结合地域特色办广播。

东港广播借助乡村振兴建设的热潮寻求与当地民众的思想契合点，以"新农村广播"作为突破口，破除"四级办广播"的困境。2014 年，东港人民广播电台与中国乡村之声共同签署了《合作意向书》，开办对农广播。在重新包装之后，将中国乡村之声的节目与东港人民广播电台的节目放置在同一波段播出，广播节目《东港新闻》《政风行风热线》《金土地》等取得了令人满意的成绩。这次调整一方面实现了资源的优化配置，提升了县级广播电台的节目质量；另一方面，节目的内容得到了纵向延伸，让中央到地方的同类型节目汇聚于同一频率，增加了节目的厚度，方便了受众的收听。作为文化惠农的一部分，东港人民广播电台把近万只大喇叭、八千多个收音机、五千多个小音箱送至村头巷尾，送至农民手中，使特殊天气的防洪防汛提醒、"文明实践讲堂"的开展、抗击新冠疫情的信息能及时抵达千家万户，真正让政策的关怀"唱响"于东港土地[②]。除此之外，其开办二十余年的王牌节目《热线八九帮

① 张巨才，李晓宇. 功能定位：县级媒体深度融合的基础和指南 [J]. 河北学刊，2021，41（4）：210－215.

② 朱明丽. 创新理念实现县级广播新突围：辽宁东港电台创办对农广播十年记 [J]. 中国广播电视学刊，2020（4）：119－121.

你办》聚焦生活资讯，将水电安装、网络卡顿、家电维修等关乎百姓日常生活的内容融入节目中，并持续推进"美丽乡村行"活动，搭建"乡村大舞台"，把科技文化送到田间地头，助力乡村振兴。广播节目《热线爱帮忙》为当地民众搭建了情感传递的平台。黑沟镇王家岭村的贫困户在节目中分享了对音乐的热爱以及"拥有电子琴"的新年愿望，主持人语菲当即在节目中发起征集，短短半小时就帮大叔圆了梦。龙王庙镇卧虎村的贫困兄妹也通过该节目得到了爱心人士的捐助。这样的案例也给予了主流媒体服务乡村振兴事业的新思路，让政策通过声音的脉络切实惠及民众，也让民众在广播之中感受到政府的作为和党的温暖。

（二）浙江长兴模式：技研融合，打造智慧应急体系

习近平总书记在党的二十大报告中针对提高公共安全治理水平作出部署，提出"提高防灾减灾救灾和急难险重突发公共事件处置保障能力，加强国家区域应急力量建设"。长兴县委深入贯彻国家和省市县在应急广播体系建设方面的要求，通过技研融合的方式，将传统的应急广播系统升级为全面贯通县、乡、村三级的覆盖体系，全面打通了全县 15 个应急广播建设工作专班成员单位的应急数据资源。截止到 2023 年 5 月，已安装应急广播 2477 套，实现 18 个乡镇、2046 个自然村全覆盖，让"村村通、村村响、村村用"成为现实。

长兴智慧应急体系的核心即应对县域紧急事件。在技术的赋能之下，长兴应急广播借助已有的视频点位和其他物联感知设施，结合 AI 算法中心进行识别判定，以及时的信息服务提升群众的避灾避险能力。在遭遇极端天气和公共危机时，长兴应急广播可以即时升级为二十四小时播放，利用全媒体策划制作宣传应急广播播报内容，采用大喇叭、音柱等多种形式让受众获得及时全面的信息，实现应急信息"一竿子插到底"。长兴电台关注特殊时间节点，在每年六月即应急安全月，推出科普类节目与人物专访；在暑假这一溺水高发期制作知识插件，分时段进行滚动播放。

长兴应急广播遵循"平战结合"的播出原则，在中心"数智"技术团队助力下引入"智慧＋"模式，采用"硬件＋软件""应急＋服务"等方式，在景区、学校、大型商场、交通枢纽、居民小区、森林防火、河湖防溺水等十大应急广播应用场景为民众提供智能服务。例如，在加油站的禁烟区域广播能够识别吸烟行为并加以语音提示；在公共场所的绿色停车位，广播可以提供规范性操作指导。由未来广播管控平台推出的电动车"安骑"系统上线后，全县

电动自行车骑行不戴头盔比例从 44.7% 下降到 8.7%，保障了居民们的出行安全。① 5G、AI 和大数据的技术加持延伸了广播的服务触角，也为基层的媒介治理做出了表率。

（三）河南汝州模式：全城互动，构建"可听可看可用"的服务阵地

2019 年 6 月，修订 70 余次的《汝州市加快推动媒体深度融合发展实施方案》最终形成，集报、台、网、微、端等于一体的全媒体矩阵得以搭建。河南汝州建立起"媒体矩阵＋拳头产品"的传播体系，开启了"真融实用"的新时期②。河南汝州以全新的技术手段和多方位的联动重构媒体模式，建立起自我"造血"和"输血"的良性循环，占领信息传播制高点。汝州人民广播电台（以下简称为"汝州电台"）通过数字化的传输高效覆盖了周边十多个县市的 1300 余万人口，以 24 小时全天播报、12 小时在线直播为当地民众带来新闻讯息、路况播报、话题发布等内容。汝州电台把握住车载用户这一市场，量身定制《私家车气候》《998 早高峰》《998 晚高峰》等节目，传承了传统广播热线电话这一元素，将用户真实的声音接入节目。在社会热点与时事脉搏的交汇处，汝州电台以独到的眼光融合信息，成为政府与用户之间沟通的桥梁，点燃基层媒体传播的热情，使其形成一股众心齐向、共同应对的舆论风潮。

在 2023 年 5 月 20 日"世界计量日"来临之际，汝州电台 FM99.8 邀请时任汝州市市场监督管理局党组书记、局长范强立亲临演播室，与听众进行关于"计量"的交流与探讨，展现了广播在社会议题引导方面的独特贡献。为积极做好夏季交通安全宣传工作，提高群众的交通安全意识，汝州电台推出"夏季说安全"主体宣传活动，邀请汝州交警彭警官进入 FM99.8 直播间，与听众直接互动，深入探讨夏季交通安全形势及相关热点话题。此外，汝州电台 FM99.8 还携手青坪双语学校和中国海洋石油有限公司，前往汝州市城市管理局，为在酷暑中坚守一线的城管队员递送矿泉水，用清凉与关爱向社会传递正能量。

汝州电台不仅聚焦用户对新闻资讯和文化信息的需求，还充分发掘了自身的资源整合能力，积极探索自身的盈利路径。998 汝州之声推出 998 商家联盟，推进企业间的资源共享和信息沟通，促成行业交流与协作，并通过为入驻

---

① 湖州市政务服务管理办公室."一件事一次办"，来看看湖州的做法［EB/OL］.（2023 - 02 - 24）［2023 - 07 - 12］.http：//xzfw.huzhou.gov.cn/art/2023/2/24/art_1229207675_59018104.html.

② 娄亚娜.县级融媒体中心建设的实践与路径探索：以汝州市融媒体中心的"汝州模式"为例［J］.中国广播，2019（10）：72 - 74.

商家提供广告费用折扣吸引更多民众关注。依托微信公众号，汝州电台开通了线上购物平台 998 优选商城，为当地民众带来高性价比的商品。而微信公众号上的另一业务模块——998 代驾则可以为当地民众提供出行的便利，日常代驾和长途服务都可以在指尖实现。这样的模式既增强了用户黏性，又拓展了汝州广播的盈利空间。

总之，在传统媒体和新兴媒体深度融合的浪潮中，县级融媒体建设的创新逻辑和实践路径正在全面展现，为推动信息传播、社会治理和民生服务提供了有力支持。依托迅猛发展的信息技术，县级融媒体充分发挥资源整合能力，以开放的态度吸纳用户的声音，促使用户自发参与基层治理和信息传播。然而，如何进一步挖掘广播的独特声音特质、强化主流媒体的思想浸润功能、增强基层社会认同仍是需要我们持续探索和思考的课题。这也呼唤着从业者们继续实干笃行，共同推动县级融媒体建设迈向更加繁荣的未来。

第六节　国外广播生态化发展的实证考察

人类传播活动发展至今，产生了各种各样的大众媒介，广播是唯一的非视觉媒介，这种独特性既是广播媒介不可替代的价值，也是其无法避免的弱点。因此，百年来，广播媒介在原始生态位的基础上，不断经历着生态位的扩张与生态格局的重建，展现出"因势而变"与"坚守本质"的双重特征。

1920 年，KDKA 广播电台开始播音，这是美国也是全世界第一家真正意义上的广播电台，打开了人类通向电子媒体时代的大门。20 世纪 30 年代开始，广播媒介进入发展的黄金时期，第二次世界大战的爆发则将广播事业推向了高潮。20 世纪 50 年代之后，电视和互联网新媒体先后崛起并强势发展，替代了传统广播的大部分功能，侵蚀了传统广播的原有市场，生存压力之下，广播媒介不断创新，形成差异化发展路径，积极主动地适应媒介生态环境变化。

一、以先进技术为依托的"生态位"迁移

技术因素在媒介发展进程中扮演了重要的角色，不管是报纸、广播，还是电视、网络媒体，从本质上说，其均是技术的媒体，各种媒体类型均因技术而兴、因技术而衰，只有那些能够适应技术发展的媒体类型，才能摆脱技术所带

来的生命周期限制，从而进入更高层级的生命周期运行阶段，长期可持续发展。① 广播媒介百年来经历的多次技术变革，集中体现在播出渠道和接收终端两个方面，既挖掘了听觉传播的伴随性优势，又实现了传统生态位被入侵后的生态位迁移。

20 世纪 50 年代，电视媒介蓬勃兴起，美国广播媒体在大众传播中所占据的优势地位逐渐衰落。此时，技术革新使收音机成为汽车的标配部件，广播媒体转向汽车收听市场，移动的优势被开发出来，"车轮子和干电池拯救了广播"。20 世纪 70 年代，由于播出音乐的音质比较清晰，调频广播占领了美国绝大多数的广播市场。20 世纪 80 年代末，得益于卫星通信技术的进步，广播媒体可以将现场信号实时传输给全国听众，越来越多的体育直播节目成为美国广播节目的中坚力量，新的增长点使得美国广播业在已经被电视占领的媒介市场中取得立足之地。20 世纪 90 年代，数字广播在美国出现，数字化意味着频率的极大丰富，地方电台可以在政府颁发的许可证所允许的节目数量之外再增加新的节目。21 世纪初，美国 XM 卫星广播实现直接入户，依靠受众的订阅收入来维持运营。

21 世纪，媒介发展呈现出数字化、网络化、移动化和智能化的趋势，日新月异的新媒体逐渐占据市场，广播媒介面临全面转型的压力。充分发挥技术创新的引领作用，世界各国的广播媒介以最快的速度利用最新的信息传播技术，改进自身的传播手段、渠道和方法，以期形成以先进技术为依托的媒体服务生态圈。2017 年 1 月 11 日起，挪威陆续关闭了国内的调频广播，成为全球首个停止调频广播的国家。挪威政府之所以将调频广播换成数字音频广播，是因为考虑到峡湾、高山等地形因素，数字音频广播的成本更低。② 瑞士、英国、丹麦等也在考虑相关计划，长远来看，向数字音频广播转型代表着广播发展的未来方向。

现今，互联网成为连接世界、促进资源共享的重要技术平台，互联网技术所具有的开放性、互动性、广覆盖、海量性、及时性、便捷性、个性化等特征在信息传播领域引发颠覆性变革，广播媒介也走上了与互联网紧密结合的发展道路。2012 年，英国广播公司成立"新闻实验室"，实验室的 54 个项目中，有 34 个项目都和技术开发有关，包括能够将音频内容转化为视频文件、便于在社交平台上分享的工具"Audiogram Generator"，ALTO 多语言虚拟配音工具，等等。

---

① 袁侃，安治民，周怡. 中国广电传媒生态化转型研究 ［M］. 北京：中国社会科学出版社，2018：6.

② 钟新，王岚岚. 2017 年国外广播动向与趋势 ［J］. 中国广播，2018（2）：39－44.

2014 年，美国国家公共广播电台（NPR）发布了新闻类音频 App——NPR One，将其打造为适应各类屏幕的内容平台，可以在广播、车载和移动设备之间无缝切换，针对个性化需求提供专业的新闻广播节目，使音频广播借助媒体融合的潮流进一步吸引受众群体，特别是年轻的受众群体。[①] 2018 年俄罗斯世界杯期间，韩国首尔广播公司（SBS）采用了 MPEG – H（ISO/IEC23008 – 在异构环境下的高效率编码和媒体传输）音频格式，以沉浸式和交互式音频在 ATSC3.0（新一代数字电视广播）上直播部分比赛，这是世界上首次由 MPEG – H 支持的沉浸式和交互式音频广播活动。[②] 未来，以 VR、AR、MR 等为代表的生理信息感知技术的运用，将进一步增强用户的体验，带来广阔的音频媒介创新空间，以人工智能为核心的下一代信息技术发展趋向，更将使传统广播业产生全方位、深层次和立体化的变革，再次经历生态位的超越。

二、以组织转型为中心的“生态式”改造

技术的创新为媒介发展提供了可能性，但能否实现这种可能性，还需要与之相适应的组织变革，才能将第一生产力的潜能充分释放出来。因此，战略和组织转型是决定媒介改革成败的关键，其影响程度远高于技术的影响。经营环境、内部条件（包括技术、人员、管理等条件）以及自身的成长需求等都会引起媒介组织结构的变革，这种变革与新的战略体系相匹配，协同推进媒介整体效益的改善，可以更好地实现媒介生态资源的优化整合，重组“新生态”。百年来，广播媒介不断协调自身与媒介生态环境之间的关系、内部各组成部分之间的关系，通过各种方式增强组织的敏捷性和适应性，促进效率与效果，全面提升生态价值。

美国是全球广播业发展最成熟的国家之一，1928 年，美国已经拥有了三个覆盖全国范围的广播网络，逐步探索出适合自身的体制、机制，并通过不断聚合与分化应对激烈竞争，在内容生产、市场运作、渠道运营等方面均居于世界领先位置。21 世纪以来，随着传播形态的改变，听众越来越喜欢通过智能手机等新型终端设备，从互联网音频平台获取非线性音频内容。因此，广播行业必须借助 AM/FM 之外的各类数字化平台，从伴随、移动、车载收听的传统方式向定制、互动、按需收听的新模式融合发展。传统广播公司通常采用收购

---

① 张晓菲. 基于多平台的一体化生产经营模式：以美国最大的商业广播公司 iHeartMedia 为例［J］. 新闻记者，2016（1）：56 – 61.

② 石悦. 近一年来，国外广播发展的回顾与展望［J］. 中国广播，2019（4）：71 – 74.

或自建平台的方式吸引互联网音频用户：2018 年 9 月，SiriusXM 卫星广播公司以 35 亿美元收购了潘多拉互联网广播，合并之后，音频产品以订阅模式或广告支持的免费模式运营被大约 1 亿用户所接受；2019 年 2 月，Entercom 整合公司 35 家体育电台等信息资源在客户端上推出体育频率，构建起集新闻、音乐、播客和体育为一体的特色垂直频率。① NPR、iHeartMedia 的前身 Clear Channel 广播公司为凸显其不仅仅有广播这一个传播渠道，相继更名去广播化，致力于成为多渠道、多平台的传播媒介集团。

　　NPR 一直坚定地推行数字化转型战略，从单一平台向基于互联网的多媒体平台转变，从公共广播公司向公共媒体公司转型。2008 年开始，NPR 搭建以多平台内容生产、数字化技术研发、多平台营销为主的组织架构，打造面向多平台的一体化生产流程，即只有一条编辑生产线、一个数字化新闻编辑部，编辑、记者和制作人都通过一个系统、面向多个平台来协调、选择和编辑内容。② 一体化生产流程，使 NPR 打破传统的内部科层制管理模式与组织架构，实现多平台立体化传播，极大提升了自身的运作效率与效益。

　　iHeartMedia 实行以音频业务为核心，广播、新媒体、线下多平台并重的发展战略。在打造多平台的基础上，其更重视一体化运营，内部业务各流程环节之间、各部门之间真正建立起便捷而又有机的联系。其核心业务组织架构中，高层主管都要在所负责的内容、运营、营销、数字化等领域进行基于多平台的一体化管理，打破传统广播和数字化团队之间的割裂，实现多个平台的真正融合。iHeartMedia 的首席营销官，负责制订跨平台一体化的营销解决方案，通过多平台整合营销，为客户提供多个触达消费者的机会：邀请广告主、营销人员参与内容开发，结合品牌营销需求推出原创播客；启动基于品牌的音频内容工作室——Soundboard，为营销伙伴服务；邀请品牌方与明星主持人合作，面向多平台生产原创的音频、视频和体验性内容，通过优质的内容实现跨平台品牌营销；通过大型品牌活动吸引受众，自 2011 年开始，每年 9 月都会举办 iHeartRadio 音乐节，极大提升了公司的品牌形象，对 iHeartRadio 平台起到了理想的推广效果，取得了可观的收益。③

　　全球媒介融合的大背景下，传统广播媒体从组织架构、运营流程、体制机

---

　　① 张晓菲. 美国广播公司打造多平台音频产业的实践与发展趋势：以 iHeartMedia 公司破产重组及业务发展为例［J］. 中国广播，2019（9）：68－72.

　　② 张晓菲. 打造融合发展型新闻编辑部：以美国国家公共广播公司的组织架构转型为例［J］. 新闻记者，2015（6）：32－38.

　　③ 张晓菲. 基于多平台的一体化生产经营模式：以美国最大的商业广播公司 iHeartMedia 为例［J］. 新闻记者，2016（1）：56－61.

制、企业文化等多个方面进行全面改造，形成更加扁平、开放的组织架构体系，更加顺畅、高效的全媒体生产管理流程，更加市场化、有活力的内部运行机制，更加富有创新力和融洽性的企业文化。同时，将组织生态系统深入融合到其余各项内部子系统之中，更好地发挥组织生态系统对于其他子系统乃至整个新型媒体生态系统的协调、整合和助推的作用，重构内部生态链条的链接模式，重塑与外部环境特别是外部环境中的关键因子的物质与能量交换关系，进而实现可持续发展。① 英国广播公司（BBC）是世界上历史最为悠久、规模最大的广播机构之一，曾经创造了很多辉煌成就，时代洪流中，它走在变革的前列，最早进行媒介融合实验，焕发出勃勃生机。

媒介融合首先需要突破的环节是采编发流程再造，BBC变革机制，将传统单向的、多次采集与发布的业务流程再造为一次采集、多层次生成与多媒体发布的新型业务流程。2007年整合之后，原本分开的广播、电视和网络新闻部共同组成BBC新闻中心，建立跨媒体的资源共享与整合以及多种终端的内容分发模式，"蜘蛛网"式的融媒体中心可供6000人在一个屋檐下同时工作，实现扁平化管理和功能集成。资源在各部门中顺畅流动，得到了高效的循环利用，例如，BBC-1台几档王牌新闻节目共享一个制作班底，大大节省了生产成本，提高了制作效率。②

2006年，BBC提出"创意未来"战略，正式开启台网融合。2007年，BBC iPlayer播放器上线，打破了不同类型媒介之间的界限。2008年，"iPlayer 2.0"将电视版iPlayer与广播版iPlayer组合到一起。2010年，"iPlayer 3.0"将Facebook、Twitter等社交媒体整合进来，进一步扩大了覆盖范围。2015年，BBC iPlayer开始采用H5标准，进一步加强了与网络媒体的兼容度，提升了用户的使用体验。BBC的多数广播电视节目，都可以通过iPlayer软件实现任意在线点播或下载收听、观看。BBC iPlayer不仅是一种延迟播放软件，也是传统广播与新媒体实现内容链接的实质性平台，把传统广播内容成功推送到了新媒体的传播平台上，满足了新媒体与传统广播的双向需求。③ 另外，在媒介渠道拓展方面，BBC于2015年秋季关闭BBC Three，仅提供相应的网络在线服务，投入力量加强BBC Three与YouTube、Twitter、Instagram等平台的合作，

① 袁侃，安治民，周怡. 中国广电传媒生态化转型研究［M］. 北京：中国社会科学出版社，2018：78-81.

② 杨湛菲. 从BBC"超级编辑部"建设看融合新闻生产传播的发展变化［J］. 视听，2017（7）：136-137.

③ 王梦宇. 欧洲广播电视的媒介融合实践研究：以英国BBC和欧洲RTL为例［J］. 中国电视，2018（5）：100-103.

试图让 BBC Three 覆盖美国主要的社交媒体服务平台。随着全媒体产业链越发完整，BBC 在传统媒体转型的路上越走越平稳。

全新的媒介生态环境下，媒介品牌形象的重要性日益凸显，它是广告主投放广告的主要判断依据，是受众选择媒介的主要原因，也是媒体真正的核心竞争力。媒介融合实践中，广播媒介围绕公信力、传播力、美誉度，遵循有机整合、适位生存、相互联系等生态发展的基本规律，形塑品牌、扩大合作、赢得市场，建立起完整的内容生态发展新格局。

始创于 1933 年的欧洲 RTL 集团是媒介融合时代广播媒体品牌建设的范本。1966 年，完成了广播业务与电视业务的整合之后，RTL 品牌创立；2000 年，RTL 与 Pearson 集团合并；2001 年其将部分股权售让给贝塔斯曼集团，品牌进一步整合，从此 RTL 面目一新，现持有全球 60 个电视频道、31 个广播电台以及多个制作公司的股份。RTL 之所以如此成功，主要原因就在于其非常注重品牌经营对于媒介发展举足轻重的影响：[①] 首先是将创新理念贯穿品牌建设过程，RTL 在全球率先设立了首席创意官，分析媒介生态环境，精准定位，提炼对目标受众群最有吸引力的优势竞争点，以与众不同的个性吸引受众；其次是以卓越的品质支撑品牌内涵，例如节目质量、媒体文化质量、媒体管理质量等，RTL 加大对高端内容的投资，保持集团在高质量媒介内容生产领域的领先地位；再次是持续传播与应用品牌，RTL 多元化推广品牌，注重跨媒体传播平台的搭建，充分与其他媒体互动，通过整合营销传播活动，将品牌特点凸现出来，深深植根到消费者的心理层面；最后是布局品牌的延伸与衍生，即开发品牌的广度与深度。RTL 集团化的过程，就是拓展单一品牌，使相关品牌整合成整体品牌效应，从而提高品牌媒体集群的整体效益，同时注重衍生品牌的开发与利用，在传统媒体的数字化、商业化、融合化、资本化与本土化等方面寻找突破。

三、以法律法规为支撑的"生态化"保障

广播行业的发展需要技术的支撑，也需要发展模式的自我革新与转型升级，更需要适度的法规与宽松的政策。国外广播媒介的百年发展，是在一整套规范、合理和颇具前瞻性的法律体系下实现的，其中不仅有关于表达的法律，

---

① 刘昶. 简析国际一流广播媒体品牌建设路径与经验：以法国最大电台 RTL 为例［J］. 中国广播，2013（8）：10 - 15.

更有电信法、广播电视法和版权法等，"法治"是媒介生态化发展进程中不可或缺的保障。

20世纪20年代广播媒介在世界各地出现：美国广播沿着自由资本主义的道路前行，商业化广播组织纷纷涌现，政府在涉及公共利益的问题上实施有效监管，为媒体的竞争和发展创造了良好的环境；英国广播建立了完全不同于私有商业化的公共管理、公共服务的垄断体制；日本则形成了公营广播和民营广播并存的二元体制，以及法律约束与行业自律并行的监管体制。

（一）政府管制与市场力量"和谐共舞"的美国

作为一个"新大陆"，美国是一个十分维护自由市场经济价值观的国家，其反对国家干预市场自由的态度非常坚决。直到广播行业市场的混乱难以遏制，自行调节已经失控，政府才出台相关法律予以调控，用法律手段帮助市场走向有序，相关法律法规潜移默化地影响着广播行业的发展。

美国历史上第一部无线电法规是《1912年无线电法》，仅仅在技术层面保证了军事和船只通信。1920年，KDKA广播电台播出之后，商业电台蓬勃兴起，但《1912年无线电法》并不保护商业电台，有限的频谱资源被无数的业余电台占用，非常不利于商业电台的发展。于是，美国国会通过了《1927年无线电法》：推广许可证制度；设立独立的监管机构统筹管理广播媒体；对广播媒体采用"内容控制"的监管方式。

20世纪30年代初，美国全国广播公司（NBC）逐渐发展成为覆盖全美的广播网络，媒介生态改变，《1927年无线电法》不能适用于新形势，很快被《1934年通信法》替代。新法规为广播及之后电视等新技术带来的新传播方式框定了发展方向，同时产生了联邦通信委员会（FCC）这个管理组织，承担监管责任。相较之前的机构，FCC职权范围更广，对广播媒体的控制力也更强，以保证在全国范围内不会出现有能力垄断舆论的媒体集团。《1934年通信法》的内容更全面细致，对广播电视科技的发展具有极强的前瞻性，所以即使20世纪的科技日新月异，这部法规也足足施行了六十多年，直到1996年才被新的电信法所代替。

美国广播电视业的发展过程中，FCC的"调控之手"出现在每一个关键拐点。例如，1941年，因拥有两个覆盖全国的广播网（红网、蓝网）是否构成市场垄断产生分歧，NBC与FCC对簿公堂。1943年，最高法院支持FCC，NBC只能拆分出售蓝网，这一部分形成了美国广播公司（ABC）。《1934年通信法》的出台背景和上述案例，反映出媒介生态与广播法规之间的互动机制，媒介生态的变化往往成为一部新法规出台的重要动因，而新法规反过来又会影响到媒介生态，甚至改变媒介生态，二者相辅相成。①

20 世纪 70 年代以后，传统媒体之间壁垒森严的局面开始出现融合的趋势，FCC 的功能也随之进行调整，从"产业管制者"演变为"市场竞争促进者"。1993 年 9 月，美国率先提出了"信息高速公路计划"，为促进电信产业改革，FCC 相应缩小管制的范围、降低管制的强度，充分发挥市场竞争机制的作用。《1996 年电信法》的出台促进了电子媒介的大融合，广播、电视和电信企业纷纷开始利用互联网技术，从而推动了媒介形态进一步改变。2010 年，FCC 公布《连接美国：国家宽带计划》，促进广播电视公司和电信运营商增加宽带网络投入，进而推动包括下一代广播电视网在内的各种增值服务业务的发展。2019 年，FCC 提出"5G 加速发展计划"，希望通过前瞻性的频谱政策、现代化的基础设施政策和基于市场的网络监管，全面实施 5G 发展战略，② 有望掀起新一轮媒体革命。

（二）坚持公共服务广播理念的英国

1904 年的英国《无线电法案》规定，任何人若要接收广播节目，必须从邮政局取得执照并交纳执照费（收听费），BBC 注册成立后也是遵守这一规定。从 1922 年到 1927 年，BBC 全称为 "British Broadcasting Company"（英国广播公司），是私有股份制的垄断联合企业，通过共享专利权与收取收听费维持运营。1927 年后，多种因素共同作用下，BBC 被改制成了一个拒绝商业盈利与私有化的公共广播组织，全称转变为 "British Broadcasting Corporation"，彻底摆脱了商业化的影响，成为一种公共服务，以收听费为资金来源，禁止播放广告，受全体英国国民监督与控制，既独立于政府之外又独立于商业压力之外。③

随着历史发展，公共服务广播理念在英国深入人心，BBC 成为英国社会举足轻重的一部分，广受英国各个阶层民众的拥戴，其影响力之大是任何其他媒体无法比拟的。BBC 成为公共服务广播机构的典范，得到欧洲多数国家及加拿大、澳大利亚、新西兰等国家的认同，纷纷效仿。

20 世纪 80 年代末直至整个 90 年代，从法国开始，在英国、美国达到高潮，发生了一场席卷全球广播电视业的改革风潮，以放宽管制促进行业发展。

---

① 唐嘉. 传媒科技发展与美国广播电视法规的变迁 ［D］. 长沙：湖南师范大学，2013.
② 高徽，郝静. 美国广播电视网发展策略与启示 ［J］. 国际传播，2019（6）：87–96.
③ 李书藏. 英国公共广播电视体制的生成探源 ［D］. 武汉：武汉大学，2010.

英国以《1990 年广播法》开始了广播电视改革，突出体现了对市场的关注，为商业电视的大发展提供了法律保证：树立消费者主权的观念，引入竞争机制，进一步打破广播电视行业中的垄断，开发广播电视市场，给消费者提供更多样化的选择。① 近年来，英国公共广播电视受到商业化浪潮侵蚀的现实无法忽视，广播电视体制、管理改革频繁，但英国对广播电视公共服务性质的界定没有改变，传统公共广播电视的媒体人坚守社会责任、保证公共广播电视为所有执照费交纳者提供最优服务的理念没有改变。

英国较早实施媒介融合，是全球三网融合发展最快的国家之一。2003 年英国《通信法》为全球信息领域融合管制树立了标准，保障媒介融合全面、有序展开。根据该法案，英国成立了融合管制机构通信办公室，大幅简化行政管理框架，消弭电信和广电分块管理的痕迹，深入推动媒介融合的发展。一系列法律法规极大地促进了英国广播电视业发展，助推英国成为当今世界广播电视大国，以及最大的电视节目出口国家之一。

（三）法律约束与行业自律并行的日本

"二战"前，日本广播协会（NHK）主导日本的广播行业。由于政府的直接控制，加上《广播用私设无线电话规则》等规定强化了其垄断地位，使 NHK 在"二战"期间成为宣传军国主义的工具，陷入全面法西斯化的泥沼。

"二战"后，美国占领军废除了日本政府自明治维新以来有关大众传播的所有法令，要求改造 NHK，使之成为公共机构。1946 年，《日本国宪法》（即"和平宪法"）颁布，促进了日本大众传媒的民主化，为广播电视体制发展提供了重要的法律保障。②

1950 年，《广播电视法》《电波法》《电波监理委员会设置法》出台，一方面确立了 NHK "服务于公共福祉"的地位，另一方面取消了 NHK 的垄断机制，商业电台被批准设立。1951 年，电波监理委员会向 16 家民营广播电台发放了许可证，由此建立了日本公共广播电视和民营广播电视共存的体系。

《广播电视法》的一大特色就是给予广播电视从业者最大限度的编辑自由，"广播电视节目不受任何人干涉，除非法律另有规定"。这使得日本广播电视节目种类繁多、内容丰富大胆，在当今世界都比较罕见。但同时，《广播电视法》也确立了较为完善的节目编辑基准，为广播电视节目划定了边界。此外，还有

---

① 温飚. 英国广播公司的改革之路［J］. 视听界，2004（5）：78-83.
② 张楠. 日本广播电视监管体系初探［D］. 北京：中国社会科学院研究生院，2014.

《广播电视法实施令》等法规，为《广播电视法》的贯彻执行提供了保障。

以"和平宪法+电波三法"为核心的法律体系为日本广播电视行业的发展奠定了基石，但这只是基本框架，广电行业的具体运作还需要依靠自己制定的行业标准以及自主自律的道德要求来进行。包括 NHK、日本民间广电联盟（以下简称为"民广联"）各自制定的从业准则，以及二者共同倡导的《广播电视伦理基本纲领》，此外，还有广播电视伦理机构 BPO 的监督。

因在社会功能上的公共性要求，NHK 要承担更多的社会责任，包括"播出多样且优质的节目；既要满足公众的需求，也要提高文化水平；既要保护本国的优秀历史文化，也要培育及普及新文化"等，因此，NHK 极其重视对自身的监督。其对内有监察委员会，负责监督董事职务执行状况；对外有放送节目审议会，对节目提出意见及建议。作为日本公众信赖的对象，NHK 的威信甚至超过国会、政府和法院。NHK 特殊地位的形成，正是其公共媒体机构责任的体现，也是其区别于私营资本媒体最显著的表现。

与 NHK 相比，民广联因其商业活动的纷繁复杂，监管起来更加困难。因此，民广联提出了《广播电视基准》。该标准对涉及儿童保护、犯罪手法表现、广告播出规定等可能会出现的问题，都一一作出详细的规定，为各广播电视台的操作提供了可行性，具有非常高的权威性和公信力。

2003 年，NHK 与民广联共同设立了广播电视伦理机构 BPO，是日本广播电视领域唯一的第三方自律机构。作为非营利、非政府组织，BPO 的职能在于维护广电机构表达的自由，同时捍卫受众的基本人权，处理有关广电节目的投诉以及节目中出现的伦理问题。该组织虽然是广电行业的自律机构，不具有行政和司法功能，但凭借其特有的权威和影响力，对完善广电行业的管理机制发挥了重要作用。BPO 通过电话、电子邮件、信件等形式，受理受众对广电节目的意见和投诉。2012 年度，BPO 共收到市民投诉 19022 件。①

媒介生态是一个不断向前发展、不断产生变化的系统，最关键的问题在于如何引导和规范。当下，全球经济、社会、文化正处在一个碰撞、交锋、融合、发展的新态势，相互借鉴不可缺少。国外广播媒体在技术应用、内容生产、盈利模式、人才培养、法治建设等方面的有效探索和实践，为我国广播媒体发展提供了较多有益参考。

---

① 张洋. 日本广播电视行业自律组织研究：以 BPO 广电伦理检查委员会为例 [J]. 电视研究，2014（9）：79 – 80.

第六章　移动传播时代广播生态化发展的趋势展望

广播因技术而生，因技术而变。无线电技术、大功率发射机、高灵敏度电子管接收技术三大关键技术的协同，让广播从理论变为了现实，实现了广播行业的由小壮大、广播业态的持续丰富。此后，有线广播技术、互联网技术让广播的技术根基得以拓展拓深，又为广播发展插上了继续腾飞的翅膀。同时，从制作、播出、收听等各个环节，数字化制播技术为广播行业发展带来了巨大变革。在此过程中，尽管广播也曾面临电视技术、互联网技术一波又一波的冲击，但是依托于上述技术及由此带来的创新可能，广播依然屹立于媒介生态之林，并重点借助汽车终端实现了平稳发展。如今，声音产品的呈现方式和互动模式愈加多样，音频平台也呈现出强劲的势头，广播是否能在这一场角逐中站稳脚尖，离不开合宜的战略定位、智能化的功能拓展和垂直化的产品打造。

本章将解读在移动传播时代广播出现的新现象，从传播智能化、使用场景化、用户个性化、经营多元化四个方面分析广播发展的最新动态和未来趋势，通过客观理性的案例分析为广播的融合升级探明前路。

第一节　传播智能化

当前，以移动互联网、5G、云计算、大数据、AI、物联网、区块链等为代表的高阶数字化技术，将广播发展推向了智能化的发展新阶段。所谓"顺势则生，逆势而亡"，身处智能化风口的广播，如不能积极拥抱先进技术的变革，故步自封、抱残守缺，则很有可能在新一轮信息技术变革的浪潮下被大浪淹没。值得欣慰的是，当前，在广播行业的整体转型过程中，全国不少广播电台除因应现实技术变革而积极努力改变自身之外，还着眼于数字技术的发展趋向，以前瞻性的眼光，加快传播智能化发展，积极从技术视角抢占未来媒介发展生态位，为自身和整个行业发展探索了更大的可能。

一、信息革命——广播传播智能化的背景

信息革命是指"由于信息生产、处理手段的高度发展而导致的社会生产力、生产关系的变革"①。以移动互联网、5G、云计算、大数据、AI、物联网、区块链等为代表的新一轮技术革命，为整个社会的变革带来了无限的可能，成为整个社会向前发展的重要技术基础和底座。

其中，移动互联网是将移动通信和互联网相结合，由运营商提供无线接入、互联网企业提供应用服务的一种互联网模式，融合了信息传输的移动性和互联网本身的开放、互动特征。5G 全称为"第五代移动通信技术"，具有高速度、低延时、泛在网、低功耗、万物互联、重构安全等主要特点，不仅可满足人类通信需求，而且能够提供增强现实、虚拟现实、超高清等身临其境的体验，对于智慧医疗、工业控制、车联网等领域都能够起到赋能作用。公开预测数据显示，到 2035 年，5G 可以为全球带来高达 13.1 万亿美元的产值，而其中将有一半可能在中国实现。② 截至 2022 年 2 月，我国 5G 基站已经突破 150 万个，位居世界前列。在大力加快 5G 商用的同时，我国也在积极推进 6G 开发工作，以进一步推动我国信息技术底座的发展。云计算作为分布式计算的一种，通过网络"云"将巨量数据计算处理程序分解为无数小程序，处理后返回用户，可在极短时间内提供强大的网络服务。大数据通过强大的机器算法，对大量具有多样性的信息进行"提纯"，从而快速发展其中的数据价值。AI 全称为"人工智能"，是计算机科学的一个分支，主要着力于研究、开发用以模拟、延伸与扩展人的智能，通过对智能实质的理解，以及图像识别、智能搜索、智能控制、智能行动、智能学习等应用，更好地服务于人类生产生活的需要。AI 从概念走进现实，已经开始展现出了强大的魅力，比如人们常见的电子扫码、语音识别、语音互动、工业机器人等，为人们提供了极大的便利。当前，AI 仍然处于发展的初级阶段，相信随着相关技术的进一步成熟，其价值与作用将会得到进一步发挥。物联网则是借助于高速的通信传输支撑和各种信息传感设备，将相关数据与互联网结合起来，并形成一个巨大网络，实现

---

① 赵才欣. 转型的地理课堂：基于资源的学与教［J］. 地理教学，2014（19）：4－8.
② 中国报道. 我在现场｜到 2035 年 5G 能为全球带来 13.1 万亿美元产值，近一半将在中国实现［EB/OL］.（2021－11－08）［2023－07－12］. https：//baijiahao. baidu. com/s？id＝1715834011106541919&wfr＝spider&for＝pc.

"在任何时间、任何地点"的"人、机、物"的"互联互通"。① 区块链则是一种分布式数据存储、点对点传输、共识机制、加密算法等计算机技术应用的新模式，其强大的信息有效性（防伪）验证功能，带来了优质的信用保障，也创造了无限的应用可能。

以上技术的兴起和蓬勃发展，为转型中的广播打开了更加广阔的发展空间。比如，移动互联网进一步强化了广播的移动伴随性，使得用户可以通过各种移动互联网终端，获取包括商业企业和广播电台在内的传播主体所推出的客户端音频内容产品。又比如，5G 为广播进一步丰富内容产品的形态提供了更大的可能，用户不仅可以获得线性音频产品，还可以获得非线性音频内容产品，甚至可以获得"一人一频"的个性化服务体验；不仅可以获得音频内容产品，还可以获得由广播提供的图文、视频等多样化内容产品。再比如，得益于大数据、AI 的运用，广播不仅可以实现对用户数据、产品数据的快速高质量分析，还可以实现自动化内容提取、制作、编排、审核等，让广播生产效率、服务质量得到更加显著的提升。此外，区块链技术的引入，对于广播经营而言，无疑也将有着较好的助益，不仅可以进一步推进广播内容产品的同业间交换，而且有助于广播在其他经营领域创造新的业态，助力广播自我造血能力的提升。

二、全链并进——广播传播智能化的趋向

当前，随着信息传播技术的不断向前发展，智慧广播已经提上了国家和行业的议事日程。在政策领域，早在 2015 年，国家广电总局就提出了"智慧广电"的概念；2018 年，国家广电总局出台了《关于促进智慧广电发展的指导意见》；2020 年，国家广电总局更是提出了深入实施"智慧广电"建设工程的具体要求，即"建设智慧广电媒体、网络、公共服务、产业生态，加快行业优化升级"。② 国家广电总局的积极推动，为广播传播智能化发展规划了蓝图、提供了路径，并形成了有力的政策保障。在国家政策的大力支持下，广播行业的传播智能化发展也得到了不断推进，已经渗透了制播、互动和数据分析等各个链条，呈现出全链并进的发展态势。

---

① 中国注册会计师协会. 公司战略与风险管理［M］. 北京：中国财政经济出版社，2021：303.

② 国家广播电视总局：2020 年将深入实施"智慧广电"建设工程［J］. 中国有线电视，2020 (1)：124.

（一）制播智能化

近年来，以央广、湖南广播电台为代表的一批广播电台，纷纷推动制播智能化改革。其中，央广依托于"云听"平台，主要围绕智慧选题、智慧编排、智慧分发等方面进行创新。其中，在智慧选题方面，"云听"平台依靠"大数据＋算法"提供的 AI 自然语言查询引擎、文本结构化引擎、多模态分析聚类引擎等技术，在内容立意策划阶段就可实现"对社会热点进行预判，对舆情走势进行分析，对新闻事件的内核进行梳理"①；在智慧编排方面，"云听"平台可以通过对巨量历史媒资的机器学习，针对不同类型节目串联编排出丰富多样的 AI 节目；在智能分发方面，"云听"平台还可以根据对用户的画像，结合用户所处的场景特征，智能分发用户所需的个性化内容。湖南广播电台近年来大力推动 5G 智慧电台建设，该项目可实现智能抓取、智能编排、智能播报、智能监控、云端分发等功能，可一键式自动化生成新闻、资讯、天气、路况等各种内容，并能实现音乐恰如其分地串接。此种电台的品质既达到了省级电台的标准，又因其"5 分钟可以生成一家电台"的高效能力，在服务县域、基层等方面具有独到的优势，得到大力的推广。据湖南广播电台统计，其 5G 智慧电台在 2021 年 12 月底已经服务了全国 28 个省、市、区的 500 余家广播电台，签约已达 800 余家。特别是，5G 智慧电台还强化虚拟主播的功能，共有 30 名虚拟主播参与新闻、天气、路况、音乐串接、节目预告等内容生产，"取代了广播人日常绝大多数的简单重复劳动"②。

（二）互动智能化

一直以来，相比于互联网的便捷性互动，广播由于移动收听的特征，往往有着自身的互动性缺陷。比如，在驾车时，收听用户如欲与节目进行互动，则往往会影响其驾车的精力集中度，由此带来用户的参与度较弱。但是，由于智能互动技术的引入，此类问题则可得到一定程度的缓解。

在此方面，北京广播电视台开发的"你好，小听"人工智能语音功能具有较好的代表性。该功能可以实现用户以自然语音与主持人进行互动，主持人亦不用专门收听用户发来的语音，根据语音转化的文字就能明白用户所要表达的内容，既可提升互动效率，又能确保用户的安全。作为该功能的延展，其广

---

① 易珏. 云听创新：广播移动化转型中的智慧化探索［J］. 中国广播，2021（12）：30－33.
② 蒋曼. 人工智能赋能广播生产：以 5G 智慧电台为例［J］. 中国广播，2021（12）：47－50.

播直播智能语音互动系统包括了"人工智能处理系统""新媒体客户端智能语音互动平台""互动语音运营管理平台"及"微信互动播出平台数据接入"四个子系统，涵盖了从用户端到后台运营端整个环节。其中，"人工智能处理系统"又包括了语音唤醒、语音识别、语音合成、内容审核四大主要功能，其中的语音唤醒和语音识别准确率高达95%；"新媒体客户端智能语音互动平台"具有节目选择、语音唤醒、语音留言、留言合成播报、留言发送等细分功能；"互动语音运营管理平台"主要用于语音审核、查询与统计；"微信互动播出平台数据接入"系统主要用于主持人查阅来源于微信及新媒体客户端的用户互动信息。在"你好，小听"人工智能语音功能的支撑下，北京广播电视台与用户之间的互动得到有效增强，相应的客户端收听量增加了154%、用户收听规模增加了66%，显现出移动化、社交化、智能化背景下广播智能互动的积极价值。①

（三）分析智能化

对于用户数据的全面搜集、分析，进而进行用户画像，可以有效增强广播内容生产的针对性，并带动广播经营的业态创新。比如，北京广播电视台的"新媒体客户端智能语音互动平台"，可以专门针对用户的语音数据进行系统处理后，由互动语音运营管理平台进行统计，输出分析结果，供节目制作人员优化节目内容，以提升节目传播的针对性。而其"互动语音运营管理平台"更是可以实现查阅留言条数、留言人数等的功能。福建省广播影视集团推出的"广电车盒子"产品，更以封闭式的方式，统计包括互动人数、信息分享状态、信息搜索情况、广电消费情况等更加广泛、综合的数据，可以精准掌握用户特点、行为特征，为其"商家提供资源—电台精准营销—车友体验式消费"经营模式创新提供了坚实的技术基础②。

（四）终端智能化

当前，广播的传播终端日益智能化，形成了以车载终端为主体，智能手机为侧翼，智能音响、智能手表、智能手环、智能收音机为辅助的多元化终端格局。特别是，伴随着汽车智能化的不断向前发展，车联网终端为广播带来重大

① 李卓."你好，小听"触发广播智能互动新模式：听听 FM 推进媒体深度融合的场景探索 [J].新闻战线，2011（22）：30－32.
② 中国传媒大学传播研究院、中央广播电视总台央广总编室.智慧化趋势下广播发展路径探究：基于对湖南、贵州、福建、江苏等地广电媒体的调研 [J].中国广播，2018（11）：5－17.

挑战的同时也带来了极大的机遇。广播或以客户端模式直接进入车联网平台，或以官方账号形式进入已经加入车联网平台的"蜻蜓 FM""喜马拉雅"等音频平台。但是，无论如何，广播进入车联网终端，并大力提升自身的品牌识别度、功能多样性，已经成为大势所趋。可以说，是否能够占领车联网空间，已经成为关系广播未来生存与发展的一件大事。也正因如此，目前无论是传统的广播电台还是商业化的网络音频平台，均纷纷与各大汽车厂商开展合作，以便于其软件产品更好地占据车联网。我们亦看到，以福建省广播影视集团旗下电台为代表的部分广播电台，甚至直接开发基于车联网的广播硬件产品，以拓宽发展空间，这从一个侧面也体现出了广播对智能传播终端争夺的激烈程度。在占领车联网空间的同时，亦不可忽视基于智能手机、智能音响、智能手环、智能收音机等联网设备的重要价值。只有全面占据各类终端，才能为广播的内容输出、经营开发创造必要的可能，这种趋势将伴随着终端设备智能化的发展而得到进一步强化。

三、组织再造——广播传播智能化的应对

组织再造是指"对组织内的某些要素和资源进行重新配置或组合，或者调整组织的结构，改变组织的运行方式，以适应环境变化"[①]。如果说广播制播智能化、互动智能化、分析智能化、终端智能化是广播媒体在信息技术推动下的被动作为的话，那么组织再造则是广播媒体通过自身相应的变革、调适以适应传播智能化趋势的主动性、深层次自我革命。从概念界定来看，组织再造不仅仅涉及广播媒体内部的组织结构调整，同时也涉及对诸如技术、人才、资金等各种要素的重新配置和组合，主要包括以下三个面向。

（一）技术赋能

传统观念认为，广播作为大众传播媒体和信息传播载体，依托于已经成熟的传播技术，主要仍然聚焦于新闻、文艺、社教等各类文化内容的采集、制作和播发。但是，随着信息传播技术的快速迭代，广播媒体如果仅仅专注于内容与文化层面，则难以真正做到文化与技术的有机融合，甚至有可能跟不上技术发展的步伐，从而在传播创新中落伍。有鉴于此，广播媒体应当从传播技术发

---

① 熊凤山. 山区农村经济发展范式与战略研究：以河北省太行山区为例［D］. 保定：河北农业大学，2011.

展形势分析、研发和应用三个维度做好相关的应对工作。其中，在传播技术发展形势分析方面，广播媒体应当有专门的人才队伍或者职能分工，以动态跟进信息传播技术发展的前沿趋势，并探讨前沿技术与广播发展的结合路径，以此确保广播媒体对于技术跟进的动态性、前瞻性。在研发方面，广播媒体应当配置专门的技术研发团队，开展信息传播技术与广播相结合的交叉性、创新性研究，让先进信息传播技术能够及时为广播媒体所用。这方面，央广可谓具有先见之明。早在 2019 年总台内部改革之时，其就成立了"5G + 4K/8K + AI 媒体应用实验室""超高清与人工智能媒体应用实验室""超高清视音频制播呈现国家重点实验室"① 等技术研发机构，这些机构不仅承担先进信息传播技术的信息搜集功能，而且也开展实际研发工作，由此推动了"云听"平台的快速崛起。在技术应用方面，要着力于推动广播媒体及时有效利用新型信息传播技术。例如，对于网络直播、短视频、短音频、H5、海报等最新网络传播手段和方式，其背后均有各自不同的技术特征和技术依托，广播媒体应当及时加以掌握，让技术与文化融为一体、合二为一、并驾齐驱，以此提升其传播的效果。广播媒体的技术机构只有以切实可落地的举措，全面推进技术分析、技术研发、技术应用，方能真正发挥好技术赋能的作用，切不可仍然停留在过去的技术辅助职能层面之上。

（二）人才支撑

当前，即便是在信息传播技术加速迭代的背景下，广播媒体中"做内容的人员不懂技术，做技术的人员不懂内容"仍然是一种极为普遍的行业现象。此种"两张皮"现象的存在，使得广播媒体整体对信息传播技术变革的适应明显反应迟钝，无法更好地满足广大人民群众对优质精神文化产品的需求。为此，广播媒体一方面应通过提供操作手册、优化技术应用，让内容生产人员能够非常简易地将内容植入技术模板，以打造新形态的内容产品，另一方面应加大对技术人才、内容人才的培训力度，以"短平快"的方式让双方尽快掌握时下盛行的内容传播方式。此外，加大人才引进延揽力度。比如，央广近年来不仅在内部积极推进"5G + 4K/8K + AI 系列培训""媒体融合前沿技术系列活动"等，帮助员工学习新媒体知识，还面向社会招聘了多达 300 人（含视频

---

① 吴克宇. 新闻生产智能化的战略驱动和创新场景：中央广播电视总台人工智能战略实践［J］. 新闻战线，2020（8）：13 – 15.

领域）的新媒体生产、运营和技术人才。①

（三）机构重塑

推动广播传播的智能化，需要结合其智能化传播的特点，对包括组织架构、工作流程、管理机制等要素在内的各种机构要素予以全面重塑，以更好地发挥智能化传播的效率。在组织架构上，由于智能传播的创新性特征，采用矩阵制、项目制管理模式比传统的科层制模式更具活力，围绕一个融合传播产品，采取全电台组织资源、非线性沟通交流的模式，有利于提高项目运作的成功率。同时，要将组织架构的设置向优质项目倾斜。比如，开办一个 5G 智慧电台，由于技术的强力支撑，往往只需要极少数的人员，甚至几个频率仅需要一个人即可完成，并不需要像传统模式那样开展"大兵团作战"，据此配置合适的组织架构极为必要。在工作流程上，由于传播智能化所带来的流程精简和自动化，也为广播电台加快组织架构调整提供了更加广阔的空间。在管理机制上，广播电台亦可在传播智能化的辅助下，针对电台的重点领域、关键环节强化规范性管理、激励与考核管理等。总之，广播的传播智能化，深刻影响了广播电台内部运作的各个方面，推动了广播电台内部资源、重心的再调整、再配置，由此带来了对机构重塑的必然要求。满足这一要求，是广播电台充分发挥智能化传播潜能、推动自身发展的必由之路。

当前，伴随着数字技术智能化的向前发展，我国广播媒体因时而变、顺势而为，在广播传播智能化方面已经做出了积极的探索。但是，由于智能技术本身仍处于初级阶段，广播传播智能化也仍在探索之中。不过，我们有理由相信，在不远的将来，由于人工智能技术的逐步成熟，必将推动广播传播智能化迈上新的台阶。

第二节　使用场景化

在从信息化向数字化、智能化演变过程中，因信息传播的强即时性、丰富性、伴随性和用户信息使用的沉浸式特征逐步显现，使得"场景"概念已经成为移动互联网传播的重要关注焦点。无论是大型互联网企业、电商平台，还

---

① 吴克宇. 新闻生产智能化的战略驱动和创新场景：中央广播电视总台人工智能战略实践［J］. 新闻战线，2020（8）：13－15.

是大量的个人电商、自媒体等移动互联网创业者、掘金者，以及传统电视、广播、报纸、杂志等主流媒体，均将"场景"作为其获取流量以及流量变现（包括传播影响力实现和经济效益变现）的重要窗口和链接接口。对于广播而言，因循这一趋势，对于"场景"的重视程度也得到了不断提高。客观来说，广播本身是一种强场景化的媒体，这从其主要用户群体为车上群体即可见一斑。在特定的汽车空间内，驾驶员驾车时因需兼顾驾驶专注度而有特定的信息、文化等消费需要，乘车人因车辆颠簸而不适合观看和阅读，广播对这类群体有着极强的传播吸引力。并且，随着智能技术所带来的传播媒介的日渐丰富和智能化，广播用户的媒介使用也更加场景化，广播用户往往基于驾车、乘车、休闲、劳作等特定场景选择使用广播或者音频，而非随时随地使用广播或音频。在此背景下，广播应当怎样认识场景？应当怎样选择场景？应当怎样开发场景甚至怎样与其他媒介类型争夺场景？诸如此类的问题，仍然是理论和业务层面待解的重要课题。

一、场景革命——得场景者得天下

所谓"场景"，是指"生活中的特定情景"，来源于拉丁语 Olinda，意为舞台剧。[①] 在英文语汇中，该词为"Scene"，指"电影、戏剧的演员以对白、动作表演等形式，通过舞台灯光、音效各要素组合呈现的场面"。[②] 由于人们对特定场景的价值认知的不断拓展，"场景"概念已经从专门的演艺领域向社会、经济等众多领域拓展。随着概念的拓展，"场景"概念的内涵也不断得到丰富，主要包括了两个部分：一是"地理场所与周边景物设施等硬要素"；二是"人在空间互动中产生的氛围等软要素"。[③] 由此，"场景"也不再仅仅指涉人造的情境，同时也囊括了客观的生活情境。

由于人们对"场景"概念重视程度不断提高，由此生发出了场景理论。其中，最早对场景进行研究的戈夫曼，提出了"拟剧理论"，并在其《日常生活中的自我呈现》一书中表达了这样一种观点，即"人们在应对不同场景时

---

① 朱冰，张培兴，赵健，等. 基于场景的自动驾驶汽车虚拟测试研究进展 [J]. 中国公路学报，2019，32（6）：1–19.

② 苗慧. 移动互联网时代下的"场景理论"研究 [J]. 西部广播电视，2019（13）：1–2.

③ 朱冰，张培兴，赵健，等. 基于场景的自动驾驶汽车虚拟测试研究进展 [J]. 中国公路学报，2019，32（6）：1–19.

会扮演不同的角色，会采取不同的表演行为来适应环境的改变"①。此后的梅罗维茨依托"拟剧理论"的观点，将"场景理论"与"媒介理论"进行整合，在其《消失的地域》一书中，提出"新媒介的到来产生了新的场景，新的场景促进了新的行为变化"②。在此之后，场景理论进一步与信息传播技术相结合，由此形成了罗伯特·斯考伯的"互联网场景（context）理论"。他在其《即将到来的场景时代：移动、传感、数据和未来隐私》一书中提出，互联网时代的场景"是基于移动设备、社交媒体、大数据、传感器和定位系统提供的一种应用技术，以此来营造在场感"。这种场景主要由五种技术推动力予以实现，即"社交数据、可穿戴设备、云计算、传感器和定位系统"。上述五种力量相互作用、相互推动，构建出了一个个互联网场景，进而"将人与人、人与物、人与商业相连接，而由此产生的在场感又对人的心理和行为产生影响"③。需要注意的是，罗伯特·斯考伯的互联网场景理论同样涵盖了对移动互联网场景的阐释。

　　信息传播技术的发展带来了传统场景价值的挖掘，以及新的场景的构建，甚至是复合场景的重构。无论是传统场景，还是新场景抑或是复合场景，都为人类的心理和行为带来了各种各样或显在或潜在的影响，同时重构着人与社会、人与自然之间的互动关系。这种状况，在当前移动化、智能化技术发展背景下体现尤为显著，可以说已经带来了一场场景革命，即"人们借助技术手段，建构以人为中心的特定场景，使人在其中获得超越现实的体验的一场技术革命"④。在场景革命浪潮下，得场景者得天下。比如，在电商领域，无论是图片、文字、短视频、直播等要素，还是基于该类要素的移动客户端，通过随时随地的商品信息推送，可以有效占据用户的各类生活场景，从而带来可观的销量。又比如，在媒介领域，无论是新闻信息，还是知识信息，抑或是文娱信息，依托于移动传播客户端，也能够较好地嵌入、深入用户每日的生命时间。可以说，正是对场景的充分占有，才实现了众多社会主体的数字化生存。相比较而言，广播目前对场景的占据，仍然主要停留于相对传统的汽车空间，对于诸如家庭空间、个人移动私域空间的介入，广播与其他众多社会主体相比，稍显弱势。通过前述分析可知，技术驱动下的场景再生，既有客观场景，又有人造场景。因此，广播要在未来场景争夺中赢得足够的胜利，亟须从深层次上认识场景、理解场景的价值和意义，并探寻属于广播自身的场景开拓之路。

二、多维场景——音频使用的进路

对于广播使用场景化问题的探讨，仍需回到用户这一传播接受主体的原点，并在技术与用户互动构建场景的关系逻辑下予以分析。笔者以为，依循此思路，特别是结合用户音频使用的多维进路，专属场景、竞争场景、泛在场景是当前及今后一段时期广播使用场景化的三大趋向。

（一）专属场景

用户在何时何地重点使用广播或者音频产品，由此产生的时空场景可以被大致界定为广播使用的专属场景。赛立信最新研究数据显示，在 2021 年，全国广播的用户规模已经达到 6.81 亿，其中车载听众的规模就有 5.01 亿，占比高达 73.57%。① 由此可见，在驾车或者乘车时收听广播，是大多数广播听众的习惯性选择。由此亦可见出，汽车空间在很大程度上已经成为广播用户使用的专属场景。

汽车空间之所以能够成为广播用户使用的专属场景，大致涵盖如下几个原因：一是渠道获取的便捷性。无论是何种款式、何种智能程度的机动车，均装有广播接收设备，且具有一定智能程度的机动车，在车辆发动时广播接收设备即可自动开机，由此使得用户能够或主动或被动地、非常便捷地接近广播。此种优势是其余各种媒介类型所不具备的，也成就了广播成为用户在驾车或乘车时的专属媒介使用工具。当然，对于传统广播电台而言，由于车联网的发展，以及汽车智能化的不断升级，广播传播日益互联网化，如果广播传播应用未能及时进入车联网，则亦可能无法进入车载听众的视野，由此亦可能丧失对车载专属空间的占据，面临着机遇与危险并存的局面。二是频率数量与传播内容的丰富性。据国家广电总局发布的《地级以上广播电视播出机构及频道频率名录、教育电视台及频道目录和县级广播电视播出机构名录》显示，截至 2019年年底，全国有 397 家地级以上广播电视播出机构和 2107 家县级广播电视播

---

① 梁毓琳，刘婉婷. 新广播：立体传播生态圈的形成：2021 年中国广播市场分析［J］. 现代视听，2022（1）：12-17.

出机构。① 按照绝大多数电台开设一套以上的频率计算，我国广播频率数量更为客观。对于每一广播用户而言，其一般可以收听到包括区县级、市级、省级、中央电台的广播频率内容；如借助于网络音频平台，并依靠5G技术的支撑，每一广播用户从理论上甚至可以收听到全国所有的广播频率，以及互联网平台提供的音频内容，其涵盖了新闻资讯、音乐歌曲、购物消费、阅读学习、运动健身、教育科技、医疗健康、商业财经、汽车相关、小说故事、体育赛事、餐饮美食、户外活动、外出旅游、职业培训、文艺创作、亲子教育、舞蹈表演、时尚潮流、家居设计等方方面面，可谓应有尽有。② 由此可见，车载听众可以通过车载终端，获取有关资讯、知识、文艺等各种内容，广播由此对其产生了较强的媒介吸引力。三是场景的适宜性。车载听众主要可分为两个群体，即驾车群体和乘车群体，并以驾车群体居多。正如本书前文所述，对于驾车群体而言，一方面其要保持驾车的足够专注度，目视前方，确保驾车安全；另一方面，单纯地驾车特别是长途驾车，路途单调乏味，司机容易感到疲劳。如果在驾车途中能够收听到广播的内容，既可以带动思维的活跃，又可能舒缓紧张的神经，还可以获得美的享受或者知识的丰富，甚至获得情感的陪伴，可谓一举多得。这样的精神消费需求，仅有广播或音频能够予以满足。以上三点，让广播成为驾车群体甚至乘车群体在汽车空间这个场景的主流选择。可以预见，即便智能传播时代到来，即便传播主体不断变化，车载听众对于广播或者音频的选择，依然不会改变。

（二）竞争场景

在移动传播背景下，伴随着"合而为一，融为一体"向"我就是你，你就是我"的媒体融合路径不断走向深入，广播在推进"主力军全面挺进主战场"过程中，势必要立足于互联网空间特别是移动互联网空间，通过图文、视频方式与其他各类媒介类型展开直接面对面的竞争，以"全程媒体、全息媒体、全员媒体、全效媒体"的方式提供全媒体综合服务。然而，互联网空间的开放性特征，决定了该空间并非广播的专属场景，而是集合了电视、报纸、杂志乃至各种自媒体的综合竞技场。客观而言，相比电视的视频制作功

---

① 国家广电总局. 地级以上广播电视播出机构及频道频率名录、教育电视台及频道目录和县级广播电视播出机构名录 [EB/OL]. （2019 - 12 - 31）[2020 - 01 - 12]. http：//www.nrta.gov.cn/col/col69/index.html.

② 梁毓琳，刘婉婷. 新广播：立体传播生态圈的形成：2021年中国广播市场分析 [J]. 现代视听，2022（1）：12 - 17.

底、纸媒的文字表达深度，广播并不具有天然的场景竞争优势。近年来，全国大量广播媒体在依托频率开展线性播出之外，纷纷推出各自的客户端，开设各种类型的视频、音频、图文公众号，积极介入竞争场景的争夺，正呈现出越来越好的发展态势。比如，中央广播电视总台的"云听"App、上海广播电视台的"阿基米德FM"App、江苏省广播电视总台的"大蓝鲸"App、北京广播电视台的"听听FM"App、浙江广播电视集团的"喜欢听"App，乃至"虎哥说车""晓北—城市私家车"等有广播电台背景的自媒体IP，已经拥有较大规模的用户群体。其中，"云听"通过泛文艺、泛知识、泛娱乐的内容定位，突出传播权威资讯，深度强化用户互动，已经实现用户存量5000万（截至2021年5月份数据）；①"虎哥说车"IP通过较长时间不断试错，不断转换定位和传播的内容与方式，最后以轻松娱乐而又专业的方式聚焦汽车资讯和相关产业链，不仅实现了抖音号粉丝量超过3000万，而且创造了"虎哥说车体"，引爆全网②。由此可见，在竞争场景中，广播只有按照新媒体的传播规律，锻造自身的新媒体运营能力，方能与其他各种新媒体传播主体相抗衡，否则将难以有效占据该场景。

（三）泛在场景

泛在性是指一种能够在任何时间、任何地点满足服务接入的社会行为特征，而泛在场景则是用户在任何时空环境下的场景。这种场景以特定时空为断面，数量庞大，可开发价值较高。从理论上说，人在任何时空条件下的存在活动均构成一个特定的泛在场景。而在每一个泛在场景中，媒体均有接入用户的可能。就广播而言，比如，在个人独处时或者焦虑时，几首应景的音乐或者一段抚慰人心的心理讲座、情感节目，也许是用户较好的媒介消费选择；在做家务时或者晚上睡觉前，听一段故事音频也可能也会带来较好的精神享受；在个人感到疑惑时，恰当准确的知识音频也有可能为用户提供及时而又必要的帮助。当前，随着诸如智能家居、智能音响、智能可穿戴设备等各类终端的不断发展、丰富，为广播抓住用户的泛在场景、空间提供了更大的可能，并且在实践中也得到了较好的体现和验证。特别是智能音响，以其语音互动功能和在家庭场景中的较强适用性，近年来已经得到了不少用户的喜爱和大量使用。可以说，在用户切片化、碎片化的多样化生存场景中，广播均有接入服务的可能。

① 梁毓琳，刘婉婷. 新广播：立体传播生态圈的形成：2021年中国广播市场分析［J］. 现代视听，2022（1）：12-17.

② 吴秀兰，甘会霞. 融媒体时代广播主持人如何塑造形象［J］. 数据广播，2021（4）：18-21.

未来，伴随着音频传播智能化的持续向前发展，基于泛在场景的广播传播将会拥有更大的发展空间。

三、场景再造——场景开发的趋向

未来已来。为了适应用户使用场景化的广播发展需要，以更大的力度深耕专属场景、以更强的能力角逐竞争场景、以更广的视野挖掘泛在场景，已经成为广播媒体未来发展的基本着眼点。

（一）深耕专属场景

毫无疑问，汽车空间已经在很大程度上成为广播的专属场景。面对高达5.01亿用户规模的专属场景，广播媒体极有必要对其精耕细作，挖掘其中的潜在价值。一是要打通广播媒体与汽车专属场景的渠道链接障碍。未来，伴随着智能网联汽车市场规模的不断扩大，汽车将成为一个移动的智能媒体。广播媒体可通过两个途径与其实现顺畅链接：其一，与国内市场上汽车整车硬件厂商开展合作，以战略联盟或资本为纽带，让广播媒体的新媒体应用或内容直接进入汽车终端，形成数据闭环；其二，与国内大型音频平台开展合作，将本地广播媒体的新媒体应用植入大型音频平台，利用大型音频平台的终端覆盖能力实现对更广泛用户的传播影响。二是要加快推动汽车空间传播智能化。重点是要针对用户不同的人口统计学特征，提供有针对性的服务内容。比如，在用户身处不同地域时，提供地域新闻的智能转换；在一天中的不同时段，提供不同内容的广播节目；根据用户的收听习惯，自动编排推送个性化的节目内容；根据不同年龄、性别的用户，提供差异化的节目，等等。这就要求广播媒体必须加强内容资源库建设，同时配合相应的精准语音互动工具，甚至提供个性化线性与非线性广播服务，为广大听众匹配更加适宜的节目内容。三是要加大专属场景的细分力度。比如，部分用户对与节目之间的互动有着特别的偏好，广播媒体可通过便捷适宜的互动工具，满足听众的相应需求。四是要加强专属场景的经营。特别是围绕汽车相关产业链，以及其他垂直经营领域，要加大深耕力度，促进传播影响向经营效益的转化。比如，在广播节目向用户介绍某一产品或服务的同时，如果用户对该产品或服务产生兴趣，可提醒用户通过智能语音互动的方式将产品或服务信息予以收藏，并自动转发至用户的其他智能设备终端以便其进一步了解，甚至可以依托便捷的支付手段在用户获取商品或服务信息时直接语音下单、即时购买。通过诸如以上深耕专属场景的做法，广播可在未来更好地实现传播影响，并开拓更加广阔的经营空间。

（二）角逐竞争场景

在全媒体传播背景下，包括电视台、电台、报社、杂志社、商业互联网公司、自媒体创业者等在内的所有传播主体，均应以同样的方式在互联网空间进行角逐和竞争。可以说，无论是为了推进"主力军全面挺进主战场"，还是为了赢得更大的生存空间，广播媒体均有必要以自己的方式努力去积极介入互联网空间。为此，广播媒体一方面要依托对专属场景的耕耘，将其在专属场景中的影响力向竞争场景延伸。比如，通过专属场景中的线上直播方式，积极介绍广播媒体的新媒体产品，增加用户对广播新媒体产品的了解、使用和黏性；另一方面要打造好广播媒体自身的新媒体IP，要按照新媒体的传播规律，借助于对主持人元素的深度利用，将具有潜力的广播主持人打造成为新媒体网红，以此带动传播影响的提升，甚至一个细分产业的发展。特别需要注意的是，在竞争场景中，广播要更加突出对用户的了解与分析，掌握其内容偏好和媒介使用习惯；要增强对诸如网络文体、图片风格、短视频、长视频、直播等的运用能力，进而形成特色化新媒体产品品牌优势。

（三）挖掘泛在场景

目前，智能手机所带来的"机不离手"现象已经让媒介传播的泛在性得到了一定程度的体现。与新闻资讯类传播主体相比较，广播对于泛在场景的介入仍然稍显薄弱。为了让广播能够更好地介入泛在场景，一是要加强对泛在场景的研究，按照不同的空间、不同的时间，对泛在场景作出基本的分类，以此更加精准地了解不同泛在场景下用户对广播的服务需求，或者提供创新服务的可能；二是要在全面深入分析的基础上，适配符合用户需要的广播产品，例如在夜间休息时间为广播用户适配心理节目、知识节目、故事节目、情感节目等；三是要主动链接用户的泛在场景，在大数据分析的基础上，通过客户端、公众号等渠道，向用户定时或者不定时推送广播的内容产品或者相关服务，增强用户对广播内容和服务的认知与了解，打破用户对于广播"车载收听"的刻板印象，建立更具黏性的强效链接。

第三节　用户个性化

回顾人类漫长的信息传播史，在造纸术与印刷术发明以前，知识、文化的传播仅仅局限于社会上层范围之内，社会中下层往往因为获取知识与文化的成本较为昂贵而被拒之门外。在造纸术与印刷术发明和普及以后，知识、文化才得以向整个社会传播，并因此种传播而得以实现其更大规模的再生产。到了今天，伴随着广播、电视、互联网技术的迭代更新、向前发展，知识、文化的传播已经没有了任何障碍，其再创造也呈现出几何级的井喷式发展。在此背景下，围绕一个知识、文化现象的"万人空巷"局面已经不再出现。相反，知识、文化要想获得拥趸，还必须依靠其生产主体、传播主体通过各种各样的努力，实现其价值。不仅如此，不同地域、年龄、性别、职业、兴趣爱好、消费习惯的受众往往还有着不同的知识、文化需求。知识、文化的生产者还必须针对不同类型乃至不同个体的受众，提供更高满意度的产品。对于广播而言，面对传播技术生态、内容传播生态、受众生态的新形势、新变化，特别是在经济社会发展、媒介内容创新和信息传播技术变革的加持下，用户个性化已经开始持续深入广播的血液之中，涌现出了诸如精准推送、私人电台、立体服务、模式变革等新的用户个性化服务方式。这些方式的生成与聚合，已经引领着并将继续引领移动传播时代广播生态化发展的未来方向。

一、三维合力——用户个性化时代的到来

用户个性化，是指基于不同的性别、年龄、教育背景、兴趣爱好、消费需求、行为习惯等个体差异、群体差异等静态人口统计学特征和动态行为特征，用户在消费市场中所体现出的个体差异或群体差异。[①] 追求"人的自由而全面的发展"，是马克思主义的根本价值目标。诚然，用户个性化是一个客观存在的固有现实，但是由于环境或条件的限制，用户个性化却在过去很长的一段历史时期并未被充分激活。然而，随着社会的不断向前发展，其所能够提供的经济条件、社会环境、技术手段，已经为用户个性化的实现做好了大量的准备，

---

① 武涛，张群策，沈焰. 基于大数据背景的高校图书馆移动信息服务优化策略［C］//《教师教育能力建设研究》科研成果汇编（第九卷）. 2018：377–382.

甚至有人认为当前的互联网经济本质就是"用户个性化"的经济。就广播的用户个性化实践而言，其主要依托于如下三个条件：

第一，经济社会发展持续释放用户多元需求。不同的广播用户有着不同内容产品消费需求。此种状态，即便是在过去也存在。比如，农村听众往往对农业知识有着较强的信息需求；党政干部往往对时政新闻有着较强的信息需求；出行听众往往对交通路况、天气状况有着较强的信息需求。也正因如此，我国广播也走过了一条从综合频率向专业化频率发展的道路，由此涌现出了诸如新闻频率、交通频率、音乐频率、生活频率、故事频率等各种各样的专业频率。在这背后，主要是有经济社会发展的支撑效应在发挥作用。一方面，改革开放以来，我国经济呈现出快速发展之势。从过去的一穷二白发展到了目前的人均GDP超过8万元。居民及家庭经济收入的不断增长，使其消费能力不断增强，由过去单纯地追求温饱的物质消费向更加多元、更高质量的精神消费方向转变；另一方面，改革开放所形塑的社会氛围，使得国人对于环境的接触面和视野更加宽广、思想更加活跃与追求个性，由此带来了新的认知。此两种因素，为用户的个性发展、多元需求释放创造了极为有利的条件。即便是在当前广播行业发展整体式微、专业化频率生存维艰的情况下，受众基于音频的个性化、多元化消费需求依然不减反增。

第二，内容生产能力提升满足用户个性化需求。近年来，在互联网发展所带来的综合性影响，传统广播电台正呈战略性收缩之势，电台人员规模、节目质量下降，新媒体探索依然未能真正走出一条可行的路径。但是，从整个全国视野来看，我国电台所能够提供的内容生产能力依然惊人。不仅如此，以"蜻蜓 FM""喜马拉雅""阿基米德 FM"等为代表的一批网络新媒体平台，以 UGC + PUGC 双线运作方式，也展现出了很强的内容生产能力。在互联网特别是移动互联网的时代背景下，如此庞大规模的内容生产能力，如果仅仅面向广大受众的基础性、普遍性需求，显然供给过剩；相反，如果将这样的内容生产能力转化为强大的用户个性化服务能力，则可以更好地展现出其内在的价值。换而言之，我国各类音频内容生产主体的内容生产能力，已经为满足用户的个性化需求提供了充足的条件。事实上，追求对用户个性化需求的满足，已经在现实实践中得到了我国各类音频内容生产主体的追求和重视。

第三，信息传播技术变革带来需求满足条件。当前，5G、云计算、大数据、区块链等先进信息化技术的应用，为广播传播的迭代升级及实现针对用户的个性化服务创造了非常有利的条件。在此方面，各网络音频平台依托于互联网传播渠道所形成的数据闭环，已经依托算法技术在较高程度上实现了对用户个性化需求的精准把握和个性化产品的精准化推送。传统广播媒体由于其传播渠道的固有限制，在此方面的利用程度相对较低，但是亦有广播行业服务机构在此方面进行开拓开发。比如，专注于广播行业服务的赛立信公司就在近年持续开发完善其大数据管理平台（SMR DMP）、WPOS 全网电商大数据系统和CRS 用户互动调查系统等产品，以摆脱过去简单的听众收听率调查分析系统的局限，更好地助力广播电台的转型升级。[①] 我们有理由相信，伴随着广播传播技术的不断升级，其必将对广播电台的个性化用户需求把握和个性化产品服务提供更加有效的支持。

二、多元给力——满足用户个性化的实践

当前，在用户需求的有效支撑下，在音频传播主体的强力推动下，在各类信息传播技术的加持下，各音频类传播主体在满足用户个性化需求方面的实践不断走向深入和丰富，涌现出了诸如精准推送、私人电台、立体服务、模式变革等代表性活动。

（一）精准推送——基于用户画像的贴身服务

所谓精准推送，是指音频类传播主体将其内容产品、广告产品等各类产品，精准送达广播用户个体。精准推送依赖于用户画像，用户画像则依赖于大数据及大数据分析。大数据是指非常庞大的数据集，具有规模性、多样性、高速性和价值性四大主要特征。用户基于互联网渠道对各类音频产品的使用，已经沉淀了并且正在沉淀着愈来愈丰富的个人信息数据，比如收听时长、内容更换频率、评论量等。[②] 对于此类数据，通过大数据、算法分析手段，则可以实现对用户的画像，即依托于"建立在一系列真实数据之上的目标用户模型"，按照必要的标准，对获取的用户静态数据（如姓名、性别、年龄、学历等）和动态数据（如收听时间、地点、时长、内容等）进行分析，以此判断用户在不同时空情境下的收听内容喜好和需求，并快速匹配相应的内容产品，高质量满足用户的需求。[③] 例如，上海广播电视台旗下的阿基米德 FM，早在 2017 年初就上线了"千人千面"项目，通过追踪用户的使用痕迹，了解用户对于

① 黄学平 . 踔厉奋发，笃行不怠，虎年再创佳绩［J］. 数据广播，2022（1）：卷首语 .
② 初日 . 广播与大数据创新应用［J］. 中国广播电视学刊，2019（10）：94 — 96.
③ 李春秋 . 基于用户画像的智慧图书馆个性化服务研究［J］. 阜阳职业技术学院学报，2020，31（4）：69 — 72.

产品的需求。特别是其对于首次使用用户的研究，重点关注其"前五分钟"的点击和选择，分析其喜好；同时，通过用户对其界面中提出的喜欢的节目类型的选择，匹配内容，起到了较好的效果。这种做法，已经得到了各大客户端较为普遍的运用。^① 又比如，为了满足用户的个性化服务需求，喜马拉雅已经从用户年龄角度建立起了涵盖 1～100 岁不同年龄阶段所需的节目内容，并在传播过程中针对不同的用户需求进行快速匹配。

（二）私人电台——线性与非线性的双轨尝试

伴随着数字时代的到来，"人人都有麦克风"已经由可能变为现实，而"人人都有私人媒体"也将随着技术的进步而得以实现。此前，著名数字传媒专家尼葛洛庞帝就曾提出了"the Daily Me（我的日报）"的概念。而今，"每个人都可以拥有一个私人电台"^② 也并非不可能。在具体实践中，我们看到，Facebook 已经推出了音频直播，已经可以做到让"人人都能拥有私人电台"^③。在我国，湖南广播电台依托于人工智能、大数据、区块链、NLP 语音技术，即可实现"5 分钟生成一家电台"。据该项目负责人介绍，只要一家传统的电台符合安全播出的技术标准，不需要购买任何硬件设备，项目技术人员即可在电台选定的一个停机检修时间内安装好整套 5G 智慧电台系统，由此实现线性播出，播出的内容包括了新闻、路况、天气等当地最新信息，内容则来源于湖南广播电台及其合作伙伴所提供的庞大内容库资源，既有历史沉淀资源，亦有当下生产内容，"全部都是自动抓取、自动生成语音、自动编排到指定位置，然后自动播出"^④。目前，该项目主要面向区县电台，针对其办台资源匮乏的情况以及用户的地域个性化需求而予以运用，受到各区县电台的广泛欢迎。如果能够将该项目进一步深入拓展到个体、拓展至网络传播渠道，在成本可控的情况下针对个人发展出私人电台，则可能真正带来广播电台的极大变革。如此，在媒体融合背景下，广播电台不仅不需要大幅度缩减传统频率，反而可以在服务用户个性化需求方面取得更大的发展空间。当然，除了基于线性播出的

---

① 程文杰. 新媒体背景下广播的"私人订制"：以阿基米德 FM 为例 [J]. 东南传播，2017（9）：108.

② 程文杰. 新媒体背景下广播的"私人订制"：以阿基米德 FM 为例 [J]. 东南传播，2017（9）：108.

③ Facebook 推出音频直播　人人都能拥有私人电台 [J]. 信息与电脑（理论版），2016（23）：138.

④ 崔忠芳. "5 分钟办一家电台"：专访 5G 智慧电台项目负责人黄荣 [J]. 中国广播影视，2021（15）：65－67.

"私人电台"尝试以外，基于非线性播出的互联网音频客户端也基于用户所选择的频道，为用户量身定制私人化用户界面，匹配相应内容，让用户在打开音频客户端时即可获得自己心仪的节目内容，亦可被认为是私人电台的有效尝试。

（三）立体服务——线上与线下的有机式融合

满足广播用户的个性化需求，不能仅仅停留于内容播出的线上，同时应加强线下服务供给，以此形成线上线下有机融合的立体化服务方式。此种方式，不管是对于传统电台，还是对于网络音频平台，均有极大的开发价值。在传统端，以深圳广播电台为例，其基于读书类节目，推出了"深圳读书月经典诗文朗诵会"活动，邀请名家大咖，选取经典美文，每年举办朗诵会活动，现场往往一票难求；其基于汽车类节目，推出"粤B闪光辉"活动，聚合广大深圳车友，共享交通信息、汽车知识，传递交通安全理念、城市文明理念，已经成为深圳城市文明的一条亮丽的风景线，赢得了社会各界的广泛认可。在新媒体端，以喜马拉雅为例，其为了聚焦年轻人群体，在2021年联合"元气森林"品牌，选取全国60所高校，举办高达60场的音频快闪活动"元气满满N次元派对"，通过自主开发大事件，取得了不同凡响的传播效果。不仅如此，各大电台、音频平台，还纷纷举办各种音乐会、读书会、房展、车展、美食节、健康咨询活动、财经讲座活动等，深度挖掘用户在个性化方面的深层次需求。

（四）模式变革——从免费到付费的价值探索

传播主体满足用户的个性化需求，是为了在实现社会价值的同时更好地拓展营收渠道，实现经营收入的增长。就广播电视而言，一直以来主要依靠"二次售卖"模式，通过内容的持续不断创新，增强对用户的影响力，进而通过广告售卖的方式实现影响力变现。除此之外，收视收听费、线下活动收入可以作为辅助性补充收入来源。当前，传统电台面对网络媒体的冲击，广告收入持续下滑，线下活动收入则有所增长。与此同时，广播电台积极向新媒体端进发，依托具有潜质的主持人，开发新媒体品牌，由此拓展延伸业务，补充收入来源。但总体来看，广播电台的新媒体业务目前仍处于投入阶段，要想依靠新媒体收入形成支撑效应，仍然需要一段时间的努力。对于音频平台而言，其收入结构则相对多元，一般包括了订阅、广告、直播、创新产品和服务等，并且广告收入亦是其重要的收入来源之一，但是并不足以支撑平台的发展。由此可见，单纯依靠免费的内容提供模式，已经难以成为各类音频传播媒体生存的依托。相反，在社会经济不断发展的大背景下，付费模式却有着越来越大的发展空间，高净值人群可以成为用户个性化需求开发与价值变现的关键所在。其中的一个典型案例即为罗振宇及其知识付费模式的演进与发展。在该案例中，创始人罗振宇最初通过运营微信公众号等自媒体，通过音频方式每天向用户推送一段知识介绍的短音频，不断圈粉，后逐渐发展为包括线上知识服务业务、线下知识服务业务、电商业务等在内的多元知识付费业务结构，截至 2021 年，累计线上用户高达 2000 余万，线下服务用户超过 4 万，年营收已超过 6 亿元。同时我们也看到，"喜马拉雅"音频平台的年总收入在 2021 年已经高达近 60 亿元，且订阅收入已经成为其最主要的收入来源，年营收高达近 30 亿元，占比超过一半。在订阅收入中，主要即包括了会员订阅和付费点播。相关研究表明，在"喜马拉雅"的付费用户中，以男性用户为主，年龄多为"80 后""90 后"人群且主要集中在 35 岁以下，职业多为年轻白领、IT 从业人员、创业者、企业家等，付费内容则以知识内容、财富内容、职场经验为主，也涵盖了故事、音乐等文化类节目。其中的关键点在于内容的原创性、独家性和高品质，如此方能持续吸引用户的购买和注意。也正因如此，"喜马拉雅"在培育自有品牌的同时，大力引进诸如马东团队的《好好说话》、蔡康永的《蔡康永的 201 堂情商课》、郭德纲的《郭论》、孙宇晨的《通往财富自由之路》等优质栏目，并加强与各大内容平台的合作，以此夯实其内容付费的基石。①

三、未来取向——开掘用户个性化的进路

当前，尽管我国各音频传播主体在用户个性化需求开掘上已经具有较强的理念、积极的探索和作为，但是仍然属于一种浅层次的用户个性化开发，离高质量满足音频用户个性化需求仍有较大的差距，而这也正是广播行业、音频行业个性化发展的未来空间所在。

（一）以大数据分析构建用户个性化画像体系

目前，音频传播主体的大数据积累仍然缺乏较为坚实的基础。一方面，依托于传统播出渠道的广播媒体仍然采取用户收听率调查的方式获取数据，无法形成真正意义上的大数据条件。只有在 5G 商用得到真正普及，智能网联汽车

---

① 许图. 互联网音频知识付费用户的行为研究：以喜马拉雅为例 [J]. 传媒，2021（15）：71-73.

形成较大规模之后，广播媒体方能在大数据分析方面有更大的作为；另一方面，现有音频平台由于创办时间较短，在大数据积累和数据分析技术方面仍然有一定的局限，无法做到高灵敏度的精准和及时。因此，随着未来传统广播网络化生存的进一步强化，以及传统广播、互联网音频平台的大数据分析技术的进一步成熟，针对用户个性化的画像才能够更好地实现，也才能据此建立起涵盖静态画像和动态画像的全时空用户个性化画像体系。为此，无论是传统广播媒体，还是互联网音频传播平台，在未来均应当将数据搜集、数据分析作为战略实现的关键所在，既要在法律法规许可的条件下，设法打通各种数据搜集的障碍，又要加快研发大数据分析技术，在对数据更加有效地提炼、清洗的过程中，形成不同类别用户、不同个体用户的画像体系，进而精准匹配能够满足用户个性化需求的节目内容。

（二）以智能化技术打通用户个性化服务通路

通常，人们将人工智能定义为由人所制造出来的机器所表现出来的智能，既包括硬件设备（如我们日常所见的工业机器人、智能扫地机、智能音响等），也包括了众多的软件设备（如图像识别、语音识别、智能语音、操作控制系统等）。对于广播而言，应在精准的用户个性化大数据分析的基础上，以智能化技术替代人工，实现用户个性化服务的提质增效。具体而言，在传播环节，要在内容生产上能够根据大数据分析的结果，从内容选题、创意、策划、制作、质量控制等环节加大对智能化技术的运用，实现自动选题、机器创意、虚拟主持、自动把关等技术的成熟运用；在编排与传播环节，应重点依托大数据分析的结果，抓住自动匹配这一关键节点，自动抓取内容，精准推送内容；在用户终端环节，应结合技术的发展变化，在确保传播主体的内容能够最广泛触达用户的基础上，在互动技术上下功夫，通过智能语音开关机、准确识别用户内容切换要求、无障碍语音互动、广播音频购物助手等技术手段，更好地满足用户的个性化服务需求。当前，各音频传播主体对智能化技术的运用仍然是散点式、浅层次的，未来极有必要通过对传播、渠道、终端三个面向的每个环节进行具体分析，仔细梳理每个面向中的每个环节点，针对性开发有效的技术应用手段，进而以系统集成方式，建构起音频传播的智能技术体系，从而更好地满足用户个性化、多样化的服务需求。

（三）以高净值理念创新用户个性化服务业态

在党的十九大报告中，习近平总书记指出，当前"我国社会主要矛盾已经转化为人民日益增长的美好生活需要和不平衡不充分的发展之间的矛盾"。毫无疑问，在国家经济实力和人民收入水平不断增长和提升的大背景下，人民对高质量的精神文化方面的需求也将变得更加强烈。公开数据显示，近年来，在各大内容传播平台的大力推动下，内容付费市场规模在2021年已经达到1369亿元，未来仍有较大增长空间，不仅各类机构化的内容传播主体能够从该市场中获取极大经济利益，即便是优质个人内容创作者，也可从中得到较好的回报。由此可见，为原创、优质内容付费已经成为越来越多社会公众的共识和习惯。面对如此规模庞大的市场，广播行业、音频行业应当将其作为更为重要的生态资源，以战略性的眼光，依托个性化服务的方式、市场细分化的手段，精耕细作，让优质内容、高品质服务更好地吸引用户的注意，进而实现音频服务价值的变现。

第四节　经营多元化

生态学理论认为，生命有机体总是在与其周围环境的相互关联、互动及匹配之中形构自身的生态位，进而获取资源和营养，以此满足自身的生存与发展需要。① 广播的生存与发展，一方面需依托其所能够体现的信息文化服务价值，另一方面则需依托在此过程中的价值变现。换而言之，即广播应当在社会效益与经济效益双统一之中及生态环境的变迁之中，以动态性的眼光找准自身的生态位，进而谋求自身的生存与发展空间。当前，在包括移动互联网技术在内的"数字革命"驱动下，人类社会正在从规模、广度和深度等各个方面发生颠覆式变革，且具有不可逆性。广播经营如果固守传统的"影响力经济"模式，而不随着广播所依存的生态环境的变化进行变革，无疑会有灭亡的风险。相反，广播经营只有在充分识别生态环境变化的主要因素的基础之上，与生态环境进行再解构、再重构、再链接，方能使音频传播方式与其他传播方式并存，在更好地展现音频价值的同时实现价值变现。在本书第四章中，笔者已就广播经营的现实状况提出了相应的战略发展建议。本部分则将主要聚焦于广播经营的"多元化"这一必然性、根本性发展主题，开展其未来生态环境的分析，并在此分析的基础上探讨具有前沿性的广播经营实践活动，进而预测广

---

① 贝根，汤森，哈珀. 生态学：从个体到生态系统［M］. 李博，张大勇，王德华，译. 北京：高等教育出版社，2016：1-2.

播经营未来的可能方向。

一、多元化——未来广播经营的必然选择

世界经济论坛创始人克劳斯·施瓦布在其《第四次工业革命：转型的力量》中指出，建立在数字革命基础之上的第四次工业革命，使得"互联网变得无所不在，移动性大幅提高；传感器体积变得更小、性能更强大、成本也更低；与此同时，人工智能和机器学习也开始崭露锋芒"，深刻改变着人类经济、政治、社会、文化等方方面面，且具有不可逆性。[①] 数字革命给广播带来了重要的变化。

在传播影响上，广播的传播影响进一步局限于特定群体、特定渠道。当前，以手机为代表的智能终端，使得各类信息得以随时随地环绕社会大众，可谓伴随性最强的"媒体终端"。继电视、电脑之后，广播的传播影响进一步被移动智能终端所冲击，使得广播的生存与发展空间已被压缩至汽车终端。所幸的是，随着汽车普及率的不断提升，即便广播被压缩至汽车终端这一主要传播渠道，其用户规模亦非常巨大，足以支撑本身即具有低成本优势的广播行业发展。

在传播方式上，广播的网络化生存势所必然。近年来，伴随着5G、物联网技术的不断向前发展，车联网已经开始从概念走向实践，智能网联汽车市场规模不断扩大，汽车也将因此也变为一个大型且运行流畅的移动智能终端。随着智能网联汽车的普及，广播必须依托相应的渠道进入智能网联汽车终端，方能获得生存与发展的必要空间。此方面，相比于广播，目前已经趋于成型的互联网音频平台具备较大优势。

在商业模式上，传统的依靠单一广告的收入来源结构面临巨大挑战。改革开放以来，在广播行业各电台的共同努力下，我国广播广告收入规模从20世纪90年代的不足1亿元，发展到了2017年的近140亿元。[②] 但是，近年来，由于互联网特别是移动互联网的持续深入冲击，全国各电台的广播广告收入已呈持续下降态势。部分电台的广告收入相比2017年甚至下降了超过一半，已经达到了盈亏临界点，有的甚至已经出现了不同程度的亏损。毫无疑问，即便是在此种情况下，经营好广播广告，对于广播电台而言，依然具有极大的价

① 施瓦布. 第四次工业革命：转型的力量［M］. 李菁，译. 北京：中信出版社，2016：4 – 11.
② 王春美. 中国广播广告40年经营变迁与特征呈现［J］. 广告大观（理论版），2019（2）：73 – 82.

值。但是，如果任由此种经营状态持续下去，广播不仅无法获得其发展所需的资金支持，甚至连正常的生存都将面临很大的困难。需要注意的是，从理论上说，广播的用户规模并未较过去有较大幅度的下降，但是广播广告收入却持续下滑。其中的缘由，主要在于互联网、移动互联网所带来的新经济形态，特别是平台经济形态，使得广播在影响力传播、市场营销方面的封闭性和相对垄断性地位已被彻底打破，广播在产品甚至品牌营销中的"中介"效应或价值已经被消解。广告客户不一定需要通过广播去扩大自身的品牌影响、促进自身的产品销售，而是转向网络媒体、电商平台甚至自媒体公众号等渠道，去提升自身的销售转化率。在此背景下，通过广播渠道的市场营销，已经不再是广告客户的刚性需求，由此带来了广播市场营销价值的下降。因此，在广播广告经营之外，广播行业必须寻找更加多元的经营模式，甚至重构广播经营业态，以在经营方面与外部生态环境建立全新的强链接。

此外，我们也看到，在"数字产业化、产业数字化"的数字经济发展路径下，又涌现出了包括媒体传播、音频传播在内的数字经济新形态，使得我国数字经济规模持续扩大。权威数据显示，早在 2020 年，我国数字经济的规模就已经达到了 39.2 万亿元；① 预计到 2049 年，我国数字经济规模将占到 GDP 的 16%。②

数字经济既包括了大数据、云计算、物联网、区块链、人工智能、5G 通信等技术方面的经济，也包括了诸如新零售、新制造等应用方面的经济，给各行各业都带来了非常广泛的发展机遇。在广播行业，我们看到，依托于互联网音频传播技术，诞生了喜马拉雅、蜻蜓 FM、荔枝等一批网络音频平台。此类平台通过多样化的广播内容创新及经营业务开发，发展出了订阅（会员订阅及付费点播收听）、广告（效果广告）、直播及其他创新产品及服务（包括物联网设备、IP 衍生产品等）等新型业务形态，③ 其中多数业务形态已超出了传统广播的经营范围，形成了更加新型化、多元化的广播经营格局。此种多元化经营模式，代表了广播未来发展的基本方向，为包括传统广播在内的整个音频行业提供了更大的想象空间。

---

① 王钦，王秀芳. 贵州：用好政策助发展"数字经济"抢先机［EB/OL］.（2022－05－26）
［2022－11－12］. http：//gz. people. com. cn/n2/2022/0526/c222152－35287090. html.

② 陈玉琪. 2049 年中国数字经济将占 GDP 16%，还有哪些新热点？［EB/OL］.（2022－05－19）
［2022－11－12］. http：//www. cb. com. cn/index/show/wzjx/cv/cv13410861586.

③ 张璐. 喜马拉雅三年狂烧 55 亿营销费 侵权频发赔近 4500 万难过盈利关［EB/OL］.（2022－05－01）［2022－11－12］. https：//m. thepaper. cn/baijiahao_18002190.

二、创新性——广播经营的前沿实践

当前，立足于数字革命的广播经营模式，无论是传统广播媒体，还是网络音频平台，均有一定的创新实践。此类实践活动，代表了广播未来的经营发展方向。

（一）广播整合营销

所谓"整合营销"，是指"企业以现有顾客和潜在顾客作为目标受众，综合协调地使用各种营销推广手段，向其传递各种本质上一致的信息，以帮助消费者更好地感知品牌价值和企业形象，在品牌与消费者之间建立长期密切的互动关系"①。事实上，整合营销手段不仅是企业的专利，也是包括广播在内的媒体营销服务方式的一种创新；不仅针对广告主的品牌宣传，也针对广告主的产品营销。当前，单纯依靠一个电台的线上广告，已经难以吸引广告主的注意，但是如果能够依托一个广播电台的营销资源整合能力，则有可能带来广播依托媒体资源的创收增长。换而言之，即广播电台以促进广告主销售或提升其品牌形象为目标，通过整合台内台外、线上线下的各种资源，开发各类整合营销服务产品，则可能会带来意想不到的营销效果。广播整合营销的具体种类包括了电台内频率联动、广播电视台内广播与电视的联动、本地广播电台与外地广播电台的联动、广播电台与新媒体的联动、线上与线下的联动，等等。只要广播电台能够汇聚各类营销渠道资源和手段，就可以据此开发相应的广播营销产品，为各类广告主提供有针对性的服务。比如，围绕本地与外地广播电台之间的整合营销，江苏省广播电视总台就采取了两种策略：其一，将优质资源主动向与兄弟台有合作关系的代理公司推送，以寻求合作；其二，召开外地资源推介会，以满足外地客户的广告投放需求。② 事实上，尽管当前广告售卖仍然是广播频率的主要模式，但是已经开始逐渐尝试整合营销方式，比如我们通常所见的车展服务模式，即是线上线下、频率协同乃至台内台外协同的重要整合营销模式。当然，当前的广播整合营销仍需进一步深化，且需考虑广播电台的自身资源整合能力、服务成本、收入分配、大数据支撑、营销效果等重要因

① 王鸣捷，谢曦冉．体育品牌整合营销传播新思路：基于中外体育品牌比较的视角［J］．现代传播（中国传媒大学学报），2021，43（11）：136 – 141.
② 李晓丹，涂有权，龚毅．广播广告营销策略创新简析：以江苏广播整合营销为例［J］．中国广播，2019（3）：21 – 23.

素，并在此基础上不断调整策略，开发出丰富多样的整合营销产品。

（二）优质付费订阅

当前，付费订阅已经成为网络音频平台最为主要的收入来源。我们以喜马拉雅为例，为了做好付费订阅这篇大文章，其主要采取了以下几种主要的手段：一是引入知名 IP。2022 年，一场崔健的线上音乐会，就吸引了高达 4484.8 万人观看。由此可见优质 IP 资源的重要商业价值。但是，优质 IP 资源往往是极为稀缺的资源，并非普通用户的 UGC 产品所能实现。为此，喜马拉雅与社会各个领域的知名大咖建立起了合作的关系，比如引进马东团队的《好好说话》、蔡康永的《蔡康永的 201 堂情商课》、郭德纲的《郭论》、孙宇晨的《通往财富自由之路》等，为其音频付费模式积累具有稀缺性的资源。二是自主开发付费音频产品。在大力引进优质 IP 的同时，喜马拉雅也不断加强对优质原创内容的投入，并积极构建专业主播团队，培养具有自主品牌的音频付费内容产品。但是，与引进成熟 IP 相比，自主品牌往往需要足够时间的培养，并有失败的风险。因此，尽管付费订阅已经成为喜马拉雅的首要收入来源，但平台整体仍处于亏损状态，而亏损的来源主要即在于内容投入。三是面向优质音频内容生产个人及机构开放平台，共享订阅付费收益。目前，该平台已经邀请了各个领域专家"大 V"入驻录制音频内容。四是逐步建立付费会员体系。在此方面，喜马拉雅主要建立了订阅合辑付费/会员制度模式，为用户提供不同的音频付费包。五是活动营销拉动订阅付费。2016 年 12 月，喜马拉雅创立了第一届"123"知识付费狂欢节，既面向用户推广其产品，又吸引音频自媒体入驻平台，在推出四年之后即已拉动创收近 10 亿元，效果极为明显。[①] 需要注意的是，音频订阅付费模式，并不是网络音频平台的专利，传统广播电台也同样可以在其推进媒体融合过程中善加利用。比如，湖北广播电视台楚天音乐广播就于 2020 年 6 月上线了名为"超神会员"的项目。该项目是在该频率原"爱读读书会"的基础上升级而成，是以节目主持人为核心、以读书 + 会员消费权益为一体的破圈层的社交会员产品。产品在上线后短短的 6 个月时间里，就获得了会员 914 人，会员费收入 20 多万元，其中会员不乏城市精英人士。[②] 尽管该项目目前所汇聚的用户和收入规模极为有限，但仍然以

---

① 肖乐怡，严宇翔. 知识付费平台的现状和未来：以"知乎"和"喜马拉雅" App 为例［J］. 中国市场，2021（16）：189 – 191.

② 陈昕. 融媒体时代广播付费会员制的创新创收研究：以楚天音乐广播超神会员项目为例［J］. 新闻前哨，2021（12）：30 – 31.

客观事实表明，依托于恰当的传播平台，传统广播的音频付费模式依然可以大有可为。

（三）衍生产品开发

依托广播所积累的影响力和经营资源，开发衍生产品，甚至建构起垂直经营业务，可以说是广播探索经营多元化甚至重塑经营业务体系的重要选择。仍以喜马拉雅为例，该平台在订阅、广告两大主要业务之外，也积极开发创新业务类型。例如，其在开展音频服务的同时，也开设网上商城，利用其平台自身的传播影响，开发出了"随车听""智能灯""听书宝""舒克智能童话故事机""小雅 AI 音响"等智能硬件产品，并将其内容产品植入硬件之中，不仅有效开发了其音频应用的场景，而且实现了硬件产品的创收和盈利。①

而在传统广播电台方面，我们也可以看到，不少电台积极依托自身资源，向垂直经营领域开发。在传统广播端，沈阳新闻广播通过开展"主播带队游海洋馆"的活动，通过线上节目的支持，在短短三天左右的时间里吸引了高达 1.5 万人次的报名，实现了电台和景区的双丰收。② 常州音乐广播推出"百首金曲音乐大礼包"项目，积极开发音乐文创产品，"从毛绒玩具到乱针绣手包，从潮流物品到传统文化的传承"，应有尽有；举办 DJ 演唱会，让频率主持人和乐队合作，吸引了高达 2 万人的观看。上述活动，均取得了不错的经济效益。③ 除此之外，不少电台还积极在汽车、美食等领域进行垂直拓展，以打造一条龙的完整产业链，有的甚至已经在相关细分产业拥有了较大的话语权。总体来看，在衍生产品开发方面，无论是互联网音频传播平台还是传统广播电台，目前均仍处于探索阶段。但是，在诸如电商、物流、场馆等我国良好的经济发展基础设施支撑背景下，广播行业只要加大对衍生产业的重视力度、创新力度，相信一定可以培育出具有广播行业特色并且对行业收入来源具有重要支撑作用的经营业务。

三、新型化——广播经营多元化的未来方向

未来广播的经营生态，必然是不同于传统广播的经营生态。对于这一点，

---

① 王小海."互联网＋"时代传统广播的融合发展与经营模式探索：以"喜马拉雅 FM"耳朵经济为例［J］.贺州学院学报，2021，37（2）：116－120，141.

② 初勇.融媒体时代广播如何实现经营创收新增长［J］.记者摇篮，2020（6）：134.

③ 董莉君.深度挖掘广播价值"四在"助力经营转型［J］.视听界，2019（5）：105－107.

从目前广播经营的前沿实践中即可窥见端倪。笔者以为，就未来广播经营生态而言，多元化是主基调，而新型化则可能表现为经营理念新型化、经营结构新型化、经营措施新型化三个主要面向。

（一）经营理念新型化

一是音频思维。广播属于声音的媒体，声音往往有着独特的媒体，音频传播既有自身的局限，同时也有独特的优势。广播经营应遵循音频传播的基本规律，在开掘声音传播魅力的空间内开发经营的场景和可能。如果广播任意扩大表现的形式，如在图文、视频等领域拓展，则有可能得不偿失，让广播经营丧失根本的依托。二是互联网思维。所谓互联网思维，是指"在互联网、移动互联网、大数据、云计算等科技持续发展的背景下，对市场、产品、用户、价值链及至整个商业模式商业生态重新思考重新审视的一个思维方式"①，强调用户至上、体验为王、资源整合、平台经营、跨界思考、创新颠覆。当前，广播经营虽然已经具备了一定的互联网思维，但是仍需进一步强化。并且，随着人工智能技术逐步走向成熟和应用的推广普及，广播经营更应从互联网思维进一步进化至智能化思维，从智能传播的各个环节思考经营的可能。三是新市场思维。目前，已有研究者提出了"广播新市场"的概念。尽管目前这一概念的内涵仍不甚清晰，但其所蕴含的不同于传统广播市场的特质已经显现。在广播新市场中，用户已不再是过去的用户，广播的可经营资源也已不再同于以前的资源。在此背景下，经营主体垂直化、内容垂直化、市场垂直化将成为未来广播经营的主要方向。②

（二）经营结构新型化

自改革开放以来，我国广播的经营结构在很长一段时期是依靠广播广告经营这样的单一收入来源，抗风险能力极弱。随着广播经营工作的持续深化，广播经营结构也逐步开始由广播广告经营向线下活动经营路径转变，但是仍然是以广播广告经营为主、线下活动经营为辅的结构状态。诸如前文所说的内容付费、文创产品开发，更是涉足尚浅，仍未形成真正的收入来源支柱。由于一直以来的经营惯性，即便是在广播广告经营已经难以为继的今天，不少电台的经营结构仍然停留在线上广播广告经营的状态，以至于在互联网的冲击之下，普

---

① 肖姗. 移动互联网背景下传统纸媒的转型思路 [J]. 传媒观察，2017（10）：38–39.
② 黄学平. "新广播"市场发展特点与经营变革策略 [J]. 中国广播，2022（1）：36–40.

遍显得束手无策。因此，立足以数字化为主要特征的广播经营新生态环境，广播行业极有必要在经营结构上做出重大调整。一方面，将传统的线上广播广告经营与线下活动、宣推资源进行整合，强化整合营销服务功能；另一方面，则应当在内容直接变现、垂直业务开发等方面进行着力，培育新的经营业务。未来，广播经营结构不仅不同于传统的广播广告经营为主、其他业务为辅的结构，还很可能形成以其他业务为主、广告经营为辅乃至更加多元、新颖的经营结构。

（三）经营措施新型化

目前，围绕广播经营，各电台的一般做法为每年年底制定下一年广播广告刊例和针对不同客户的优惠政策，然后通过部分自营、绝大部分代理的方式面向广告主推广。在服务广告主的过程中，广播电台亦可能配套开展相关线下活动，助力品牌和产品营销。从总体上看，目前的广播经营举措较为简单，未充分发挥广播电台自身的主观能动作用。未来，为了匹配广播经营新思维和广播经营业务新体系，广播电台自身将在其中扮演更加主动积极的角色。一是抓好整合营销服务，通过加强资源整合、整合营销服务产品策划和设计，增强广播服务市场的针对性。二是为了确保整合营销服务方案落地见效，广播电台将更直接面向广告主，与其协同推进方案实施。三是强化垂直经营举措。广播电台将结合自身的资源禀赋和优势，选取部分细分行业，开展垂直运营。这就需要广播电台在经营机制上做出必要调整，通过公司化的手段，配置人财物资源，实现针对市场的专业化服务，深耕细分市场，扩大规模效应，将过去的边缘经营业务发展为主营经营业务。未来，广播经营举措将变得更加多元化，也将更具专业性。

附录　访谈主要问题汇总

一、中央广播电视总台央广访谈问题

1. 作为中国最重要和具有影响力的媒体之一，中央广播电视总台央广有怎样的发展战略？

2. 在转型过程中，中央广播电视总台央广面临的主要障碍是什么？如何应对这些障碍？

3. 怎样通过媒体融合强化传统主流媒体的内容优势？

4. 如何结合互联网传播手段的技术优势，强化央广作为传统主流媒体的内容生产优势？

5. 央广的内容优势体现在哪些层面？又是如何以此推动融合转型的？

6. 央广是如何优化新闻生产流程，提升主流媒体的内容输出效率的？

7. 在移动音频领域，央广是如何布局的？

8. 在内容版权授权方面，央广是通过哪些举措保证竞争优势的？

9. 央广在具体的工作实践中，是如何保证内容的价值内核，彰显主流平台的责任担当的？

10. 央广是如何优化用户体验，提升媒体内容的传播效果的？

11. 央广是怎样以音频国家队的站位，打造具有国际竞争力的品牌的？

12. 在智能终端的普及和用户场景的多样化背景下，央广会有哪些举措？

13. 您认为对于主流媒体，价值导向在内容输出中的作用是什么？

14. 央广是怎样通过精细化运营管理，实现传统主流媒体的创新发展的？

15. 央广有哪些近期的目标和长期的愿景？

16. 在您看来，广播的发展有哪些新的趋势？广播的未来会是怎样？

二、上海广播电视台访谈问题

1. 您能介绍一下上海广播电视台及其新媒体转型产品阿基米德 FM 的背景和定位吗？

2. 阿基米德 FM 的创建初衷是什么？其发展目标和愿景是什么？

3. 上海广播电视台和阿基米德 FM 移动音频服务平台之间的关系是怎样的？

4. 在传统广播媒体转型为移动音频服务平台的过程中，遇到了哪些主要障碍和挑战？

5. 上海广播电视台采取了哪些措施和策略来应对这些挑战？可以分享一些成功的经验和做法吗？

6. 阿基米德 FM 是如何打造面向全国广播媒体的移动音频服务平台的？

7. 阿基米德 FM 如何通过进驻第三方平台或自主开发客户端，扩大传统媒体的传播力和影响力？

8. 阿基米德 FM 的发展战略是什么？未来发展有何规划和展望？

9. 您认为互联网音频内容平台对传统广播媒体的影响有哪些？上海广播电视台如何应对这些影响？

10. 阿基米德 FM 如何致力于广播优质内容的挖掘和再创新？

11. 阿基米德 FM 是如何打造音频的"社交社区"的？

12. 阿基米德 FM 如何弥补传统广播与听众无法连接的痛点？

13. 阿基米德如今成长为一个用户规模突破 4000 万，全国百余个省市电台、一万六千余档广播节目入驻的移动数字音频平台，您认为取得这一成就的关键之处在哪里？

14. 阿基米德 FM 是如何维护海量的用户的？

15. 阿基米德 FM 如何改造传统广播的线性直播样态及内容生产流程？

16. 您认为阿基米德 FM 和其他音频平台有什么战略上的不同？

17. 在您看来，上海广播电视台孵化阿基米德 FM 的案例为传统广播媒体的转型提供了哪些可借鉴的经验？

18. 在您看来，广播的发展有哪些新的趋势？广播的未来会是怎样？

三、安徽广播电视台访谈问题

1. 您能介绍一下安徽广播电视台在近年来取得的主要成就吗？

2. 在技术飞速发展的当下，安徽广播电视台的发展目标有哪些？

3. 在推进技术主导型转型过程中，安徽广播电视台面临的主要障碍是什么？

4. 安徽广播电视台采取了哪些具体措施和策略来应对这些障碍？

5. 安徽广播电视台是如何利用新兴技术为广播注入互联网基因的？

6. 这些技术是如何提升广播节目的质量和效率的？

7. 安徽广播电视台是如何调度专业人才等资源要素，使之向互联网阵地聚合的？

8. 安徽广播电视台是如何推动各种媒体形态的连接和融合的？

9. 在技术方面，安徽广播电视台面临的主要挑战有哪些？

10. 在您看来，广播视频化和广播可视化有什么区别？

11. 安徽广播电视台是如何实施广播节目视频化转型的？

12. 安徽广播电视台是如何建设皖云省级技术平台的？

13. 安徽广播电视台是如何开发移动车联网项目的？

14. 安徽广播电视台是如何加快推动体制、流程、人才、技术等方面的深度融合的？

15. 安徽广播电视台是如何搭建人才队伍的？

16. 安徽广播电视台是如何优化资源配置的？为移动端的建设，安徽广播电视台做了哪些努力？

17. 对于未开通视频化节目的频率，安徽广播电视台是如何提供支持的？

18. 安徽广播电视台未来的发展规划和展望是什么？

19. 在您看来，广播的发展有哪些新的趋势？广播的未来会是怎样？

四、深圳广播电台访谈问题

1. 深圳广播电台的转型历程是怎样的？

2. 深圳广播电台有着怎样的发展目标和愿景？

3. 深圳是一个具有全球影响力的经济中心城市，在"奇迹之城"办广播，会有哪些机遇和挑战？

4. 在转型过程中，深圳广播电台遇到的主要管理障碍是什么？

5. 深圳广播电台采取了哪些具体措施和策略来应对这些管理障碍？

6. 在组织结构和管理体系方面，深圳广播电台进行了怎样的调整和完善？

7. 深圳广播电台是如何建构适应社会主义市场经济的高水平体制机制的？

8. 在发展过程中,深圳广播电台如何利用品牌战略提升自身影响力?

9. 深圳广播电台是如何打造"广播+"生态圈的?

10. 在转型过程中,深圳广播电台如何释放内部活力?

11. 在内容制作和活动经营层面,深圳广播电台有哪些创新?

12. 深圳广播电台有哪些关于体制整合的经验可以分享吗?

13. 深圳广播电台是如何提升市场创收能力的?

14. 深圳广播电台在管理转型过程中面临的最大挑战是什么?

15. 深圳广播电台是如何应对这些管理挑战的?

16. 您认为深圳广播电台在广播事业上的创新有哪些值得借鉴的经验?

17. 在您看来,广播的发展有哪些新的趋势?广播的未来会是怎样?

参考文献

一、专著

[1] 斯特拉特．麦克卢汉与媒介生态学［M］．胡菊兰，译．郑州：河南大学出版社，2016.

[2] 梅罗维茨．消失的地域：电子媒介对社会行为的影响［M］．肖志军，译．北京：清华大学出版社，2002.

[3] 张国良．社会转型与媒介生态实证研究［M］．2 版．上海：上海交通大学出版社，2012.

[4] 巴纳德．管理金典：经理的职能（中英双语·经典版）［M］．杜子建，译．北京：北京理工大学出版社，2014.

[5] 钱德勒．战略与结构：美国工商企业成长的若干篇章［M］．北京天则经济研究所，北京江南天慧经济研究公司，译．昆明：云南人民出版社，2002.

[6] 明茨伯格，阿尔斯特兰德，兰佩尔．战略历程［M］．原书第 2 版．魏江，译．北京：机械工业出版社，2020.

[7] 贺金社．战略管理［M］．郑州：河南科学技术出版社，2005.

[8] 和金生．战略管理［M］．天津：天津大学出版社，2012.

[9] 周培玉．企业战略策划［M］．北京：中国经济出版社，2008.

[10] 颜春龙，申启武．传媒蓝皮书：中国音频传媒发展研究报告（2022）［M］．北京：社会科学文献出版社，2022.

[11] 王兰柱．中国广播收听年鉴（2009）［M］．北京：中国传媒大学出版社，2009.

[12] 贝根，汤森，哈珀．生态学：从个体到生态系统［M］．李博，张大勇，王德华，译．北京：高等教育出版社，2016.

［13］喻国明．喻国明自选集：别无选择：一个传媒学人的理论告白［M］．上海：复旦大学出版社，2004．

［14］何新．中外文化知识词典［M］．哈尔滨：黑龙江人民出版社，1989．

［15］刘海龙．大众传播理论：范式与流派［M］．北京：中国人民大学出版社，2008．

［16］中国注册会计师协会．公司战略与风险管理［M］．北京：中国财政经济出版社，2021．

［17］申启武，安治民．中国广播研究90年［M］．广州：暨南大学出版社，2010．

［18］陆雄文．管理学大辞典［M］．上海：上海辞书出版社，2013．

［19］戴昭铭．文化语言学导论［M］．北京：语文出版社，1996．

［20］西蒙．管理行为［M］．詹正茂，译．北京：机械工业出版社，2004．

［21］科特，赫斯克特．企业文化与经营业绩［M］．曾中，李晓涛，译．北京：华夏出版社，1997．

［22］郭镇之．中外广播电视史［M］．2版．上海：复旦大学出版社，2008．

［23］申启武，牛存有．传媒蓝皮书：中国音频传媒发展研究报告（2021）［M］．北京：社会科学文献出版社，2021．

［24］刘明．鹏城之声：纪念深圳广播电台建台十周年［M］．深圳：海天出版社，1996．

［25］袁侃，安治民，周怡．中国广电传媒生态化转型研究［M］．北京：中国社会科学出版社，2018．

［26］施瓦布．第四次工业革命：转型的力量［M］．李菁，译．北京：中信出版社，2016．

［27］FULLER，OLGA. Bleak joys：aesthetics of ecology and impossibility［M］．Minneapolis：University of Minnesota Press，2019．

二、期刊文献及论文集

1. 中文

［1］乔保平，冼致远，邹细林．再论媒介融合时代广播电视舆论引导能

力的提升［J］.现代传播（中国传媒大学学报），2014，36（1）.

［2］孙滔.西方媒介生态理论的构建、创新与困境［J］.中国广播电视学刊，2011（6）.

［3］胡翼青，李璟.媒介生态学的进路：概念辨析、价值重估与范式重构［J］.新闻大学，2022（9）.

［4］邵培仁，廖卫民.思想·理论·趋势：对北美媒介生态学研究的一种历史考察［J］.浙江大学学报（人文社会科学版），2008（3）.

［5］王继周，曾晨.媒介生态学的边界、研究取径与思想资源：对谈英国媒介理论家马修·福勒［J］.新闻记者，2023（9）.

［6］尹鸿.电视媒介：被忽略的生态环境：谈文化媒介生态意识［J］.电视研究，1996（5）.

［7］邵培仁.传播生态规律与媒介生存策略［J］.新闻界，2001（5）.

［8］邵培仁.论媒介生态的五大观念［J］.新闻大学，2001（4）.

［9］张军红.媒介融合背景下广播电视新闻采编特点与工作策略探析［J］.新闻传播，2022（16）.

［10］单波，王冰.西方媒介生态理论的发展及其理论价值与问题［J］.新闻与传播研究，2006（3）.

［11］黄昆仑.从"9·11"事件灾难新闻报道看中美媒介生态的差异［J］.现代传播，2002（1）.

［12］杨婷婷.论中西媒介生态学研究的差异［J］.新闻界，2005（3）.

［13］林正.2021年中国广播产业经营的转型发展［J］.中国广播，2021（12）.

［14］任静.大众媒体主持人的网红转型之路［J］.中国广播，2020（9）.

［15］吴卫华.物联网背景下广播媒体的价值转型［J］.中国广播，2021（4）.

［16］李立伟，欧阳莹.新音频需求下的广播场景可能：基于物联网视角的广播价值再发现［J］.中国广播，2021（5）.

［17］申启武，李颖彦.融合思维下音频媒体的智能化转向［J］.传媒，2019（10）.

［18］安治民，袁侃.解构与重构：移动传播时代广播生态与社会生态的再链接［J］.传媒观察，2023（S1）.

［19］安治民，申启武.移动传播时代广播内容生态体系构建［J］.青年记者，2022（17）.

［20］刘涛，卜彦芳．传媒生态位变迁视角下的中国广播 80 年经营历程
［J］．中国广播电视学刊，2020（10）．

［21］赖黎捷，颜春龙．媒体融合与智能新生态：广播研究的当下格局与
学术责任［J］．中国广播电视学刊，2023（8）．

［22］黄学平．移动互联时代广播收听场景的嬗变［J］．传媒，2018（2）．

［23］孟伟，张帅，李乐辰．2022 年广播媒体发展综述［J］．中国广播电
视学刊，2023（3）．

［24］田园．听觉生态位的超越：从广播媒体到听觉媒体［J］．当代传
播，2018（3）．

［25］高贵武，王彪．从广播到播客：声音媒体的嵌入式生存与社交化发
展［J］．新闻与写作，2022（7）．

［26］张根清．云听的声音新媒体布局［J］．传媒，2022（4）．

［27］栾轶玫，周万安．传统广播转型新方向：移动付费"音频生态圈"
［J］．新闻与写作，2018（10）．

［28］余爱群．全面融入国家发展战略统筹推动广播电视和网络视听产业
发展开新局［J］．中国广播电视学刊，2022（3）．

［29］申启武．坚守与突围：广播媒体融合发展的战略选择［J］．现代传
播（中国传媒大学学报），2017，39（5）．

［30］周笑．新主流基石上对外传播的战略要件研究：中央广播电视总台
战略实践的观察与思考［J］．电视研究，2020（9）．

［31］李岚．新形势下广播电视构建对外话语体系的战略路径［J］．现代
传播（中国传媒大学学报），2022，44（8）．

［32］杨永茂．"新闻＋"战略在全媒体传播生态塑造中的实践与探索：
以成都市广播电视台融媒体"神鸟知讯"为例［J］．中国广播电视学刊，
2022（2）．

［33］牛嵩峰，王承永，谢少华，等．新型 5G 智慧广播技术体系设计与
应用［J］．广播与电视技术，2020，47（7）．

［34］颜春龙，高新哲．全媒体时代的"广播"新定义［J］．现代视听，
2023（7）．

［35］赵轶．"互联网＋"语境下广播媒介的"平台化发展"战略：以
"在城市"系列广播 APP 为例［J］．传媒，2018（21）．

［36］王灿，申启武．探索广播产业发展新路径：以供给侧改革来推动
［J］．声屏世界，2016（5）．

［37］朱春阳．县级融媒体中心建设：经验坐标、发展机遇与路径创新［J］．新闻界，2018（9）．

［38］石力月．基层社会治理创新：县级融媒体中心建设的问题意识与逻辑起点［J］．现代视听，2020（12）．

［39］朱建红．广播音频产品的认知陷阱、现实困难与破局路径［J］．中国广播，2021（5）．

［40］黄学平．短音频：移动互联广播的下一个风口［J］．中国广播，2018（9）．

［41］丁慕涵，江健．新场景与新关系：新媒体环境下的中国广播［J］．中国广播，2021（1）．

［42］梁刚建，许可．聚焦场景化、交互化与智慧化：未来广播创新的可能性选择［J］．中国广播，2021（1）．

［43］艾红红，薛春燕．融合大潮中广播的场景转移与功能适配［J］．中国广播，2021（4）．

［44］郝茹茜．车联网场景下传统广播的融合发展路径［J］．传媒，2021（6）．

［45］王成梧，李佳，郭骊．融媒体时代广播的可视化发展路径探析［J］．传媒，2019（11）．

［46］吕岸．融媒体时代宁波广播的音画之路［J］．中国广播，2019（5）．

［47］王珺．新媒体冲击下广播节目的可视化探究［J］．声屏世界，2018（12）．

［48］张明涵，路彭铖，严乐．浅谈融媒体环境下广播可视化节目的发展［J］．采写编，2021（6）．

［49］刘婷，孙愈中．对交通广播可视化热的冷思考［J］．传媒，2019（24）．

［50］罗欣，王佳丽．波特五力模型在企业中的应用：以爱奇艺为例［J］．现代商业，2020（13）．

［51］卢柳如．基于波特五力模型的网络视频平台盈利模式分析［J］．科技传播，2020，12（7）．

［52］李文媛．新媒体环境下地方广播电视的转型发展［J］．中国广播电视学刊，2021（9）．

［53］李楠．2019年广播业发展回顾［J］．青年记者，2019（36）．

［54］申启武．移动音频的崛起与传统广播的选择［J］．中国广播，

2019（9）.

［55］赖黎捷，李浩然，杨思涵. 回顾·对话·共融：探寻广播新征程：第五届中国广播创新发展高端论坛暨中国高校影视学会广播专业委员会 2020 年会综述［J］. 声屏世界，2020（24）.

［56］申启武. 传统广播的"变"与"不变"［J］. 中国广播，2015（1）.

［57］章玲. 广播电视和网络视听发展的新时代机遇：访国家广电总局发展研究中心副主任杨明品先生［J］. 广播电视信息，2022，29（2）.

［58］申启武. 媒介竞争与生态位的选择：安徽交通广播运营策略分析［J］. 中国广播，2005（5）.

［59］孔丹，赖珀. 对"四级办广播电视四级混合覆盖"之管见［J］. 中国广播电视学刊，1995（9）.

［60］盖群. 全媒体时代传统电视媒体用户思维的构建与实践［J］. 科技传播，2020，12（13）.

［61］梁毓琳，罗剑锋. 用户深耕，打造新型主流媒体：2021 年上半年中国广播收听市场扫描［J］. 中国广播，2021（7）.

［62］周鑫. 应急广播能力及其应急体系现代化建设：以湖南交通广播为例［J］. 中国广播，2020（8）.

［63］许加彪，张宇然. 耳朵的苏醒：场景时代下的声音景观与听觉文化［J］. 编辑之友，2021（8）.

［64］吴家祝. 中央电台举办《90 年代广播战略理论研讨会》［J］. 中国广播电视学刊，1991（1）.

［65］邓韫. 战略管理：基于企业治理的视角［J］. 商场现代化，2019（10）.

［66］乔亮，张婷. 新时代以媒体融合发展推动国家治理现代化研究：学习习近平总书记关于推动媒体融合建设全媒体的重要论述［J］. 社会主义研究，2021（6）.

［67］毛涵. 用户深耕，融媒体节目运营探索：贵州交通广播《了不起的年轻人》节目案例分享［J］. 数据广播，2021（5）.

［68］黄学平：新广播市场发展特点与经营变革［J］. 现代视听，2021（12）.

［69］张彩、曹默. 广播百年看广播学：声音本位与听觉传播规律探索［J］. 现代传播（中国传媒大学学报），2020，42（4）.

［70］彭茵，谢方. 融合发展的全媒体思维与实践［J］. 中国广播电视学

刊，2018（1）.

［71］王喆．打造"爆款"新媒体产品的技巧分析［J］．中国地市报人，2021（6）.

［72］胡泳，李雪娇．反思"流量至上"：互联网内容产业的变化、悖论与风险［J］．中国编辑，2021（11）.

［73］丁素云．城市电台逆势上扬的经营之道：以佛山人民广播电台为例［J］．新闻战线，2019（17）.

［74］覃素香．文化创意产业营销战略构建探析［J］．当代经济，2018（1）.

［75］李鸣．报业转型期党报全媒全案营销模式探析：以大众日报为例［J］．青年记者，2018（35）.

［76］王春美．业态变革下广播广告经营的创新［J］．青年记者，2019（33）.

［77］王小海．"互联网＋"时代传统广播的融合发展与经营模式探索：以"喜马拉雅 FM"耳朵经济为例［J］．贺州学院学报，2021，37（2）.

［78］王春美，黄升民．我国广播多元化经营的演进轨迹与内在逻辑［J］．编辑之友，2019（1）.

［79］李武，胡泊．声音的传播魅力：基于音频知识付费情境的实证研究［J］新闻大学，2020（12）.

［80］曾岑，刘涛．广播的 MCN 转型：以佛山电台为例［J］．青年记者，2021（12）.

［81］林秀．广播媒体资本运作的必要性及其路径选择［J］．中国广播，2010（4）.

［82］郑毅．论融媒体背景下广播工作室运行机制的创新：以河北交通广播"郑毅汽车工作室"为例［J］．中国广播，2017（5）.

［83］肖丽梅．广播电视台人力资源管理激励机制的构建初探［J］．就业与保障，2021（8）.

［84］吕春荣．市场经济条件下的我国广播电视业的发展［J］．硅谷，2008（24）.

［85］范恒山．关于中国事业单位改革几个重要问题的思考［J］．中国经贸导刊，2004（12）.

［86］尹鸿．"分离"或是"分制"？：对广电制播分离改革的思考［J］．现代传播（中国传媒大学学报），2010（4）.

［87］李良荣．从单元走向多元：中国传媒业的结构调整和结构转型［J］．新闻大学，2006（2）．

［88］阎忠军．电视频道公司化运营的制度安排、基本模式及其主要关系［J］．视听界，2005（2）．

［89］项仲平．广播4.0时代的平台、架构和信息流内容的创新思考［J］．中国广播，2016（3）．

［90］马少军．重建广播健康和谐的媒介生态［J］．中国广播电视学刊，2009（2）．

［91］亚历山大·波戈尔列茨基，李畅．2020年代动荡局势下俄罗斯与中国经济合作的现状与展望［J］．俄罗斯研究，2023（2）．

［92］冉华，王凤仙．从边缘突破：广播媒体的融合发展之路［J］．中国广播电视学刊，2015（11）．

［93］曹仰锋．生态型组织：物联网时代的管理新范式［J］．清华管理评论，2019（3）．

［94］陈国权．学创型组织的理论和方法［J］．管理学报，2017，14（11）．

［95］刘果，李静茹．学习型新型主流媒体的组织管理：目标、结构、路径与文化［J］．传媒观察，2020（5）．

［96］陈寒松，张文玺．权变管理在管理理论中的地位及演进［J］．山东社会科学，2010（9）．

［97］欧阳宏生，朱婧雯．论新中国70年广播电视传播理念的嬗变：基于媒介社会学框架之再梳理［J］．现代传播（中国传媒大学学报），2020，42（1）．

［98］郑伯壎．组织文化价值观的数量衡鉴［J］．中华心理学刊，1990（32）．

［99］陈春花．企业文化的改造与创新［J］．北京大学学报（哲学社会科学版），1999（3）．

［100］尹庆红．英国的物质文化研究［J］．思想战线，2016，42（4）．

［101］杨亮．管理文化的形态：查尔斯·汉迪四种管理文化思想精髓简介［J］．北方经济（内蒙），2003（6）．

［102］任佩瑜，张莉，宋勇．基于复杂性科学的管理熵、管理耗散结构理论及其在企业组织与决策中的作用［J］．管理世界，2001（6）．

［103］简传红，任玉珑，罗艳蓓．组织文化、知识管理战略与创新方式选择的关系研究［J］．管理世界，2010（2）．

［104］段伟文. 论知识型组织的结构再造和文化重建［J］. 系统辩证学学报, 2000（3）.

［105］和金生, 熊德勇. 知识管理应当研究什么?［J］. 科学学研究, 2004（1）.

［106］李向荣, 阎冬. "走出概念、快速见效"中国广播云平台: 中央人民广播电台媒体融合工程［J］. 中国广播, 2017（10）.

［107］周俊. 融媒体广播生态业务体系的建设方向分析［J］. 传媒论坛, 2020, 3（10）.

［108］聂静虹. "第五媒体时代"的政府公共关系刍议［J］. 学术研究, 2009（2）.

［109］聂辰席. 肩负新的光荣使命 迈步新的赶考之路 汇聚起奋斗新时代、奋进新征程的磅礴力量［J］. 中国广播电视学刊, 2022（3）.

［110］许图. 互联网音频知识付费用户的行为研究: 以喜马拉雅为例［J］. 传媒, 2021（15）.

［111］申启武. 打造绿色广播的三个着力点［J］. 中国广播电视学刊, 2016（2）.

［112］安琪. 5G 时代广播媒体的智能化转型［J］. 中国广播电视学刊, 2020（1）.

［113］王清江. "云听": 声音新媒体的"国家队"［J］. 传媒, 2022（9）.

［114］崔忠芳. 上海广播: 当下有为, 未来可期: 专访上海广播电视台东方广播中心主任翁伟民［J］. 中国广播影视, 2021（19）.

［115］王枢, 徐建勋. 论传统媒体的平台化转型［J］. 新闻爱好者, 2019（7）.

［116］石建华. 搞活内部机制的几个做法［J］. 中国广播电视学刊, 1996（3）.

［117］李静. 品牌战略铸就产业辉煌: 三大品牌打造深圳广播的"金字招牌"［J］. 中国广播, 2009（1）.

［118］王建磊. 深圳广电集团全媒体发展报告［J］. 中国数字电视, 2012（10）.

［119］张吉纯. 企业生态化管理的概念与有效途径分析［J］. 商情, 2015（32）.

［120］李静. 广播主持人中心制及多媒体广播的实践探索［J］. 中国广

播电视学刊，2012（10）．

［121］金燕博，丁柏铨．落点·触点·支点：县级融媒体中心建设中的"深融合"［J］．传媒观察，2022（10）．

［122］沙垚，张思宇．作为"新媒体"的农村广播：社会治理与群众路线［J］．国际新闻界，2021，43（1）．

［123］周逵，黄典林．从大喇叭、四级办台到县级融媒体中心：中国基层媒体制度建构的历史分析［J］．新闻记者，2020（6）．

［124］复旦大学"新闻教育改革"课题组．探寻基层广播电视人才培养与使用的科学之路（调查报告）［J］．新闻大学，1999（3）．

［125］施亚军．县级融媒体中心建设中声音传播的创新路径：以浙江安吉新闻集团为例［J］．中国广播，2019（12）．

［126］张巨才，李晓宇．功能定位：县级媒体深度融合的基础和指南［J］．河北学刊，2021，41（4）．

［127］朱明丽．创新理念实现县级广播新突围：辽宁东港电台创办对农广播十年记［J］．中国广播电视学刊，2020（4）．

［128］娄亚娜．县级融媒体中心建设的实践与路径探索：以汝州市融媒体中心的"汝州模式"为例［J］．中国广播，2019（10）．

［129］钟新，王岚岚．2017年国外广播动向与趋势［J］．中国广播，2018（2）．

［130］张晓菲．基于多平台的一体化生产经营模式：以美国最大的商业广播公司iHeartMedia为例［J］．新闻记者，2016（1）．

［131］石悦．近一年来，国外广播发展的回顾与展望［J］．中国广播，2019（4）．

［132］张晓菲．美国广播公司打造多平台音频产业的实践与发展趋势［J］．中国广播，2019（9）．

［133］张晓菲．打造融合发展型新闻编辑部：以美国国家公共广播公司的组织架构转型为例［J］．新闻记者，2015（6）．

［134］杨湛菲．从BBC"超级编辑部"建设看融合新闻生产传播的发展变化［J］．视听，2017（7）．

［135］王梦宇．欧洲广播电视的媒介融合实践研究：以英国BBC和欧洲RTL为例［J］．中国电视，2018（5）．

［136］刘昶．简析国际一流广播媒体品牌建设路径与经验：以法国最大电台RTL为例［J］．中国广播，2013（8）．

［137］高徽，郝静．美国广播电视网发展策略与启示［J］．国际传播，2019（6）.

［138］温飚．英国广播公司的改革之路［J］．视听界，2004（5）.

［139］张洋．日本广播电视行业自律组织研究：以 BPO 广电伦理检查委员会为例［J］．电视研究，2014（9）.

［140］赵才欣．转型的地理课堂：基于资源的学与教［J］．地理教学，2014（19）.

［141］王春美．中国广播广告 40 年经营变迁与特征呈现［J］．广告大观（理论版），2019（2）.

［142］王鸣捷，谢曦冉．体育品牌整合营销传播新思路：基于中外体育品牌比较的视角［J］．现代传播（中国传媒大学学报），2021，43（11）.

［143］国家广播电视总局：2020 年将深入实施"智慧广电"建设工程［J］．中国有线电视，2020（1）.

［144］易珏．云听创新：广播移动化转型中的智慧化探索［J］．中国广播，2021（12）.

［145］蒋曼．人工智能赋能广播生产：以 5G 智慧电台为例［J］．中国广播，2021（12）.

［146］李卓．"你好，小听"触发广播智能互动新模式：听听 FM 推进媒体深度融合的场景探索［J］．新闻战线，2011（22）.

［147］中国传媒大学传播研究院，中央广播电视总台央广总编室．智慧化趋势下广播发展路径探究：基于对湖南、贵州、福建、江苏等地广电媒体的调研［J］．中国广播，2018（11）.

［148］吴克宇．新闻生产智能化的战略驱动和创新场景：中央广播电视总台人工智能战略实践［J］．新闻战线，2020（8）.

［149］朱冰，张培兴，赵健，等．基于场景的自动驾驶汽车虚拟测试研究进展［J］．中国公路学报，2019，32（6）.

［150］苗慧．移动互联网时代下的"场景理论"研究［J］．西部广播电视，2019（13）.

［151］周如俊．场景革命：职业教育跨越发展新机遇［J］．教育科学论坛，2022，（6）.

［152］梁毓琳，刘婉婷．新广播：立体传播生态圈的形成：2021 年中国广播市场分析［J］．现代视听，2022（1）.

［153］李晓丹，涂有权，龚毅．广播广告营销策略创新简析：以江苏广

播整合营销为例［J］. 中国广播，2019（3）.

［154］吴秀兰，甘会霞. 融媒体时代广播主持人如何塑造形象［J］. 数据广播，2021（4）.

［155］武涛，张群策，沈焰. 基于大数据背景的高校图书馆移动信息服务优化策略［C］//《教师教育能力建设研究》科研成果汇编（第九卷），2018.

［156］黄学平. 踔厉奋发，笃行不怠，虎年再创佳绩［J］. 数据广播，2022（1）.

［157］初日. 广播与大数据创新应用［J］. 中国广播电视学刊，2019（10）.

［158］李春秋. 基于用户画像的智慧图书馆个性化服务研究［J］. 阜阳职业技术学院学报，2020，31（4）.

［159］程文杰. 新媒体背景下广播的"私人订制"［J］. 东南传播，2017（9）.

［160］Facebook 推出音频直播　人人都能拥有私人电台［J］. 信息与电脑（理论版），2016（23）.

［161］崔忠芳. "5分钟办一家电台"：专访5G智慧电台项目负责人黄荣［J］. 中国广播影视，2021（15）.

［162］许图. 互联网音频知识付费用户的行为研究：以喜马拉雅为例［J］. 传媒，2021（15）.

［163］肖乐怡，严宇翔. 知识付费平台的现状和未来：以"知乎"和"喜马拉雅"App 为例［J］. 中国市场，2021（16）.

［164］陈昕. 融媒体时代广播付费会员制的创新创收研究：以楚天音乐广播超神会员项目为例［J］. 新闻前哨，2021（12）.

［165］初勇. 融媒体时代广播如何实现经营创收新增长［J］. 记者摇篮，2020（6）.

［166］董莉君. 深度挖掘广播价值"四在"助力经营转型［J］. 视听界，2019（5）.

［167］肖姗. 移动互联网背景下传统纸媒的转型思路［J］. 传媒观察，2017（10）.

［168］崔保国. 理解媒介生态：媒介生态学教学与研究的展开［C］//复旦大学信息与传播研究中心，复旦大学新闻学院，中国新闻教育学会传播学研究分会，国际中华传播学会. 全球信息化时代的华人传播研究：力量汇聚与学

术创新：2003 中国传播学论坛暨 CAC/CCA 中华传播学术研讨会论文集（上册），2004：263 – 272.

2. 英文

［1］ STRATE L. A media ecology review ［J］. Communication research trends, 2004, 23（2）.

［2］ SCOLARI C A. Media ecology: exploring the metaphor to expand the theory ［J］. Communication theory, 2012, 22（2）.

［3］ LESAGE F, NATALE S. Rethinking the distinctions between old and new media: introduction ［J］. Convergence, 2019, 25（4）.

［4］ MENKE M, SCHWARZENEGGER C. On the relativity of old and new media: a lifeworld perspective ［J］. Convergence, 2019, 25（4）.

［5］ LI WEIJIA. Does new media substitute old media? A cohort analysis of media use in China ［J］. Journal of cultural and religious studies, 2020, 8（9）.

［6］ DHIMAN D B. Key issues and new challenges in new media technology in 2023: a critical review ［J］. Journal of media & management, 2023, 5（1）.

［7］ NATALE S. There are no old media ［J］. Journal of communication, 2016, 66（4）.

［8］ EMWINROMWANKHOE O. Media convergence and broadcasting practice in Nigeria: three broadcast stations in focus ［J］. Covenant journal of communication, 2020, 7（1）.

［9］ AKALILI, AWANIS. The relevance of broadcasting regulation in the era of media convergence ［J］. Journal of social studies（JSS）, 2020, 16（2）.

［10］ POSTMAN N. The humanism of media ecology ［C］//STERNBERG J, LIPTON M. Proceedings of the media ecology association, 2000: 10 – 16.

［11］ MCMAHON D. In tune with the listener: how local radio in ireland has maintained audience attention and loyalty ［J］. Online journal of communication and Media Technologies, 2021, 11（3）.

［12］ MAIJANEN P, JANTUNEN A. Centripetal and centrifugal forces of strategic renewal: the case of the finnish broadcasting company ［J］. International journal on media management, 2014, 16（3 – 4）.

［13］ MARX N. Radio voices, digital dow nloads: bridging old and new media in the onion radio news podcast ［J］. Comedy studies, 2015, 6（2）.

［14］ NINGRUM A F, ADIPRASETIO J. Broadcast journalism of private radio in Cirebon, Indonesia, in the convergence era [J]. Asian journal of media and communication, 2021, 5 (1).

[15] MEDIANSYAH A R, YUNUS M, SUSANTI G. Coalition in the implementation of broadcasting digitalization policy in Gorontalo Province [J]. Russian law journal, 2023, 11 (12S).

[16] HIRSCHMEIER S, TILLY R, BEULE V. Digital transformation of radio broadcasting: an exploratory analysis of challenges and solutions for new digital radio services [C] //Proceedings of the 52nd Hawaii international conference on system sciences, 2019: 5017 – 5026.

[17] ARIEF M. Process of transformation dissemination radio broadcast content [J] //Journal of physics: conference series, 2019, 1375 (1).

三、学位论文

[1] 游静. 探索构建电视媒介组织文化之路 [D]. 南昌: 南昌大学, 2012.

[2] 彭雪. 新媒体时代广播产业升级研究: 以北京人民广播电台为例 [D]. 北京: 首都经济贸易大学, 2016.

[3] 赵蔚. 万科房地产公司差异化发展战略研究 [D]. 长春: 吉林大学, 2020.

[4] 陈锐兵. 墨子政治伦理思想的当代价值新探 [D]. 桂林: 广西师范大学, 2018.

[5] 李成彦. 组织文化对组织效能影响的实证研究 [D]. 上海: 华东师范大学, 2005.

[6] 张金辉. 现代广播媒体经营管理的内容、特征及对策研究 [D]. 成都: 四川大学, 2005.

[7] 余苗. 深圳的飞扬 971 [D]. 厦门: 厦门大学, 2009.

[8] 唐嘉. 传媒科技发展与美国广播电视法规的变迁 [D]. 长沙: 湖南师范大学, 2013.

[9] 李书藏. 英国公共广播电视体制的生成探源 [D]. 武汉: 武汉大学, 2010.

[10] 张楠. 日本广播电视监管体系初探 [D]. 北京: 中国社会科学院研究生院, 2014.

［11］熊凤山．山区农村经济发展范式与战略研究：以河北省太行山区为例［D］．保定：河北农业大学，2011.

四、电子资源

［1］艾媒大文娱产业研究中心．2021 年中国在线音频行业发展及用户行为研究报告［EB/OL］．（2021 - 11 - 22）［2025 - 04 - 15］. https：//www. iimedia. cn/c460/82048. html.

［2］传媒 ZouJunRong. 2022 年广播行业市场规模及发展前景趋势分析［EB/OL］．（2022 - 04 - 26）［2025 - 04 - 26］. https：//m. chinairn. com/news/20220426/141755382. shtml.

［3］曾祥敏，崔林，赵希婧．系统推进全媒体传播体系建设［EB/OL］．（2022 - 12 - 23）［2023 - 07 - 12］. http：//theory. people. com. cn/GB/n1/2022/1223/c40531 - 32592321. html.

［4］国家统计局．2022 年上半年全国规模以上文化及相关产业企业营业收入增长 0.3%［EB/OL］．（2022 - 07 - 30）［2023 - 07 - 14］. http：//www. stats. gov. cn/xxgk/sjfb/zxfb2020/202207/t20220730_ 1886904. html.

［5］艾瑞咨询．2021 年中国网络音频产业研究报告［EB/OL］．（2022 - 07 - 30）［2023 - 07 - 14］. http：//www. 199it. com/archives/1368074. html.

［6］北青网．中控触摸屏玩游戏？美国监管机构对特斯拉启动调查，涉及 58 万辆车［EB/OL］．（2021 - 12 - 24）［2022 - 05 - 15］. https：//t. ynet. cn/baijia/31935632. html.

［7］中国互联网络信息中心．第 48 次《中国互联网络发展状况统计报告》［EB/OL］．（2021 - 08 - 27）［2022 - 05 - 15］. http：//www. cnnic. net. cn/hlwfzyj/hlwxzbg/hlwtjbg/202109/P020210915523670981527. pdf.

［8］人民日报．习近平在党的新闻舆论工作座谈会上强调：坚持正确方向创新方法手段提高新闻舆论传播力引导力［EB/OL］．（2016 - 02 - 20）［2023 - 03 - 14］. http：//cpc. people. com. cn/n1/2016/0220/c64094 - 28136289. html.

［9］慎海雄．在 2021 中国网络媒体论坛开幕式上的致辞［EB/OL］．（2021 - 11 - 27）［2023 - 03 - 14］. http：//www. cac. gov. cn/2021 - 11/27/c_ 1639614268104957. htm.

［10］成都商报红星新闻．风口之上的广播剧：资本争先恐后，抢滩"耳朵经济"［EB/OL］．（2021 - 12 - 05）［2023 - 07 - 14］. https：//xw. qq. com/

cmsid/20211205A04OWM00.

　　[11] 黄诗俣. 界面广东：坚持内容为王，服务粤港澳大湾区［EB/OL］. (2018 – 08 – 01)［2023 – 03 – 14］. https：//www. jiemian. com/article/235479 1. html.

　　[12] 中国网信网综合. 媒体融合向纵深发展"内容为王"也有新内涵［EB/OL］. (2020 – 07 – 11)［2023 – 03 – 14］. http：//www. cac. gov. cn/2020 – 07/18/c_ 1596631867952926. htm.

　　[13] 中国新闻网. 公安部：全国机动车保有量已达3.93亿辆，为十年前的1.64倍［EB/OL］. (2021 – 12 – 03)［2023 – 03 – 14］. https：//www. mps. gov. cn/ n2255079/n6865805/n7355741/n7355780/c8250433/content. html.

　　[14] 新华社. 习近平：推动媒体融合向纵深发展［EB/OL］. (2019 – 01 – 25)［2023 – 03 – 14］. https：//baijiahao. baidu. com/s？id = 162362702442 8154480 &wfr = spider&for = pc.

　　[15] 张晓宝. 先行先导的湖南5G智慧电台，未来前景是怎样的？［EB/OL］. (2020 – 11 – 25)［2023 – 03 – 14］. http：//www. dvbcn. com/p/118509. html.

　　[16] 央广网. 习近平：发展是第一要务，人才是第一资源，创新是第一动力［EB/OL］. (2018 – 03 – 07)［2022 – 03 – 05］. https：//baijiahao. baidu. com/s？ id = 1594282119072800142&wfr = spider&for = pc.

　　[17] 新华社评论员. 做大做强主流舆论：习近平总书记在中共中央政治局第十二次集体学习时的重要讲话引领媒体融合发展新作为［EB/OL］. (2019 – 01 – 26)［2022 – 03 – 05］. http：//www. xinhuanet. com/politics/leaders/ 2019 – 01/26/c_ 1124047510. htm.

　　[18] 中国首席经济学家论坛. 夏斌：中国经济中长期，必须重点关注三大问题［EB/OL］. (2022 – 09 – 09)［2023 – 03 – 05］. https：//baijiahao. baidu. com/ s？ id = 1743499253908955279&wfr = spider&for = pc.

　　[19] 新京报传媒研究. 余俊生：从相融迈向深融，做好"质""量"统一的大文章［EB/OL］. (2023 – 04 – 25)［2023 – 06 – 05］. https：//new. qq. com/ rain/a/20230425A02MOS00.

　　[20] 湖南卫视. 湖南广电：双平台深度融合实现1 + 1 > 2［EB/OL］. (2023 – 07 – 04)［2023 – 09 – 12］. https：//baijiahao. baidu. com/s？ id = 17704 65165852468413&wfr = spider&for = pc.

　　[21] 电台工厂. 新起点　都挺"芒"：芒果听见公司入驻马栏山（长沙）视频文创园［EB/OL］. (2019 – 06 – 12)［2023 – 08 – 12］. https：//www. sohu.

com/a/319934000_738143.

［22］央广广告. 广播媒体在主旋律叙事中触达人心［EB/OL］.（2022 -
03 - 22）［2023 - 08 - 12］. http://ad. cnr. cn/hyzx/20220322/t20220322_5257727
88. shtml.

［23］央广广告. 中国之声 & 云听如何创新中华文化入耳入心?［EB/OL］.
（2022 - 07 - 28）［2023 - 07 - 14］. http://ad. cnr. cn/hyzx/20220728/t20220728_
525936509. shtml.

［24］小熊. 广播版权保护首放大招! 总台音频资源尽归"云听",网络音
频行业迎转折?［EB/OL］.（2022 - 06 - 16）［2023 - 07 - 14］. https://mp. weixin.
qq. com/s? __biz = MzAxMjI3MDQ4Ng = = &mid = 274945551 6&idx = 1&sn = 8a75
574117c07957cf819bcce664ed2c&chksm = bda192658ad61b 733a8425905 a8be439634
f2e48c78000609a8ac869757ef5f356d7a2dcc362&scene = 27.

［25］看看焦点.「耳朵经济」悄然崛起, 主流媒体如何布局在线音［EB/
OL］.（2022 - 04 - 28）［2023 - 07 - 14］. https://zhuanlan. zhihu. com/
p/506793759.

［26］曹虹, 段苏格. 东西文娱对话阿基米德:移动音频战场才刚开局,
"国家队"如何逆风翻盘?［EB/OL］.（2018 - 12 - 19）［2023 - 07 - 12］.
https://www. sohu. com/a/283146311_99918922.

［27］界面新闻.《2023 中国视听新媒体发展报告》发布:短视频用户规模
达 10. 12 亿［EB/OL］.（2023 - 06 - 22）［2025 - 04 - 25］. https://news. cctv.
com/2023/06/22/ARTIjwLK2e0l60C7KlbhRaOY230622. shtml.

［28］共青团中央. 党的二十大报告全文来了!［EB/OL］.（2022 - 10 - 27）
［2023 - 12 - 02］. https://baijiahao. baidu. com/s? id = 1747845294347170289&
wfr = spider&for = pc.

［29］新华网. 扎实抓好县级融媒体中心建设［EB/OL］.（2018 - 11 - 08）
［2023 - 12 - 02］. https://baijiahao. baidu. com/s? id = 1616527899259684314&w
fr = spider&for = pc.

［30］长兴传媒集团总裁许劲峰:从新闻立媒到内容立媒［EB/OL］.
（2020 - 01 - 16）［2023 - 07 - 12］. http://gdj. zj. gov. cn/art/2020/1/6/art_
1228991990_41467833. html.

［31］湖州市政务服务管理办公室."一件事一次办", 来看看湖州的做法
［EB/OL］.（2023 - 02 - 24）［2023 - 07 - 12］. http://xzfw. huzhou. gov. cn/art/
2023/2/24/art_1229207675_59018104. html.

［32］中国报道. 我在现场 | 到 2035 年 5G 能为全球带来 13.1 万亿美元产值，近一半将在中国实现［EB/OL］. （2021 - 11 - 08）［2023 - 07 - 12］. https：//baijiahao. baidu. com/s？id = 1715834011106541919&wfr = spider&for = pc.

［33］国家广电总局. 地级以上广播电视播出机构及频道频率名录、教育电视台及频道目录和县级广播电视播出机构名录［EB/OL］. （2019 - 12 - 31）［2020 - 01 - 12］. http：//www. nrta. gov. cn/col/col69/index. html.

［34］王钦，王秀芳. 贵州：用好政策助发展"数字经济"抢先机［EB/OL］. （2022 - 05 - 26）［2022 - 11 - 12］. http：//gz. people. com. cn/n2/2022/0526/c222152 - 35287090. html.

［35］陈玉琪. 2049 年中国数字经济将占 GDP16%，还有哪些新热点？［EB/OL］. （2022 - 05 - 19）［2022 - 11 - 12］. http：//www. cb. com. cn/index/show/wzjx/cv/cv13410861586.

［36］张璐. 喜马拉雅三年狂烧 55 亿营销费　侵权频发赔近 4500 万难过盈利关［EB/OL］. （2022 - 05 - 01）［2022 - 11 - 12］. https：//m. thepaper. cn/baijiahao_ 18002190.

［37］人民网研究院. 2020 广播融合传播指数报告［EB/OL］. （2021 - 04 - 27）［2023 - 07 - 12］. http：//yjy. people. com. cn/n1/2021/0426/c244560 - 32088658. html.

后 记

《移动传播时代广播生态化发展战略研究》是国家社会科学基金项目的研究成果。项目获批以后，笔者立马召集课题组成员，就项目的研究工作进行磋商讨论，制订研究计划，部署文献资料的收集和消化工作以及深入广播媒体与相关领导、一线从业人员进行交流和访谈的工作任务。2022 年年底，课题组召开第二次座谈会，每位成员汇报收集和消化文献资料情况，围绕课题内容讨论拟定写作提纲，并针对不同成员的优势按照提纲章节分解写作任务，要求每位成员围绕写作任务继续收集和消化文献资料。需要指出的是，在执行研究计划的过程中，由于种种原因，课题组成员有所变动，先后吸纳业界的专家和兄弟院校的学者加入研究队伍，最终形成由申启武（暨南大学新闻与传播学院）、安治民（深圳广播电影电视集团行政人事中心）、牛存有（中科网联数据科技有限公司）、童云（安徽大学新闻传播学院）、赵敏（岭南师范学院文学与传媒学院）、徐宏（广州广播电视台广播新闻部）以及李颖彦（暨南大学新闻与传播学院博士生）、宋佳辰（暨南大学新闻与传播学院博士生）组成的研究团队。因此，课题组第三次座谈会是采用腾讯会议形式召开的，会议的主要内容是完善写作提纲，与此同时，课题组成员对自己的写作任务发表看法、表达观点，然后请其他成员提出建议集思广益。令人欣喜的是，在课题组成员围绕任务进行写作的过程中，其阶段性成果论文相继在《编辑之友》、《传媒观察》、《中国广播电视学刊》、《传媒》、《青年记者》、《中国广播》（2023 年更名为《中国视听》）等 CSSCI、CSSCI 扩展版、核心期刊以及业界权威期刊发表，共计 9 篇。2023 年 6 月，课题组成员完成了各自章节初稿的写作任务，笔者认真审阅后提出修改意见，让每位成员继续完善写作内容。2023 年 10 月，所有章节的写作任务全部完成后，笔者对项目成果进行了统稿，对个别章节的内容在系统理解和把握的基础上对语言表述和概念运用进行适当调整。2023 年年底，以学术专著形式出现的课题成果《移动传播时代广播生态化发展战略研究》最终完成。接着，笔者将成果内容分别发给业界和学界的两位专家学者，请他们把关过目，发表意见和看法。笔者按照他们的意见看法对课题成果再作简单修改，并通过中国知网对其进行查重，查重率符合要求后提交结项评审，最终以良好等级结项。

在本书付梓出版前，笔者力所能及地根据结项审核过程中鉴定专家的评审意见对本书进行修改，但依然存在不少缺憾：在数据收集方面，本书所使用的一些数据资料是课题组成员走访广播媒体的领导和从业者时获取的，但是非常有限，大部分数据为媒介公司公布的第二手数据或者是期刊已经刊载的数据，实证研究方面的不足未能得以很好弥补。另外，在"四级办广播"的现实体制中，不同层级、不同地域广播媒体融合发展的状况、理念、举措各不相同，本课题在研究过程中所选取的几家广播媒体虽具有一定的代表性，但无法涵盖国内广播媒体的全部，难免挂一漏万。即便如此，本书所呈现的内容仍是课题组成员的团结协作和辛勤付出的结果，但愿面世后能为移动传播时代广播的融合发展提供一些借鉴和参考。

感谢课题组成员的参与支持，没有他们的团结协作和辛勤付出就没有课题的如期结项和本书的顺利出版；感谢云南广播电视台原台长覃信刚、湖南师范大学新闻与传播学院教授王文利的鼓励与指导；感谢暨南大学出版社武艳飞主任和潘舒凡编辑在本书编校方面付出的辛劳！

申启武

2025 年 2 月 13 日